愛し《スイート》のキャロライン

クリストファー・アンダーセン著
前田和男訳

ビジネス社

目次

相関図

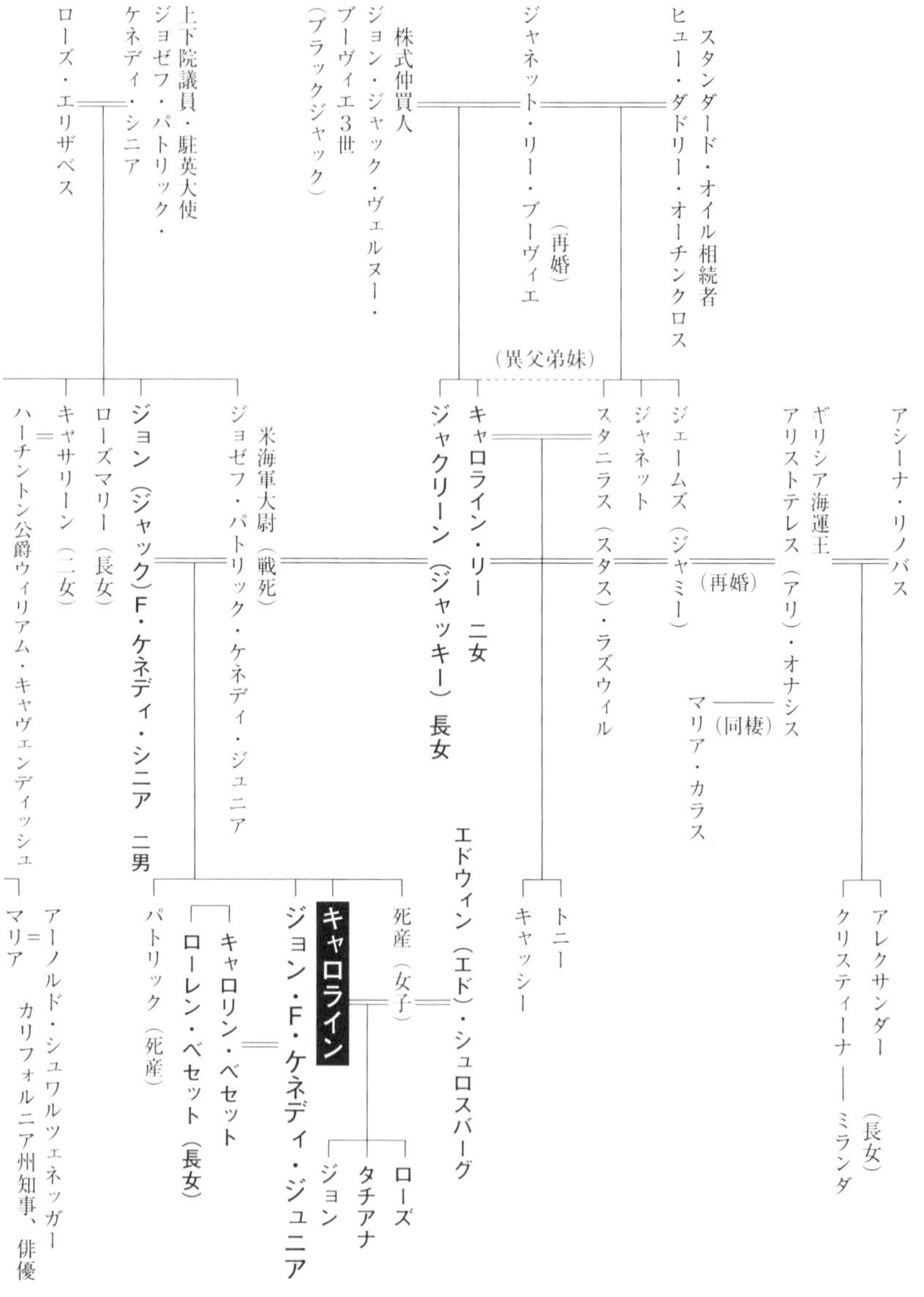
スタンダード・オイル相続者
ヒュー・ダドリー・オーチンクロス
(再婚)
ジャネット・リー・ブーヴィエ
株式仲買人
ジョン・ジャック・ヴェルヌー・ブーヴィエ3世
(ブラックジャック)
上下院議員・駐英大使
ジョゼフ・パトリック・ケネディ・シニア
ローズ・エリザベス
(異父弟妹)
アシーナ・リノバス
ギリシア海運王
アリストテレス(アリ)・オナシス
(再婚)
(同棲)
マリア・カラス
ジェームズ(ジャミー)
ジャネット
スタニラス(スタス)・ラズウィル
キャロライン・リー 二女
ジャクリーン(ジャッキー)長女
米海軍大尉(戦死)
ジョゼフ・パトリック・ケネディ・ジュニア
ジョン(ジャック)F・ケネディ・シニア 二男
ローズマリー(長女)
キャサリーン(二女)
ハーチントン公爵ウィリアム・キャヴェンディッシュ
アレクサンダー
クリスティーナ
(長女)
ミランダ
トニー
キャッシー
エドウィン(エド)・シュロスバーグ
死産(女子)
キャロライン
ローズ
タチアナ
ジョン
ジョン・F・ケネディ・ジュニア
キャロリン・ベセット
ローレン・ベセット(長女)
パトリック(死産)
アーノルド・シュワルツェネッガー
カリフォルニア州知事、俳優
マリア

登場人物

スペシャルオリンピック創始者
ユーニス（三女）＝ロバート・シュライヴァー
- ロバート（ボビー）3世
- ティモシー
- 他2子

パトリシア（パット）四女＝ピーター・ローフォード
- クリストファー（クリス）
- シドニー（シンディ）
- ヴィクトリア

ロバート（ボビー）三男＝エセル・スケイケル
- メリーランド州副知事　キャサリーン
- 下院議員　ジョゼフ（ジョー）・パトリック2世
- デイヴィッド
- コートニー
- ケリー＝（離婚）ニューヨーク州知事　アンドリュー・クオモ
- マイケル
- ロリー
- 他4子

駐アイルランド大使
ジーン　五女＝スティーヴン・スミス
- ステファン
- ウィリアム
- 他2子

エドワード（テッド）四男＝ジョアン・ベネット
- 下院議員　ジョゼフ・パトリック3世
- エドワード
- 他1子

従弟　ジョン・ガーガン＝ベティ・ガーガン

ディー族ゆかりの地

アイルランド
ボストン
ニューヨーク
ワシントン
ロンドン
パリ
大西洋
スペイン
マドリード
パームビーチ
アマルフィ
エーゲ海
地中海
スコルピオス島
カリブ海
ボストン・ケンブリッジ
バークシャ
ケープコッド
ハイアニスポート
ハマースミス・ファーム
チャパキディック島
ナンタケット島
マーサズ・ヴィニヤード島
グレン・コーヴ
ニューヨーク
サガポナック
ロングアイランド島
バーナーズヴィル
キャンプデイヴィッド
ヒッコリーヒル
ジョージタウン
ワシントン
(ホワイトハウス)

キャロラインとケネ

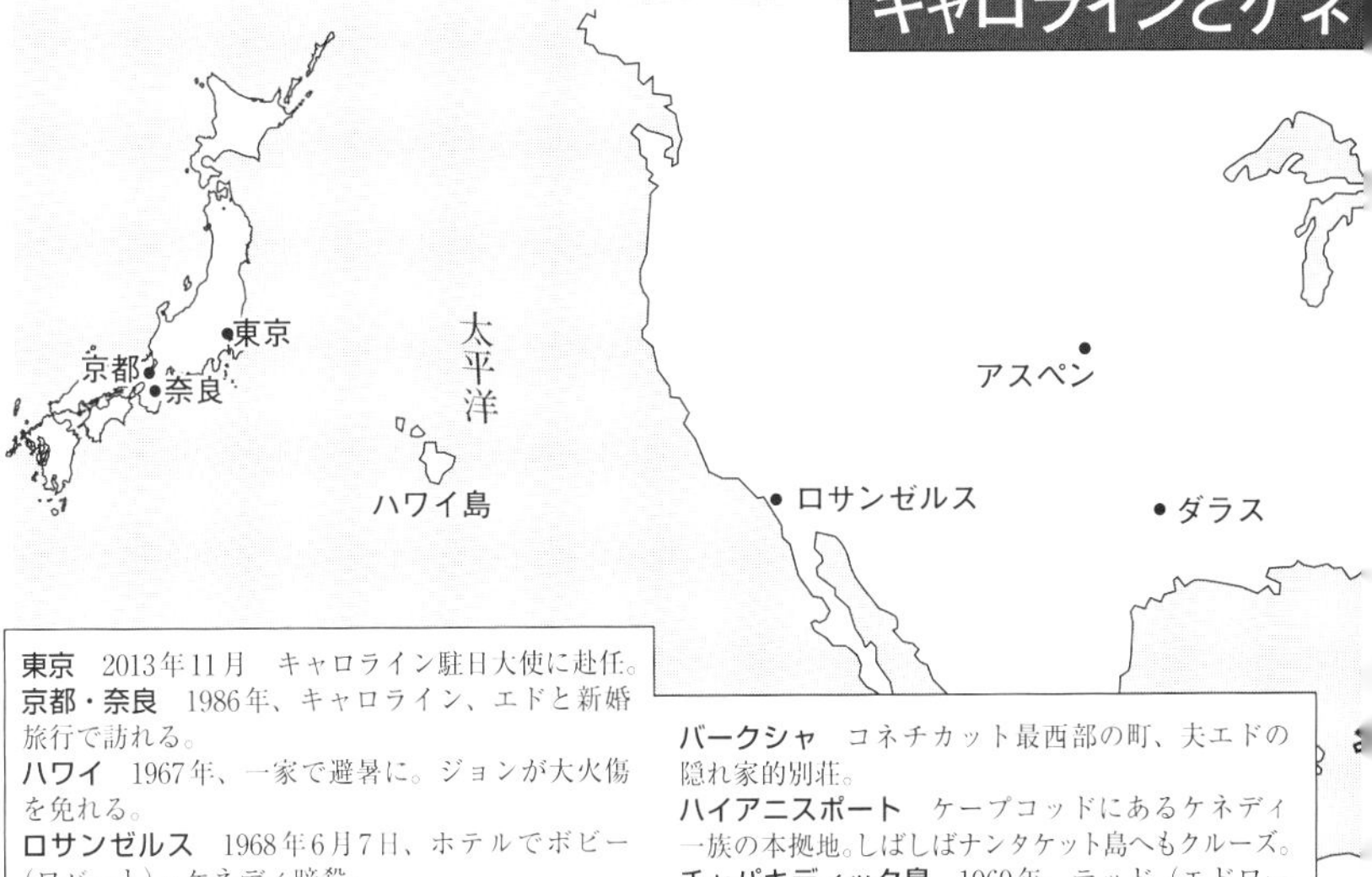

東京　2013年11月　キャロライン駐日大使に赴任。
京都・奈良　1986年、キャロライン、エドと新婚旅行で訪れる。
ハワイ　1967年、一家で避暑に。ジョンが大火傷を免れる。
ロサンゼルス　1968年6月7日、ホテルでボビー（ロバート）・ケネディ暗殺。
アスペン　1997年、ボビー（ロバート）の三男マイケル、スキー中に事故死。
ダラス　1963年11月22日、ＪＦＫ暗殺。
パームビーチ　ケネディ一族の夏の別荘地。
アイルランド　ケネディ一族の出身地。1967年、キャロラインは母親と、1999年には子供を連れて訪問。
ロンドン　1975年、キャロライン、サザビー本社で研修。爆弾事件で九死に一生を得る。
スペイン　1972年、キャロライン、一人でカメラ撮影旅行に出かける。後に個展を開催。
パリ　ジャッキーの再婚相手オナシス、オペラ歌手マリア・カラスと二重生活。
アマルフィ（イタリア）　母ジャッキーの妹の嫁ぎ先ラズヴィル家の別荘。1962年、キャロラインとジョンをつれてマリリン・モンローとの不倫騒動から緊急避難。
スコルピオス島（ギリシア）　母ジャッキーが再婚式を挙げたオナシスの別荘。キャロラインとジョンはしばしば休暇で訪れる。
地中海／エーゲン海／カリブ海　オナシスの豪華ヨットでしばしばクルーズ。

【拡大図の中】北から
ボストン・ケンブリッジ　ハーヴァード大、ラドクリフ女子大の所在地。父ＪＦＫ、母ジャッキーと同じくキャロラインも大学生活を送る。
バークシャ　コネチカット最西部の町、夫エドの隠れ家的別荘。
ハイアニスポート　ケープコッドにあるケネディ一族の本拠地。しばしばナンタケット島へもクルーズ。
チャパキディック島　1969年、テッド（エドワード）・ケネディが車に同乗の美人秘書を溺死させる。
マーサズ・ヴィニヤード島　母親ジャッキー以来の別荘「レッド・ゲート・ファーム」がある。1999年、ジョンが妻と妻の姉と共に同島沖合で墜落死。
ハマースミス・ファーム　ロングアイランド州ニューポートにある母ジャッキーの継父ヒュー・オーチンクロスの別荘
サガポナック　キャロライン／エド・シュロスバーグ家の別荘
グレン・コーヴ　叔父のボビー（ロバート）の夏別荘があり、母ジャッキーは近くに家を貸りキャロラインと乗馬を楽しむ。
ニューヨーク　1964年ワシントン近郊から一家で5番街へ移り大学時代まで過ごす。1986年エド・シュロスバーグと結婚後、パーク街で暮らす。
バーナーズヴィル（ニュージャージー州）　母ジャッキーがキャロラインと共に乗馬を楽しんだ貸農家の別邸。
キャンプデイヴィッド　米大統領の公式別荘。一家で余暇を楽しむ。
ヒッコリーヒル（ワシントン郊外）　ＪＦＫとジャックが結婚時に邸宅を購入するが、弟のボビー（ロバート）一家に売却。
ジョージタウン（北通り）　ＪＦＫ一家がヒッコリーヒル邸売却後に邸を購入。キャロラインとジョンはここで誕生。父の大統領就任でホワイトハウスへ移るまで暮らす。

表記について

キャロラインの父・ジョン・F・ケネディについては、愛称の「ジャック」、国民的通称の「JFK」、さらに「ダディー」、「大統領」などが混在するが、誤解を招かないかぎり原文のとおりとした。母親、ジャクリーン・ブーヴィエ・ケネディ・オナシスについても、愛称の「ジャッキー」、「マミー」「大統領夫人（ファーストレディ）」などが、叔父のロバート・ケネディの場合も、正式名称と愛称の「ボビー」が、叔父のエドワード・ケネディの場合も、正式呼称と愛称の「テッド」が混在するが、誤解を招かないかぎり原文のとおりとした。

（）について

訳者が補足説明を加えた場合は本文より文字を小さくしたが、原文にあるものは本文と同じ大きさとした。

日本版によせて――〝アメリカの王女〟、東京へ

東京　二〇一三年十一月十九日

数千の人々が手を振って歓迎するなか、彼女は東京の街なかの道を進んでいた。背中を預けているのは、百年の風雪に耐えてきた馬車で、黒光りするボディには皇室のシンボルである金色の菊の紋章が描かれ、羽根付きの三角帽子をかぶり制服で威儀を正した天皇の馭者《ぎょしゃ》に操られていた。馬車を牽《ひ》くのは、御用牧場で飼育された二頭のクリーブランドベイ種で、まるでおとぎ話の本から跳び出てきたかのようだった。

馬車は皇居を取り囲む濠を越えると、賓客たちを迎える玄関前で止まった。宮内庁式部官長の小野田展丈《のぶたけ》が出迎え、報道カメラマンの一団も待ち受けていた。金ボタンの燕尾服に赤いベルベット地のズボンとバックル付き靴で身をかためた従者がドアを開けると、陽光の中に降り立ったキャロライン・ケネディに深々と頭を下げた。彼女の前には純白の絨毯《じゅうたん》が敷かれていた。これまで公衆の目にさらされてきた彼女だが、このような高貴な聖域においてもカメラマンたちに一挙手一投足を記録されることに、不意をつかれて驚いた。

キャロラインを待ち受けていた儀礼は、ヨーロッパの王室の結婚式や戴冠式《たいかんしき》を彷彿《ほうふつ》させるもので、申し分なかった。アメリカ合衆国大統領ジョン・F・ケネディとその夫人《ファーストレディ》のただ一人の遺児であり、

間違いなく二十一世紀のアメリカでもっとも高貴な女性であるキャロラインは、〝アメリカの王女〟にもっとも相応しい存在だったからだ。

しかし、彼女のその日の皇居訪問は、世界でもっとも知られている政治一族の一人による単なる表敬ではなかった。彼女は任務、それも重要な任務を帯びていた。新任の駐日アメリカ大使として、天皇に、がらんとした正殿松の間（玉座の間）で、大使信任状を捧呈しにやってきたのである。

短い謁見を終えた後、キャロラインは記者団に「素晴らしい儀式だった。日本に大使として赴任したのは大変な栄誉です」と語った。それから「記憶に残る最高の日だった！」とツイッターで流した。

いっぽう、もう一つの思い出深い日がまもなく訪れようとしていた――キャロラインが父を失い、歴史が一変したあの日が。くしくもキャロラインが天皇に大使信任状を捧呈した三日後、現代史でもっとも衝撃的な悲劇の一つ――テキサス州ダラスの路上で起きたＪＦＫ（ジョン・Ｆ・ケネディの国民的通称）の残虐な暗殺――から五十年目の日がやってきた。

ニール・ダイアモンドが作詞した「スイート・キャロライン」に励まされてきた少女は、それから数十年にわたって、一族を襲ったさらなる悲劇に耐え忍ばねばならなかった――愛する叔父ロバート（ボビー）・Ｆ・ケネディの暗殺、母親の六十四歳という早すぎた癌死、そして一九九九年、マサチューセッツ州はマーサズ・ヴィニヤード島沖で起きた弟ジョン・Ｆ・ケネディ・ジュニアの飛行機事故死である。ジョンの享年は父親よりも若い三十八歳だった。

世界の多くの国と同じく、日本でもケネディ一家はあこがれを超えて尊敬の的である。ＪＦＫは第二次世界大戦中、米海軍士官として、南太平洋で戦闘任務についていたが、後に戦争の英雄となれたのは、一九四三年、彼が指揮をとる魚雷艇PT１０９が日本の駆逐艦に沈められたからだと本人も認めている。ケネディに言わせれば、「沈没させられたのは（戦闘ではなく）まったくの偶発だったが」、部下の乗組員の命を救ったことで、彼の勇名が知られるようになったのである。ケネディは米大統領として初めて日本を訪れるつもりでいたが、一九六三年十一月二十二日に銃撃を受けてそれは果たされなかった。日本との絆を確かめそれをより強くするという父親の長年にわたる夢は、娘のキャロラインに託されることになった。バラク・オバマ大統領がキャロラインを次期駐日大使に内定するや、日本国民は熱狂した。キャロラインはジャックとジャッキー・ケネディの名声と神話の継承者であるだけではない。ニューヨークタイムズ紙でマーティン・ファクラーが記しているように、「アメリカが力強くて自信にあふれていた黄金時代への生きた架け橋であり」、「日本がアメリカに望んでやまない親愛なる抱擁の約束でもあった」

　それは、母国のために意義深い仕事をしたいというキャロラインの長年の望みを満たすものでもあった。母親が愛した詩歌の選集をはじめ数作のベストセラーを出版し、ケネディ記念図書館支援財団理事長など多くの社会貢献活動の要職を務め、ニューヨーク市の公立学校のために六千五百万ドルを超える基金を集め終えたキャロラインは、大統領選挙に向けてどの候補を支持するか検討を始めていたが、子供たちからバラク・オバマというあまり知られていない上院議員も候補に加えたらと勧められた。そして二〇〇七年の秋、キャロラインの友人のガーリー・ギンズバーグによると、「彼女は今までよりも踏み込んで、生臭い政治闘争に関わってもいいと考えはじめていた」

　キャロラインは前ニューヨーク州選出の上院議員で前大統領夫人《ファーストレディ》でもあるヒラリー・クリントンと

は長年来の友人であり、ケネディ家とも政治的同盟関係にもあることから、彼女を応援するとばかり思われていた。しかし、叔父のエドワード（テッド）・ケネディ上院議員と共に、オバマの支持に回り、彼の全国遊説に加わったのである。さらに二〇〇八年一月二十七日付けのニューヨークタイムズ紙に「わが父に似た大統領を」と題した文章を寄せて、こう記した。「私の父から大きな励ましを受けたと人々からよく聞かされて育ったが、私自身はそんな励ましを受けた大統領にこれまで出会ったことがない。しかし、今回初めて、私だけでなく、アメリカの新しい世代にとって、これぞわが大統領と言える人物に出会ったのである」

二〇〇八年六月、オバマは大統領候補指名を勝ち取ると、キャロラインを副大統領候補選考委員会の副委員長に指名、キャロラインはデラウエア州選出の上院議員ジョー・バイデンを推挙した。

二〇〇九年一月、オバマ大統領の就任を受け、ヒラリー・クリントンが国務長官に就任したため上院議員を辞任。キャロラインは政界進出の野心を抱き、前ニューヨーク州知事のデイヴィッド・ピーターソンに、ヒラリーの後継になりたい旨を伝えた。二〇一〇年の次期上院議員選挙に名乗りを上げたのである。大方の見るところキャロラインの挑戦には非の打ちどころがなかった。ＪＦＫの暗殺後、ジャッキーは子供たちと共にニューヨークに居住、キャロラインは地元のセイクレッドハート修道会小中学校とブレアリー高校を卒業。その後はニューヨークのコロンビア大学で学位を取得、人生のほとんどをニューヨーク市のアッパーイーストサイドで暮らしてきた。また叔父のボビーはここニューヨーク州選出の上院議員を務めた。要するにキャロラインは生粋のニューヨークっ子であった。

ただし議員として何ができるかは未知数であった。友人のリチャード・プレプラーに言わせれば、

「彼女はいわば聖像《イコン》のようなもの」だった。なんの苦労もせずに上院議員になれる人間はそうはいない。同じく友人の人権活動家でテレビコメンテーターのアル・シャープトンはこう言う。「オバマ大統領に気軽に電話で話せる上院議員をほしくはないかい？」

しかし、キャロラインはすぐに、自分は草の根政治のごたごたには向いていないと思い知らされることになった。けっして居心地がいいとはいえない選挙キャンペーン行脚が続くなかで、どうやら彼女には、父親のカリスマ性が欠けており、もっと重要なのは弟が持っていたマスコミの上手なあしらい方が不得手なことが明らかになった。テレビのインタビューを五回、六回と受けるうちに、キャロラインの名前は有力候補から後退していった。そして、無名も同然だったニューヨーク州選出の下院議員カーステン・ギリブランドにヒラリーの後継の座を奪われてしまった。

それにもめげずキャロラインは、二〇一二年のオバマ大統領の再選に向けて、選対副本部長として汗をかいた。再選を果たしたオバマはキャロラインの貢献に報いようと決心した。

パーク街《アヴェニュー》の自宅アパートではいはいしていた三人の子供たちが立派に成長したいま、キャロラインはこれまでの自分からの変身を求めていた。長女のローズは二十六歳でテレビプロデューサーとして放送作家のデイヴィッド・ミルクのもとで修行中。次女のタチアナは二十四歳、ニュージャージーでレポーターとして働いた後イギリスのオックスフォード大学に留学中。そして二十一歳になったジャックはイエール大学に在学中で救急救命士《パラメディック》の資格を取得、ＪＦＫの生き写しだと騒がれている。

バラク・オバマは二期目に入った六か月後、キャロラインをジョン・ルース駐日大使の後継に指名した。キャロライン自身、ラドクリフ大学時代に日本史を学び、実際に日本へ出かけたことがあると猟官運動《ロビイング》をした結果でもあった。日本へは、当時二十八歳だった美術家でコンピュータデザインのエキスパートでもある新夫のエド・シュロスバーグと共に、新婚旅行で奈良や京都の寺を訪れていた。

かつて駐日大使を務めた元米副大統領のウォルター・モンデールは、太平洋をはさんで起きる状況についてこんな鋭い予言をした。「日本は大騒ぎになるだろう。日本では、彼女はよく知られていて、ケネディ家もとても愛されているからだ。これまでケネディ家の人々も日本と仕事をしており、彼らの社会的地位に対する評価も高い。また、日本人は、彼女がアメリカの星であり、真面目な人物であり、仕事もできることを知っている。わが駐日大使館は彼女のリーダーシップのもと、必ずや力強い成果を挙げるであろう。私はその栄光を確信してやまない」

しかしキャロラインと彼女を迎え入れる日本政府高官たちにとって、すぐさま厄介な事態が生じた。日本のイルカ漁を取材したドキュメンタリー映画「ザ・コーヴ（入江）」がアカデミー賞を受賞したのを受け、日本人が伝統文化だとすることに、キャロラインが「非人間的」と批判をして物議をかもしたのである。

それでも、それ以外の問題では――尖閣列島をめぐる日中のやりとりも含めて――キャロラインの前評判を落とすには至らず、日本におけるケネディ家の人気は依然衰えていない。キャロラインの親友の一人でアカデミー賞受賞監督のマイク・ニコルスがこう断言するのも驚くにはあたらないだろう。「キャロライン・ケネディがこれまで学習できなかったものなんてあるだろうか？　外交だって例外ではない」

序

素晴らしきアメリカの家族の物語へ、ようこそ

パームビーチのケネディ本家の冬の別荘で一族とクリスマスを楽しむ（1962年12月25日）

私たちは三人で一つの人生を歩んできた。

――ジョン・F・ケネディ・ジュニア（姉キャロラインの結婚式で）

権力、富、未完の夢、筆舌に尽くせない悲劇という遺産を一身に継承して、いまも光芒を放ち続けている女性がいる。父親は凶弾にたおれ、それを目のあたりにして世界中は茫然自失し、歴史の流れは一変した。母親は二十世紀でもっとも華麗なるアメリカ女性――スタイル、魅力、個性の力を持ち合わせた聖像《イコン》となった。弟は、ケネディ一族でもっとも将来を嘱望され、世界中が羨《うら》やむ容貌とカリスマ性を持ち合わせ、知力はいまひとつでも政治の高みを極めるのは間違いないと思われていたが、母親の別荘があるマーサズ・ヴィニヤード島上空で航空機事故に遭遇、還らぬ人となった。三十八歳の若さであった。

その女性とはキャロライン・ケネディ――世界中の想像力を鷲づかみにし、それを四十年以上も掻き立ててきたアメリカの華麗なる一族《ファーストファミリー》のたった一人の生き残りである。彼ら一族の物語が、その発端から世間を夢中にさせたのも驚くにはあたらない。現実の政治が水面下ではいかに怪しげだろうと、世間の目には、ジャック（ジョン・F・ケネディの愛称）とジャッキー（妻ジャクリーンの愛称）は、アイゼンハワーのくすんだ五〇年代を、平和と繁栄のわくわくする新時代へと理想的に転換してくれるように見えたのである。

個性的で金持ちで華麗で頭もよい――これほど刺激的なカップルはいなかった。若さ、セックス、パワー、金のすべてを持ち合わせた同世代の夢と羨望の体現者こそ、四十三歳の大統領と三十一歳の妻であった。そして、彼らの麗しい物語は、二人の子供のこんな家族写真――男の子は大統領執務室《オーヴァルルーム》の父親のデスクの下に潜り込んで乱れた髪のやんちゃ面をのぞかせ、いっぽう女の子はそばかす顔で愛馬マカロニに得意げにまたがっている――で総仕上げを迎えるのである。

ケネディ家の子供たちに私たちが尽きせぬ魅惑を覚えるのはなぜか。それは、彼らが何であるかよりも、彼らが背負っているもののせいであろう。つまりキャロラインという存在が、人種差別暴動、ヴェトナム戦争、ウォーターゲート事件、ドラッグ蔓延、エイズ、そしてテロが起きる以前の、あのひたすら明るくて希望にあふれたアメリカの歴史にかろうじてつながっているからである。

たしかに、ケネディの時代はピッグス湾事件、ベルリンの壁、キューバミサイル危機、そしていまなお未解決のままのソ連との核兵器廃棄交渉の時代であった。驚くべきことに、当時私たちの生命と暮らしを左右したこうした出来事はやがて忘れ去られてしまうのだが、そのいっぽうでやる気満々の若き大統領と魅惑あふれる妻と元気いっぱいの子供たちにまつわる記憶だけはいまも残っている。もっとも人々の心を揺さぶって忘れることができないのは、一九六三年十一月の寒い朝、JFKの柩《ひつぎ》を載せた馬車が当時三歳だったジョン・ケネディ・ジュニアの目の前を通り過ぎたとき、ジョンが敬礼のポーズを取ったあの歴史的なシーンだろう。〝偉大な姉貴《ビッグ・シスター》〟はというと、弟から数フィートほど離れたところで、悲しみに打ちひしがれた母親の手をしっかりと握っていた。キャロラインが六歳になる二日前のことだった。

ジョン・ケネディ・ジュニアはそのときのことを実際に記憶してはいない。彼自身も認めているが、実際の記憶と、後で何年にもわたってテレビのニュースや写真によって植え付けられた事象との区別がつかない。しかしキャロラインはすべてを記憶に焼き付けている。生まれたばかりの弟パトリックが死んだことをホワイトハウスの芝生を走って父を乗せたヘリコプターへ知らせに走ったことから、母親《マミー》が父親《ダディー》の血で汚れたピンクのスーツを着てダラスから戻ったあの恐ろしい日のことまでを。

この暗殺事件はある時代の唐突で血塗られた終わりをもたらしたが、殺された大統領の残された家族にとっては、一連の事件の始まりであった。それから四十年余、キャロラインは、母親への注目が幾何級数的に高まるほどに、メディアの嵐の目にいっそうさらされて育った。スキャンダルにも見舞われた。ギリシアの億万長者アリストテレス・オナシスとジャッキーとの鳴り物入りの結婚騒動。叔父のテッド・ケネディが抱いていた大統領への野望が絶たれたチャパキディックでの溺死事件。さらにケネディ一族の周縁にまで広げると、麻薬乱用、軍務違反、暴行、強姦、そして殺人事件を引き起こす者もいた。「キャメロット伝説」（中世の伝説でアーサー王が円卓の騎士と共にめざした戦いなき理想郷で〝ケネディ王朝〟に擬せられた）の謎も解き明かされ、父親にまつわる数限りない女性関係、情婦を〝共有〟したとされるマフィアとの関係、隠された持病、〝ドクターいい気持ち《フィールグッド》〟ことマックス・ジェイコブソンから提供され夫婦ともども陥ったとされるアンフェタミン依存――これらはすべてゴシップ製造機の恰好のねたとなった。

それよりも深刻なのは、数世代にわたって一族を襲った悲劇にキャロラインがなお付きまとわれていることだった。愛する叔父ボビーが凶弾にたおれたこと、従兄弟《いとこ》のデイヴィッドとマイケルの不慮の死、母親の早すぎる癌死、そしてもちろん弟の飛行機事故死。これら国にも大きな衝撃を与えた事件によってキャロラインの人生は形づくられてきたのかもしれない、ジャックとジャッキーの幼い娘はやがてこうなると。

固い絆のケネディ家のなかで、他の三人と比べてキャロラインほど謎と神秘に包まれたままの人物はいない。一九六〇年代、彼女とジョンはアメリカでもっとも有名な子供だった。ほとんど生まれたときから愛嬌を振りまいてカメラを引き付ける弟に対して、キャロラインは対照的に、おしとやかで、控えめだった。メディアの好奇の目を遠ざけるために、つねに物静かに尊厳をもって心の高揚も悲嘆も抑え込んで、現代の聖像《イコン》である両親と映画俳優そこのけの弟の陰に隠れるよう意図して振る舞った。謎と神秘。これはジャッキーのために編み出された言葉だった。彼女はそのイメージをそこなわないよう心を砕いて人生を送った。キャロラインも謎と神秘に包まれていたが、それはできるだけ人間らしいあたりまえの人生を送りたいという強い思いから、自分を表に出さないだけだった。それは、JFKの二人の子供は絶対に甘やかさないという教育方針を最初から貫いてきた母親から受け継いだものだ。一族の子供たちの多くがあまりにも甘やかされて育てられて人生を台無しにしていたからだ。巨万の富を持ちながら、スキャンダルにまみれ、負荷《プレッシャー》と期待の両方をかけられ、大切なものを失って魂が消えるほど落ち込む――こうしたことに揉まれて、キャロラインと弟はケネディ一族の希望の星となった。世間に知られているように、ケネディ家の従弟妹《いとこ》たちのなかには思慮に欠ける者が多いが、二人はそれとは対照的に、驚くほど穏やかで、自制がきき、社会的な責任感を持った大人に育った。叔父のテッドに言わせると、キャロラインとジョンは、「ジャッキーがなした二つの奇跡」だった。だから、ジャッキーは、一九九四年五月、二人の子供は少なくともケネディ家の呪われた運命を跳ね返してくれるだろうと、安堵しながらリンパ腺癌で逝ったのだと。

しかし、残念ながら彼女の安堵は虚しかった。五年後にジョンと妻のキャロリンが飛行機事故で命を落とすのだ。この〝アメリカの悲劇〟によって、改めて、キャロラインと母親ジャッキーと弟ジョンとの類を見ない絆がいっそうの痛ましさをもって浮き彫りになった。なぜ彼らはこれほどまでに過酷な人生を味わされるのか。なぜ彼らはこれほどまでの試練を耐え忍ばなければならなかったのか、と。

ジャッキーは夫の暗殺を受けて、持てる力と尊厳を奮い立たせて頑張ったが、彼女をよく知る友人たちは疑った。いくら粘り強い彼女でも、最愛の一人息子の残酷かつ理不尽な死という逆縁の運命にはたして耐えられるだろうかと。

しかしキャロラインは、弟ジョンの死というハンマーの一撃で受けた心の痛手と、直系の家族をすべて失って一人になってしまった現実に立ち向かわなければならなかった。

つらいことに、この重い荷物は、誰でもない、キャロライン一人だけで背負わなければならないものだった。これまでに彼女が失ったものの多くは国家にとっても大いなる損失であった。彼女の悲しみはアメリカと世界の大いなる悲しみであった。母ジャッキーの義理の弟のジャミー・オーチンクロスが言うように、「キャロラインは驚くほど知的で強い意思の持ち主であり、そしてなによりも、生涯、苦悩と悲劇を引き受け続ける稀有な人間である」

私たちがキャロラインを家族の手本――すなわち自分の娘が、あるいは姪がキャロラインのようであったらと思うのは、まさに彼女がそんな稀有な人間だからなのだ。彼女が深く共感するものはその場でただちに私たちを深く共感させる。つまり、キャロラインの家族の物語は、アメリカ人が置き忘れてしまった「素晴らしきアメリカの家族の物語」なのである。

1

ケネディ王朝瓦解の予兆

1963年のハロウィン。大統領執務室で父を驚かすキャロライン（左）とジョン（右）

私は以前にもまして、強く思うようになった――人は死んでから愛した人々と一緒に生きることになるのだと。

――キャロライン

私は心底から思う、キャロラインは勇気の人だと。

――ジョン・ペリー・バーロウ

一九九九年七月十七日土曜日午前五時三十分

ダイアル音もしない、話し中の信号音もしない。まったくの無音だった。トニー・ラズウィルは従姉のキャロラインの留守を預かる家政婦に電話をして、一家の旅行先の電話番号を確かめさせたが、間違いはなかった。トニーは今度は電話交換手を呼び出して言った。

「アイダホ州スタンレー、マウンテン・ヴィレッジ・リゾートに電話をかけているんだが、通じない」

電話交換手はつなごうとしたが通じなかった。「回線にトラブルがあるようです。追ってご報告します」

キャロラインの携帯電話にもかけてみたが、通じなかった。腕時計を見て計算をした。アイダホのスタンレーはまだ朝の四時前だ、子供たちを起こしてしまわないだろうか。いや、そんなことを気にしている場合ではない。子供たちも事の重大さに納得するはずだ。

「交換手、これは緊急事態だ」とトニーは言った。

交換手は一瞬躊躇《ちゅうちょ》したが、トニーの声音に緊急性を感じ取ったようだ。「シュロスバーグの家族に連絡を取ろうとしているんだが。彼らはマウンテン・ヴィレッジ・リゾートに滞在している。何かアクシデントがあったのではないかと……」

「このままでお待ちください」と交換手は応じた。「なんとかやってみますので」

トニーは受話器を手にしたまま、大西洋に昇るまぶしい朝日を見つめた。伯母のジャクリーンがマーサズ・ヴィニヤード島に建てた宏大な別荘「レッド・ゲート・ファーム」のキッチンのヴァルカンストーブの傍《かたわ》らに座っていた。

別荘のどの部屋もパステル画が掛けられ本が備えられ、手づくりのガラス窓越しに海を見はるかすことができる。金属の釘はいっさい使わず木ねじだけで仕上げた昔風のつくりだ。

「ここは夢のような場所だ、日当たりもよくて」と友人のジョージ・クリンプトンに言われたものだ。「きみの養生のためには、はかりしれない効用がある。回りはこんなに豊かな色にあふれ、水がダイヤモンドのように輝いていて」

トニー・ラズウィルはこの別荘でこの夏一緒に過ごした従兄のジョンからも同じことを言われた。十年以上癌と闘ってきたが、最近、癌のほうが優勢になってきた。叔母のジャクリーンのシャングリラ（理想郷）であったレッド・ゲート・ファームを包む癒しの雰囲気は、「きみに癒しをいや増してくれるだろう」とジョンは言ったものだった。

ジョンの友人のジョン・ペリー・バーロウによれば、「トニー・ラズウィルの癌に、実際ジョンは身も心も裂けんばかりだった。ジョンはトニーのためにできるかぎりのことをしたが、トニーが助からないと知っていた。二人はほんとうにいつくしみ合っていた」

しかし、いまは、逆にトニーがジョンのことを心配することになったのだった。トニー・ラズウィルは一人ではなかった。週末になると、ジョンがしばしば自家用のパイパー・サラトガ機の操縦桿を自ら握って飛んできたからだ。しかし、この夜は、従妹のロリー・ケネディの結婚式のため妻のキャロリンをケネディ本家の邸宅があるハイアニスポートまで送る予定だった。ジョンと妻のキャロリンは結婚式のリハーサルディナーを外すわけにはいかないので、まずマーサズ・ヴィニヤード島に寄り道して妻の姉のローレンを下ろすことになっていた。

しかし、ローレン・ベセットの友人は、彼女が午後十時になって約束より二時間遅れても来ないのに気を揉んでいた。島の付近は濃い靄《もや》に包まれており、パイロットたちはフライトを遅らせるか中止するしかなかった。おそらくジョンも同じ判断をしたのかもしれない。待機したまま飛び立っていない可能性が高かった。

ジョンの自家用機が予定より一時間遅れてもやってこないとなって、ワシントンにいる叔父のテッド（JFKの末弟エドワードの愛称）・ケネディ上院議員にそれを知らせる電話がかかった。テッドは即座にジョンのニューヨークのアパートに電話を入れた。男が出た。テッドは一瞬息を呑んでから、その男が自宅のエアコンが壊れたため、ジョンとキャロリンの好意で、ニューヨークのうだる暑さを逃れてきた居候《いそうろう》だと気づいた。

深夜の十二時ちょっと前、トニーは、ジョンがそっちに来ていないかというテッド・ケネディからの電話で眠りを覚まされた。それから二、三時間というもの、トニーは十人を超えるジョンの親友たちと同じように、ジョンの居場所を必死になって探した。午前二時十五分、家族ぐるみの友人のキャロル・ラットウェルがマサチューセッツ州ウッドホールの沿岸警備隊本部に連絡を入れたところ、この付近の空港を管轄するFAA（連邦航空局）とコンタクトを取ってくれ、ジョンは最寄りの空港へ一時着陸して視界が晴れるのを待っているかもしれないので探してみるとの回答を得た。それから一時間後、FAAは行方不明のジョンの自家用機を探し出すことができず、沿岸警備隊とヴァージニア州ラングレー空軍基地の救援センターに出動を命じたのである。

所は変わってアイダホ州スタンレー。キャロライン・ケネディは遠く二千五百マイル（約四千キロ）も離れた東海岸の出来事などつゆ知らず、夫のエドの横ですやすやと眠りについていた。二人は、七月十九日の十三回目の結婚記念日と夫の五十四歳の誕生日を、マリリン・モンロー主演の映画「帰らざる河」で知られる筏《いかだ》の急流下りで祝う予定だった。その日の午後、ジョンは一九九五年に鳴り物入りで創刊された軟派系政治雑誌「ジョージ」のオフィスからキャロラインの携帯電話にこう言ってよこした。キャロラインの三人の子供、姪のローズとタチアナ、甥のジャックには、両親の「アドベンチャーイベント」に参加させてやってくれ。今週末のロリー・ケネディの結婚式に出られないことは気にしなくていい。自分と妻がＪＦＫ側の親族代表として出席するから、と。

キャロラインとジョンは仲がよかったが、五年前に母親が亡くなってからは前にも増して相談し合い支え合うようになった。「彼女はぼくの姉貴だ」とジョンは周囲によく漏らしたものだった。「もちろん仲はいいさ。年下の弟なら姉貴は尊敬しなきゃ」

友人によると、母親からお目付け役を引き継いだキャロラインは、ジョンの向こう見ずな気質がますます心配になった。危険なところへ身を置いてはなんとか無事で戻ってくるので、友人たちの間では〝お騒がせ屋《マスター・オブ・デイザスター》〟と呼ばれていると知ったからだ。

つい六週間前にもマーサズ・ヴィニヤード島で動力付きパラシュート「バックアイ」の着地に失敗、左足首をくじいて二日前に石膏が取れたばかりで、まだ松葉杖をついていた。

保護者である〝偉大な姉貴《ビッグ・シスター》〟としては、弟に調子に乗らないよう自重を促すのが務めだったかもしれない。しかし母親のジャッキーもそうだったが、過保護はキャロラインの性分には合わなかった。

ジャッキーはジョンに自家用機を操縦することを許さず、ジョンも母の生前はその約束を守っていたが、母親の死後はジョンの操縦をやめさせる手立てはないとキャロラインはあきらめた。新しく買ったハイパー・サラトガ機を操縦してマーサズ・ヴィニヤード島経由でケネディ本家の邸宅があるハイアニスポートまで飛ぶと告げられたとき、キャロラインは止めることはしなかった。いつもジョンは、緊急時のために操縦指導官《フライト・インストラクター》を同乗させると言っていたからだ。

キャロラインとジョンの人生最後の会話は三十分近く続いた。ジャッキーから子供たちの教育係として雇われ、いまはキャロラインのために食事の用意と家事をしているマルタ・スグビンによると、二人は十代のころから毎日のように顔を突き合わせて笑い合い、相手が何を考えているか互いに知り尽くしていたという。

そんな仲だったから、ジョンは自分が自家用機でケープコッドまで飛ぶことを姉が心配しているのはよくわかっていた。そこで、暗くなる前に目的地に着くようにする、その飛行ルートは何度もトラブルなしで飛んでいるから大丈夫と保証した。

それでもキャロラインの疑念と不安は消えなかった。足の怪我はどうなのか。操縦に支障はないのか。キャロラインは、最後は、コクピットには弟の傍らに熟練の操縦指導官が付いているから大丈夫と自らを納得させた。しかし、キャロラインは知らなかったが、操縦指導官はあくまでもボランティアで、ジョンはその指導官を断わって一人で操縦するつもりだったのだ。ジャッキーの継父ヒュー・D〝ユシャ〟オーチンクロスは、後にこう述懐している。「もしキャロラインがそれを知っていたら、その場で止めていただろう。彼女はジョンの母親代わりだった。ジャッキーだったらそんな状況でジョンに操縦などさせなかったし、キャロラインもそうだった」

しかし、ジョンが一人で操縦するとは知らないキャロラインは弟に慎重を促す以外にやれることはなかった。「じゃあ、気を付けて」とあきらめ気味の声音で言った。

「大丈夫」とジョンは姉の不安を鎮めるように答えた。「むちゃはしないから。爺さんのように慎重にやるから……」

これがジョンがキャロラインと交わした最後の言葉となった。


キャロラインと家族は、移動に丸一日をかけて、ようやくマウンテン・ヴィレッジ・リゾートのスイート二三一号室にチェックインした。びっしり詰まった翌日の野外活動のために休むことにした。ここアイダホのソウツース連峰の麓では、鱒釣り、乗馬、温泉などさまざまな保養が楽しめる。キャロラインと子供たちのお目当ては、くねくねと曲りくねったサーモン渓谷の早瀬下りで、それを明日の一番に予定していた。

スイートルームといっても質素そのもの。ほとんど装飾のない二間の寝室には必要最小限の家具調度があるだけだったが、なんの不都合もなかった。全員、長旅の疲れで、午後の十一時にはベッドに倒れ込んでしまったからだ。

かたやこちらはマーサズ・ヴィニヤード島の別荘。トニー・ラズウィルはジョンの消息がここレッド・ゲート・ファームの近くにあることを知らないでいた。彼はなんとかキャロラインに連絡を取ろうとして、スタンレーの警察に電話をして、署長で当地で唯一人の保安官でもあるフィリップ・エンライトにつながった。エンライト署長は自ら車を運転してキャロラインの宿泊しているロッジに午前四時三十分（アメリカの東部時間で六時三十分）に到着、支配人にキャロラインの部屋へ電話をかけて、こう告げてもらった。「マサチューセッツから緊急電話が入った。従弟が何時間も前から連絡を取ろうとしているのだが、何かのトラブルでつながらない」

二、三秒は無言だった。キャロラインは誰よりもその電話の意味を理解した。ケネディ家の人々は「緊急」という言葉を軽々しくは使わない。キャロラインは支配人に訊き返した。「トニー・ラズウィルにどうすれば連絡が取れるの」

ロッジの電話から外線にはかかることがわかった。キャロラインは交換台にレッド・ゲート・ファームの電話番号を知らせてつないでもらった。「キャロライン、ずっと君に連絡を取ろうとしていたんだ」トニーはキャロラインの声を聞くやいなや言った。「ジョンの……ジョンの飛行機はだいぶ前に到着している予定なんだが、まだ着いていない……」

キャロラインは、こうした事態のときに感情を抑えるすべを若い時分から身に着けていた。パニックは何ももたらさない。彼女は状況の詳細を知りたかった。操縦指導官は同乗していたのか？　フライトプランは？　霧が晴れるまで一時着陸できる空港は？　何かの行き違いではないのか？

トニーは疲れ果てていて、キャロラインのすべての質問には答えられなかった。キャロラインはパズルのピースを掻き集めようと、一時間以上も家族や友人に電話をかけまくった。やっとつながった叔父のテッド・ケネディ上院議員からは、「どこか小さな空港に着陸していて、遅れているだけさ。こうしたときのジョンのやりくちを君なら知っているだろう」と言われたが、弟のことはキャロラインのほうがよく知っていた。母親もそうだったが、弟が飛行機を操縦することが不安でならなかった。それには十分な理由があった。空を飛ぶことへの関心と操縦訓練は申し分ないのだが、弟ときたら驚くほど物忘れがひどいのだ。もし、ジョンがある操縦指導官から、「集中力に欠け、同時に複数のことをこなす能力にも欠けている」と忠告を受けていたことを知っていたら、キャロラインの不安はもっと募っていたことだろう。

ここでケネディ一族の悲惨きわまりない「空の歴史」をおさらいしておこう。

一九四四年、キャロラインの伯父のジョゼフ・P・ケネディ・ジュニアが、第二次世界大戦で爆撃作戦に参加して戦死。その四年後の一九四九年、叔母のキャサリーン〝キック〟ケネディ・ハーチントンが愛人のアール・フィッツウィリアムとパリからカンヌに向かう途上、航空機事故にあい、乗客全員と共に死亡。一九五五年に叔母のエセル・ケネディの両親が、その十一年後の一九六六年にはエセル叔母の弟ジョージ・スケイケル・ジュニアが航空機事故で死亡。ジャッキーがアリストテレス・オナシスと結婚すると、キャロラインの異母兄になったアレクサンダー・オナシスが離陸直後の飛行機事故で死亡。一九六四年、叔父のテッドも小型機で飛行中に落雷にあい、本人はかろうじて九死に一生を得たが随行員とパイロットは死亡していた。

キャロラインに報《しら》せが入ってから三十分たらずで、ホワイトハウスの首席秘書官ジョン・ポデスタから、キャンプデイヴィッドに滞在中のクリントン大統領に「ジョンの自家用機が行方不明」との第一報がもたらされた。クリントンはただちに、あらゆる手立てを尽くして若きケネディの行方を捜索するよう指令した。

ポデスタ首席秘書官が大統領の指示を実行するかたわら、ファーストレディのヒラリー・クリントンが、キャロラインを励まし元気づける電話をかけてよこした。ヒラリーとは、母親のジャッキーがクリントン夫妻をマーサズ・ヴィニヤード島の別荘に招待して以来の親友だった。

大統領の指示を受けて、ただちに政府はＪＦＫジュニアの所在を特定するべく、小編成の飛行隊と艦隊を配備。午前七時四十五分（東部時間）には、十隻を超える警備用舟艇、捜索救助艇、沿岸警備隊のカッターボートがロングアイランド島の東端からマーサズ・ヴィニヤード島までの水域を捜索。空からは、民間哨戒部隊の十五機に加え、Ｃ１３０輸送機一機、空軍州兵のヘリコプター一機、沿岸警備隊のＨＨ60ジェイホーク二機、ＵＨ25ファルコン一機が墜落機の捜索にあたった。

いっぽうキャロラインは、マウンテン・ヴィレッジ・リゾートでベッドの端に腰を据えて、親族と友人にひっきりなしに連絡を取りながら、捜索活動の中枢であり続けようとした。テレビからは、チャンネルを合わせたＣＮＮがすでにアメリカの悲劇として関連ニュースを流していた。

弟とその妻と彼女の姉が生存して発見されるという希望が薄れるにつれ、キャロラインの絶望は怒りに変わった。「ジョンの失踪を知らされたとき、キャロラインは弟は死んでいると直感したのだと思う」とケネディ家とは長い親交があり、とりわけキャロラインとは気心が知れていたライターのジョージ・クリンプトンは言う。「彼女はハイアニスポートのケネディ家の連中のことを、男らしさ《マッチョイズム》に支配されていて、ジョンに冒険をそそのかす傾向があると気づいていた。暗くなったので飛ぶのはやめようとジョンが決断したら、連中はジョンのことを臆病者となじっただろうことは容易に想像できた。過去にもこんなことがあった。一九九七年にマイケル・ケネディがスキー・フットボール（スキーを履きながら斜面で球をやりとりする）中に死んだが、疲れたのでやめたいという息子の背中を急斜面に向かって母親のエセルが押したことが事故死の原因だった」

キャロラインは、少なくとも当面は、ケネディ一族に対する怒りや憤懣はどれもこれも胸の中にしまい込むことにした。「彼女は、母親が大切にしていた尊厳を保とうと思ったのだろう」とクリンプトンは言う。「冷静であろうとすることで、彼女流のやり方で弟に『さようなら』を言ったのだ」

ジョンはきっと生きて戻ってくる、どこか遠くの空港に一時着陸して来られないだけさと友人たちからいくら言われても、キャロラインは納得できずに、ある友人にこう返した。「私は彼を感じることができるはずなのに、それができないの」

シュロスバーグ一家はようやく土曜日の午後七時に自家用機で自宅へ戻ることができた。ニューヨーク空港に着くと車でロングアイランドの茶色の板葺きの夏季別荘へ向かった。

その時には、座席、ローレン・ベセットのオーバーナイトバッグ、ねじれた車輪など機体の残骸の一部がレッド・ゲート・ファームからさほど離れていないフィルビン・ビーチに漂着していた。

キャロラインがアイダホを離れる前に、ロリー・ケネディから結婚式は延期するむね連絡があった。いっぽう叔母のエセルは、ケネディ本家ゆかりの地、ハイアニスポートに一族を集めて、一族が伝統野外行事としてきたヨットセーリングを実施、これで一族のメンバーの死という不名誉でうっとうしい現実を打ち消そうと目論んだ。

それはかつて当のジョンが取ったのと同じ手法だった。母親の葬式に、元愛人のダリル・ハンナと一緒にパーク街《アヴェニュー》をローラーブレイドで転がってきたのである。弟の失踪を知ってから二十四時間たらず、キャロラインも負けずに夫のエドと自転車にまたがると、ペダルを漕いで、サガポナックの別荘の外で待ち受けていたカメラマンを出し抜いた。記者たちはキャロラインと夫を追っかけることもせず、地元の人たちが「おい、このハゲタカめ、なんで彼女をそっとしてやらないんだ」とパパラッチたちに食ってかかるのを止めることもしなかった。

翌日曜日の遅くになって、沿岸警備隊のリチャード・ララビー少将は、ジョンとベセット姉妹の生存の可能性はないと認めた。それでも、その翌日——キャロラインとエドの十三回目の結婚記念日——シュロスバーグ家に掲げられた星条旗は、半旗ではなく、高々と風にひるがえっていた。パトカーが二台、玄関前に駐車していて、その間に「立ち入り禁止」と記された黄色いテープが張られてあった。

親族と友人たちの一団が入れ替わり立ち替わりやってきては、キャロラインを励ました。叔父のテッド・ケネディも、午前十一時すぎに、黒塗りのリムジンで護衛の警官に付き添われてしばらくの間、立ち寄った。キャロラインが部屋に引きこもっているので、上院議員はシャツを脱ぐと、十一歳のローズ、九歳のタチアナ、六歳のジャックを車寄せにある網なしの輪の下に誘って、バスケットを楽しんだ。三十分ほど汗をかいたところで、上院議員は家に入った。思えば、チャパキディックの悲劇からちょうど三十年前の当日にあたっていた。

テッド叔父の次にやってきてその日もっとも長居をしたケネディ家の一員は、従弟のウィリアム・ケネディ・スミスで、二時間もキャロラインをなぐさめた。スミスは強姦事件で訴えられてアメリカ中の注目を浴び、その後無罪放免となった人物だが、キャロラインとジョンとは、ケネディの従兄弟《いとこ》姉妹のなかでいちばん親しかった。

家に閉じこもったままはよくないと夫のエドは考え、妻をドライブに誘い出した。しかし記者たちは、その日の午後、二人を乗せた車が車寄せを出て、砂利道をゆっくりと左に折れて消えて行くのを目撃。キャロラインはサングラスをかけて表情を知られまいとしたようだが、その場に居合わせたレポーターには「まったくの無表情で血の気がなかった」としっかり読み取られていた。

家に戻ったキャロラインは、泣き崩れると、寝室に引きこもって、一時間以上も一人で泣き明かした。そんな状況が次の日も、次の週も続いた。ジャッキーの時代からの使用人であるマルタ・スグビンによると、「キャロラインの実家も嫁いだ家も、〝公の前で感情を表に出すことは威厳と品位をそこなう〟が家訓」だった。「しかし、キャロラインは両家の体面を保つというよりは、子供たちを動揺させないようにしようと心に決めた」。母親としてのプレッシャーははかりしれなかった。スグビンに言わせると、キャロラインは「ジョンの死で打ちのめされていた」のだった。

彼女だけではない、アメリカ中も打ちのめされた。六歳のときホワイトハウスのローズガーデンでJFKから握手されたこともあるビル・クリントンは、ジョンと妻キャロリンの両家の親族に国家としての弔意を捧げた。その様子をケネディ一族はハイアニスポートのテレビで見届け、キャロラインはおもちゃで散らかった自宅のリビングルームのテレビでぼんやり眺めた。キャロラインがケープコッドのハイアニスポートに集まったケネディ一族に加わらないことに誰も驚きはしなかった。母親のジャッキーが、子供たちはケネディ一族に、友人のデイヴィッド・ハルバースタムの言葉でいうと「取り込まれない」ことをむねとしていたからだ。キャロラインは、ケネディ一族の女性に特有の歯並びのきれいな、さっぱりした顔立ちは引き継いでいた——弟のジョンが母方のブーヴィエ家から二枚目顔を受け継いだのとは対照的だったが、それ以外では、ジョンよりケネディ系色は薄かった。ここ数年は、ハイアニスポートで過ごすことはめったになく、もっぱら子供たちとふれあうことに専心していた。

キャロラインはローズ、タチアナ、ジャックのことを考えて、なじみ深い自宅のサガポナック界隈で暮らそうと思った。この三人の子供たちはみな叔父のジョンにとてもなついていた。彼女自身の悲しみを癒すためにも、子供たちを報道関係の好奇の目からできるだけ遠ざけておきたかった。「子供たちは、あんなことが起きれば当然なことだが、困惑し怯えていた」とある友人は言う。「キャロラインとエドはできるかぎり自宅にいて、子供たちの疑問に答え、彼らをかまってやりたいと思った。キャロラインは叔母や叔父や従弟妹《いとこ》たちも悲しみにくれているのは知っていたが、（ケネディ一族の本拠地である）ケープコッドのハイアニスポートの仲間になることは望まなかった」

月曜日の夕刻、テッド・ケネディがハイアニスポートから電話をよこした。当初から予想されていたつらい報せだった。沿岸警備隊は、華氏六十七度（摂氏十九度）という冷たい海水温から考えて、ジョンと妻キャロリン、その姉ローレンが生存している可能性はないと判断を下したというのだ。「キャロライン、君がよければ」とテッドは言った。「私が一族を代表してステートメントを出そうと思うのだが」

「いいわよ、テッド叔父さん」と答えたキャロラインの声音は以前に増して憔悴しきっていた。「どうぞ、そうして……もう……」

一族の衝撃と悲しみを伝える言葉をつむぎ出すのは、テッドにはたやすいことだった。過去にも何度となくその役を仰せつかっていたからだ。

「私たち一族は言葉では尽くせない苦悩と悲哀の只中にあります」と上院議員はステートメントを読み上げ始めた。「ジョンは、私たち一族にとって輝かしい光でした。わが国にとっても、あのときまだ小さな少年だったジョンを見知った世界中の人々にとっても輝かしい光でした」上院議員は続けた。「彼はキャロリンの良き夫でした。キャロラインには愛すべき弟でした。キャロラインの子供たちにはカッコいい叔父さんでした。従弟妹《いとこ》たちにはとても親しみ深い友でした。そして、私の妹たちと私には愛しい甥でした。彼は誇らしい両親の素晴らしい息子として、今、神に召されて両親のもとへと向かいます。私たちは彼を深く愛してやみません……」

キャロラインにとっては、取り返しのつかない弟の死に、胸の奥底で、どうしても納得がいかなかった。彼女はマルタ・スグビンに訊ねた。「ねえ、子供たちになんと言ったらいいかしら」

これは三十六年前、キャロラインの母親ジャクリーンから囁かれた悲痛な言葉とまったく同じだった。

2

愛《スイート》しのキャロライン誕生

2歳のキャロライン。父母とケネディ本家の本拠地のハイアニスポートで

私について知られている多くのことは、もちろん私も覚えている。弟が父親のデスクの下に隠れたこと、私がポニーに乗ったこと、ヘリコプターが何度となく離着陸するのを見届けたこと。いっぽうで、世間には知られていないことも忘れることができない。たとえば、夜ベッドで寝入りばなに聞かせてもらった話の数々を。

——キャロライン

一九五六年八月、シカゴ

「やあ、ジャッキー（ジャクリーンの愛称）」とマサチューセッツ選出の下院議員（ジョン・F・ケネディ）は電話に出た妻に言った。「君以外の奥方は全員こっちに来ている。君がいないとまずいんだが」

ジャッキーは妊娠八か月、肉体的にも精神的にもまいっていたが、これからシカゴに飛んで民主党全国大会に夫婦同伴で出席するのはきついとは、言えそうになかった。死を覚悟してローマカトリック教会から臨終の秘儀を受けた夫は、今も二度にわたる背中の大手術による拷問のような痛みに苦められていた。彼はアジソン病という難病に冒され、それと闘っていた。

時間的余裕はなかった。妻を同席させないという選択はジャック（ジョンの愛称）にはありえなかった。民主党の副大統領候補指名選に名乗り出ると決めていたからだ。ジャックの説得で、ジャッキーはジャックの妹のユーニスとその夫でケネディ家のオーナー企業の社長であるサージェント・シュライバーと共に出席することになった。いっぽうジャックは、大会期間中に、お付き合いのある女性たちといつでも親密なるコミュニケーションをはかれるよう、コンラッド・ヒルトンのスイートルームをおさえていた。

ジャッキーは政治が、とりわけケネディ家流の政治が大嫌いだった。葉巻を下品にふかす手だれ政治家（ジャッキーは連中を〝マフィアもどき〟と呼んでいた）と安物《ラバー・チキン》ディナーがいやでいやでたまらなかった。それでも、彼女の出席が必要と思われるときは、自らの役回りを尻込みせずに演じきった。カクテルパーティ、朝食会、レセプションにお義理で出席し、大統領候補のアドレー・スティーヴンソンに儀礼的に手を振って写真に撮られた。

夫ジャックのためにあらゆる努力を惜しまないジャッキーだったが、夫の姿を見かけることはほとんどなかった。ジャックはテネシー選出のエステス・キーフォーヴァー上院議員から支援をもらうために大会会場や煙草の煙がもうもうと立ちこめる部屋に入り浸っていたからだ。大会期間中に夫と一言も言葉を交わしたこともなく、夫が会場の中二階のボックスに立ち寄って支援するスティーヴンソン大統領候補の名札を掛けるのをたった一度、目にしただけだった。夫婦共通の友人であるチャック・スポールディングによれば、「ジャッキーはジャックの世界に入り込みたかった……でもジャックは忙しくてそれを忖度《そんたく》する余裕はなかった」のだった。

ジャックはホテルのスイートルームでベッドの傍らに立ったまま、選挙チームの面々に礼を述べたが、ジャッキーは見るからに選挙の敗北のショックに打ちのめされていた。二人の友人であるフロリダ選出の上院議員ジョージ・スメイサーズによれば、「ジャックが話している間ジャッキーは横に立ったまままずっと泣いていた」という。

結婚から三年間、ジャッキーは、公的な生活によるプレッシャー、とどまることを知らない夫の不倫話、夫の健康不安、そしてなかなか子供ができないことに苦しみ悩まされていた。一九五五年九月、待望の妊娠を医者から告げられたとき、二人はそれを祝って新居探しを始めた。そして、一か月後、史跡の地、ヴァージニア州マクリーンはヒッコリーヒルに、当時としては破格の十二万五千ドルで買い求めた。しかし、新居に移ってわずか数日で、ジャッキーは流産してしまったのである。

ジャッキーの義弟であるヒュー・オーチンクロス三世によれば、「ジャッキーとジャックの落胆ぶりは尋常ではなかった」。しかし、二人はプライバシーを守ろうとして、「誰にも自分たちの胸のうちを相談しなかった。二人ともあまりにも誇り高く、それはできなかったのだ」。二人とも周囲に相談も説明もする気はほとんどなく、ジャッキーがそう思っていることに気づいている親族はほとんどいなかった。

一九五六年一月、ジャッキーは再び身ごもった。夫は著書『勇気ある人々』でピューリッツアー賞を授与され国民的な注目を浴びるいっぽうで、ジャッキーはヒッコリーヒルの自宅の大改装に追われて大わらわだった。そのまま育児用に使えそうな部屋がなかったからだ。友人のスポールディングによれば、「ジャッキーは子供ができたことで大喜びだったが、また流産するのではないかと不安も持っていた」

民主党大統領指名大会が終了すると、ジャックとジャッキーはニューヨークに戻り、カーライルホテルに宿を取った。ジャックはそのまま弟のテッドや友人のジョージ・スメイサーズと共に地中海へ飛んで、クルーズへと出かけた。憔悴しきっていたジャッキーは、臨月の自分のもとにいてほしいと願ったが、ジャックが旅行プランを撤回することはなかった。

「ジャックが女性を連れていくことは、ジャッキーには目に見えていた」とスメイサーズは言う。「だから旅行には行かせたくないという気持ちを伝えたのだが、結局、止めることはできなかった」。傷心のジャッキーは、ロードアイランドはニューポートにある母親のジャネットと継父のヒュー・D・オーチンクロスの別荘「ハマースミス・ファーム」へと向かった。ジャッキーは、妊娠の最後の数か月をここで過ごして、シカゴの党大会で受けたつらい仕打ちを癒したのだった。

一九五六年八月二十三日の朝、ジャッキーが金切声で助けを呼んだとき、ジャックは四十フィート（十二メートル）のヨットで地中海をクルージングしていた。ジャネット・オーチンクロスが娘の叫びで駆けつけると、娘は体を丸めて床にうずくまっていた。ジャッキーは救急車でニューポート・ホスピタルへ搬送され、医師たちが緊急処置にあたろうとしたが、時すでに遅く、まだ名もない女の赤ん坊は流産した。

赤ん坊の命が失われるのもつらいことだったが、ジャッキーも生命の危機にあった。緊急手術の間に何度となく輸血をしなければならず、危篤状態が続いた。数時間後、ジャッキーのもとを訪れ、彼女の手を握って息災を確認したのは、夫のジャックではなく、その弟のボビー（ロバートの愛称）・ケネディであり、残念ながら赤ん坊が助からなかったことをジャッキーに伝えたのもボビーであった。

そのときジャックは末弟のテッド（エドワードの愛称）と若い女性たちと洋上にいて、ワシントンポスト紙に躍ったセンセーショナルな見出し「ケネディ上院議員、妻の流産を知らずに地中海旅行！」を知るよしもなかった。ヨットがジェノヴァ港に戻りジャックが自宅に電話を入れてジャッキーから報せを受けるのにはたっぷり七十時間はかかった。そして、信じられないことに、それを知らされても、ジャックは旅程を縮めて帰宅する理由が見つからないと答えた。言うまでもないが、ジャッキーは激しい怒りを覚え、ひどく傷ついた。

「すぐに帰ったほうがいい。結婚生活を続け、ホワイトハウスに関わりたいのなら」とスメイサーズはジャックに忠告したという。するとジャックは末弟のテッドと「地獄から逃げる蝙蝠《こうもり》のように一目散に空港へすっ飛んで行った」という。

わが子を失い、しかも夫は不在という絶望に向き合うことになったジャッキーは――死産の子をニューポートの墓地に埋葬する段取りを粛々とつけてくれたのは義弟のボビーだった――主を失った子供部屋のあるヒッコリーヒルに戻る気にはどうしてもなれなかった。ジャッキーの喪失感をさらに大きくしたのは、同じ時期にケネディ一族の二人の女性が子宝に恵まれたことだった。ジャッキーが死産した二日後には、夫の妹パット・ローフォードが娘のシンディを、二週間後には、夫の弟ボビーの妻エセルが五子目となるメアリー・コートニーを出産したのである。四か月後、ジャックとジャッキーは、ヒッコリーヒルの自宅をボビーとエセルの一家に売却、弟一家はその後そこで暮らし十七年間で十一人の子をなすことになる。

ジャッキーはケネディ家の親族たちと直接やり合うことはあえてしなかったが、自分に子供ができないのはケネディ家の異常な家風、とりわけジャックのとどまることを知らない政治的な野心にあると考えていた。彼女の知らないところで物事が動いていることにも気づいていた。いっぽうケネディ家からは、ジャッキーは高貴なブーヴィエ家のいかにもひ弱なお嬢さままで子供をつくるのは無理でないかと見られていた。

結婚していくらも経《た》っていないなかで少なくとも二度目のことだが、ジャッキーは離婚を本気で考えた。家父長制を家風とするケネディ一族の総帥である義父のジョゼフは、ジャッキーとは冗談を言い合う良好な関係にあったことから、離婚話を認めるつもりはなかった。タイム誌に「老獪なジョゼフ・P・ケネディはジャッキーに離婚を思いとどまらせるために百万ドルを渡した」と報じられると、ジャッキーはジョゼフに電話を入れてこう言ったという。「たったの百万ドル？　一千万ドルの間違いでしょう」

百万ドルでジョゼフが話をつけたのは事実だった。ジョゼフの友人であるクレア・ブース・ルースによれば、ジャッキーはゴア・ヴィダルと他の友人に離婚はしないと請け合って金も受け取った。ジャッキーと姻戚関係にある（母親がジャッキーの義父と結婚している）ゴアは「ほんとによかった」と安堵したという。

一九五七年三月、ジャッキーはいつになく幸せな気分に浸っていた。また妊娠したのである。ジャックは父親の後押しで三年後の一九六〇年の大統領選挙に出馬を決断していたが、ジャッキーは今度は政治には関わらないとはっきりと言い、その代わりに、この春、ジョージタウンの北通り北西地区三三〇七番地に購入した赤煉瓦の邸宅を改装することに全エネルギーを注いだ。とりわけ熱を入れたのは、ヒッコリーヒルの前の家もそうだったが、三階の子供部屋だった。

やがてジャッキー自身が妊娠を公にしてもいいと思えるまでになり、親族からこぞってお祝いの電話がかかってきた。ただ一人例外がいた。ジャッキーの実の父親、〝ブラック・ジャック〟ブーヴィエである。実父が近い将来お祖父さんになることを知ったのはニューヨークタイムズ紙の記事でだった。彼がジャッキーの母親と離婚したとき、ジャッキーは十一歳、妹のリーは八歳で、心に深い傷を受けた。実父は二十万ドルの預金の利子で、世捨て人の隠遁生活を送っていて、かつての活発な面影はうせて衰弱しきっていた。このときもニューヨークはアッパーイーストサイドの四部屋のアパートで飲んだくれているに違いなかった。

ジャッキーはケネディ一族の本拠地ハイアニスポートでひと夏を過ごしたが、そこで父親が愛娘の妊娠を当人からでなく新聞で知ったことにショックを受けていると聞かされた。ニューヨークへ飛ぶと、ロンドンに住んでいる妹と合流して、父親に、もはや裕福なオーチンクロス家ともそれよりも裕福なケネディ家とも関係がないことを受け入れさせた。「思うに、この子はブーヴィエの遺産をまったく知らずに育つのだろうな」と父は苦々しげに言った。「金はないかもしれんが、われわれはそれよりももっと大きなものを持っている。それは門地だ、家柄だ」

これまで父とは気持ちは通じ合っていたが、妊娠を知らせなかったのは故意ではなかったことを納得させることはできなかった。ハイアニスポートに戻ると、父ブラック・ジャックは胃痛を訴えてニューヨークのレノックスヒル病院に入院した、七月二十七日、ジャッキーの二十八回目の誕生日の前日であった。ジャッキーが病院に電話を入れて確かめると、父は安静にしていて付き添いは無用とのことだった。

しかし、五日後、父の容態は急変し人事不省に陥った。病院から聞かされて初めて知ったが、父は肝臓癌だった。妊娠五か月のジャッキーは病院に駆け付けたが、間に合わなかった。当直の看護婦からは、四十五分前に亡くなった、最後に父の口から出た言葉はジャッキーの名だったと聞かされた。

父親に最期のお別れを言えなかった罪悪感から、ジャッキーは柩を花で飾ることから死亡記事の執筆まで葬儀の雑務すべてを引き受けた。おかげで妊娠のストレスを軽くすることなど叶わぬ夢となった。

事態はさらに悪化した。ジャックが背中の手術の傷がもとで悪性のブドウ状球菌に感染したのだ。

ジャックはすぐに回復したが、ジャッキーは「まるでバスケット症候群（両手両足を切断された人が陥る異常な状態）だった」とある友人は言う。「それは猛烈なストレスによるもので、ジャックをはじめみんながお腹の子供のことを心配した」。かたやジャッキーは、セーラムをひっきりなしに吸っては（その後はL&Mに変えるが）そのストレスから逃れようとした――そもそもはカメラマンを煙にまくためのこのチェインスモーク癖は終生治ることはなかった。

山のような不安と煙草ののみすぎにもかかわらず、ジャッキーの臨月は安定していた。一九五七年十一月二十七日、感謝祭の前日、ジャッキーは帝王切開で、七ポンド二オンス（三千百三十二グラム）の女の子をニューヨークホスピタル―コーネルメディカルセンターの産科で生んだ。初めて父親になる男の常としてジャックは待合室で出産を待った。ジャッキーの母親ジャネット・オーチンクロスも多くの親族も一緒に待った。

ジャネット・オーチンクロスが婿のジャックに男の子と女の子、どちらがいいかと訊ねると、「どっちでも」と答えが返ってきた。「素晴らしいことだ、僕にはね」。そこへ担当医師が報せをもたらした。そのときのことをジャッキーの母親はこう述懐する。「一生忘れられないわ、ドクターから赤ん坊は元気だと告げられたときのジャックの顔ときたら。優しい表情にほほ笑みを浮かべて。そうしたら、ドクターはこう言ったのよ、『とても可愛らしいお嬢ちゃんですよ』と」

麻酔からぼんやり覚めたジャッキーは、ジャックが腕に赤子を抱いてやってくるのに気づいた。ジャックは、こんな瞬間は経験できないと今の今まで思っていた母親にキャロライン・ブーヴィエ・ケネディを手渡した。赤子の名前はジャッキーの妹キャロライン・リーからもらって付けられた。ジャッキーは後に一九五七年十一月二十七日を「人生で最も幸せな日」と書き記した。

親族以外でいち早く病院に駆け付けた一人に、ジャックの古くからの友人でレム・ビリングスがいた。ジャックは娘を見せに保育室へ連れて行くと、ビリングスの肩に腕をかけて訊いた。「おい、レム。どの子がいちばん可愛いと思う？」ビリングスが他の赤子を指さすとジャックは怒りに顔をしかめた。ビリングスによると「やつは二日間、口を利いてくれなかった。キャロラインが生まれたときほどジャックが感情むきだしになったことはなかった」

ジャネット・オーチンクロスは、二年前ジャッキーが流産したときに見せた落胆ぶりが忘れられなかった。「あの人は子煩悩なの」とジャネットは驚きを交えて言った。「キャロラインが生まれたその日からでれでれ。あんな顔になるのをそれまでに見たことがなかった。表情がきらきら輝いて……」

イギリス人乳母のモード・ショウが見つかるまで、キャロラインは生まれてから十一日間、母親と病院で過ごした。母乳で育てることは、一九五〇年代ではまだ流行にはなっておらず、ジャッキーやお仲間のハイソな母親たちには思いもよらなかった。それどころか、ジャッキーは哺乳瓶を与えたり、おむつを替えることさえしようとしなかった。彼女の母親もそうだったが、それは育児のプロの仕事だった。

チャック・スポールディングによれば、「ジャックもジャッキーも生涯で一枚もおむつを替えたことはなかった。赤ん坊を抱いていて臭いがしようものなら、もう『モード……モード』と叫んで、腕をめいっぱい伸ばして赤子を遠ざけ、乳母が来たら渡す。でも、そもそも二人ともそうやって育てられてきたんだ。何か困ったことが起きると、召使がどことからともなく現われて片づけてくれる。彼らは普通の連中とは違うし普通の親たちともまったく違う人種なのさ」

それでも四十歳で初めて父親になったジャックは、妻と娘が退院する前に、娘に哺乳瓶でミルクを飲ませようとして、ショウにこう言ったという。「娘をとり落とすといけないので、近くにいてくれ」。しかし、ジャックは例によって神経を使うのは苦手らしく五分もたたずに飽きてしまった。「ミス・ショウ、瓶のミルクを全部この子に飲ますとは、大した忍耐力だ」とジャックは言うとキャロラインを手渡した。「やっぱりこれは君の専門分野だ。君に任せるよ」

「でも、ジャックはほんとうに娘を愛していましたよ」とショウは言う。キャロラインが生まれて三週間して、ショウもジョージタウンの新居に一家ともども移った。ジャックとジャッキーを知るすべての人と同じく、乳母のショウから見て、この時期のジャックは、小さな娘に翻弄される献身的な父親であった。「帰宅すると一目散に二階の子供部屋へ行く。するとキャロラインはいつも微笑みかける。父親以外には絶対にしない。初めから二人は、父は娘を愛し、娘は父を尊敬する関係だった」

ジャックとキャロラインとの関係がもたらしたものはきわめて大きかった。多くの友人たちも口を揃えて言うように、ジャックの人脈づくりがそれまでとは様変わりした。ビリングスによると「キャロラインの誕生はジャックにとって魔術のようなものだった。あの男を変えてしまった。キャロラインがいなければ、あのようにはじけてホワイトハウスへの道が開けたかどうか。それとジャッキーとの関係も変えた。少なくともある間は夫婦の絆を強くした。キャロラインがいなければ、ジャックは大統領になれなかったのではないか」

「ほんとうに素晴らしい関係だった」と家族ぐるみの付き合いのベティ・スポールディングはジャッ

クの娘への愛について証言する。「おかげでJFKはとても素直な気持ちになれ、不安も消し飛び、ジャッキーとの関係もよくなった。それはジャッキーにとってもジャックとの仲を改善させた。キャロラインという娘を持ったことで、ジャックは人との付き合い方を知った。彼がその能力をどんどん伸ばしていくのを見るのはとても感動的だった」

十二月十三日、ボストン大司教であるリチャード・カッシング枢機卿は、セントパトリック大聖堂で、ジョゼフ・パトリック・ケネディの孫に洗礼を施すためにニューヨークへと向かった。ジャッキーはキャロラインの教母《ゴッドマザー》に妹のリーを指名した。ミンクのコートに身を包んだリーの腕に抱かれた赤子の頭に、カッシング枢機卿は重々しい声で聖水を施した。キャロラインの教父《ゴッドファーザー》役の叔父ボビー・ケネディは神妙な面持ちで一族の長老である父親の横に立っていた。キャロラインはレースの洗礼衣を着せられていたが、それは二十八年前、母親が洗礼のときに着ていたのと同じものであった。

キャロラインの誕生は夫婦関係の再生にとって光明に思えた。一つには、ジャッキーの失われかけた自尊心を取り戻す力になったからだ。これまでジャッキーは威圧的な実母ジャネット・オーチンクロスとなさぬ仲の姑ローズ・ケネディの陰で息をひそめて生きてきた。それがいまや、妻であり母であり、一族で一番の家の隠れもなき女主人と自信を持って断言できる存在となったのである。もちろん、彼女の経歴と夫の資力のおかげもあったが、それには多くのバックアップがあった。メイドの「プロヴィ」ことプロヴィデンシアとパレデス、それ以外に二階を担当する二人のメイド、コック、洗濯係、住み込みの運転手、付き人、個人秘書たちである。

しかし、そのなかで乳母のモード・ショウほど一目置かれている使用人はいなかった。なにしろ紙おむつのパンパースもハギーズもなかった時代である。きちんと畳まれた新しいおむつを日に何回もはき替えさせるると、汚れたおむつを恐る恐るつまんで籠に入れ、翌日おむつサービスに持っていってもらう。また、ジャッキーとジャックがぐっすり寝入っている深夜の二時にキャロラインが目を覚まして泣き出すと、一階に下りてこんろで水に溶かした粉ミルクを温めるのである。ジャッキーとジャックは子育てには心を砕いてはいたが、育児のいろははまったく知らなかった。

「あの家ときたら、まるで十九世紀だった」とある知人は言う。「でも、当時の金持ち連中はそんなものだった。母乳で育てる母親なんてまずいない。ジャッキーとジャックが子供たちに冷たかったのではなく、とても愛していて、子供たちもそれに深い愛で応えていた。でも、ちょっと世間体にこだわるところがあって、それが当初から子供たちとの間に距離感をつくっていたんじゃないか」

しかし乳母によると、「ジャッキーは年が替わると、キャロラインのために、まめにあれこれやってあげた。服を着せたり、外へ連れ出したり、庭で遊んだりと。夏にはビニールのプールを裏庭に用意して、何時間も遊び、ランチとアフタヌーン・ティーを楽しんだ」

いまやジャッキーは妻と母の役に徹して、ジョージタウン北通りの自宅で静かな日々を粛々と送ろうと努めていた。騒々しい親族たちとは一線を画して、外からの雑音のない暮らし、ラジオもテレビもない、使用人たちのさんざめきや鼻歌すらない暮らしをめざした。キャロラインはほとんど深窓の奥にいて、父親が帰宅すると、モード・ショウに子供部屋から連れ出されて五、六分抱いてもらう。そうすると父親は書斎に引っ込んで夕食前のカクテルをたしなむのだった。

ジャックは娘に深い愛を感じるいっぽうで、きっと娘は彼の政治的野心に役に立ってくれると確信を深めた。いまやジャックは、ハーヴァード大学出身で、魚雷艇PT１０９の勇猛果敢なる艇長という戦争の英雄、ピューリッツァー賞の受賞者、そしていうまでもなくアメリカ有数の資産家の御曹司であった。そうした資質（その多くは父親の財力に裏打ちされたものだが）、社会的影響力、そして舞台裏の演出装置があいまって、下院議員となり上院議員になれたのだった。

さらに上をめざすには、妻と家族が必要であると父親のジョゼフ・パトリック・ケネディにはっきりと言われた。ジャックの果てしない愛欲生活の噂を心配した父の強い意思で、ジャックは上品で洗練されたミス・ブーヴィエと結婚した。しかし、それだけでは若気の至りと信仰――それまで（そして彼以後も）大統領になったローマカトリック信者はいない――という障害を乗り越えられない。それを突破するには、ぜひとも父親となることが必要だったのである。

一九五七年の年の瀬が迫り、ジャックは三年後の大統領選に向けて民主党の有力候補のなかで優位にあるという世論調査に気をよくしていた。ただ若干気がかりなのは来年一九五八年の上院議員選挙だった。大統領への道をこのままの勢いでひた走るには、上院議員選挙で再選されなければならない、それも大差で。父親のジョゼフは、共和党の対抗馬のヴィンセント・J・セレストに少なくとも五十万票の差をつけなければ、若きケネディ上院議員の民主党大統領候補指名はないと読んでいた。

来るべきジャックの上院議員選挙は、普通ならこれまでのようにロバート（愛称ボビー）・F・ケネディが差配するところだったが、今回彼はジョン・F・マクレラン上院議員が委員長を務めるマフィア癒着疑惑委員会の首席顧問としてマスコミでさかんに名前を売っていたので、当てにはできなかった。ボビーはその才覚をいかんなく発揮、百万余の国民がテレビで見守るなか全米自動車労働組合（チームスター）のボスであるジミー・ホッファをこてんぱんに追及していた。そこでジャックは、弱冠二十六歳の末弟エドワード（愛称テッド）を選挙対策マネージャーに据えると、全米に支持を広げるため、各地をくまなく遊説に飛び回った。

選挙戦も終盤戦になって、ジャックは武器庫から最新兵器を持ち出すことに前向きになった。その最新兵器とはキャロラインであった。ジャックに近い友人たちのなかには、わが子を使うことこそが主力どころか唯一の勝利のための作戦だと初めから考えていたのではないかと勘ぐる者さえいた。長年来の朋友のチャーリー・バーネットに言わせると、「ジャックの狙いは子供にしかなしえない広報作戦で凱歌を上げることだった」

ジャックは党の指名すら受けておらず、大統領などまだ先のことだった。そんななかで、ルック誌、サタデーイブニングポスト紙、ライフ誌など有力な全国紙誌の記者たちが、ケネディ家の赤ん坊の写真をスクープしようと鎬《しのぎ》をけずっていた。ジャックがライフ誌の巻頭特集で扱うということで了承を与えるや旧友のチャック・スポールディングによると、妻のジャッキーは「烈火のごとく怒った」。「ジャック、娘の写真は絶対にだめよ」とジャッキーは言った。「私たちの子供を選挙のマスコットに使うなんて。それで票がいくら集まろうと私の知ったことじゃないわ」

ジャッキーは最後には折れたが、それはジャックから選挙運動中に休みを取って二人でパリで過ごす約束を取り付けたからだった。四月に入るとライフ誌の専属カメラマンのエド・クラークが北通りの自宅へやってきて家族の写真を撮っていった。一九五八年四月二十一日発行のライフ誌は売れに売れた。表紙を飾ったのはこんな写真だった。ジャッキーとジャックが背後に天蓋付きの幼児用寝台が写り込んでいる子供部屋で正面を向いている。キャロラインはというとジャックの膝に乗って、カメラマンが赤ん坊の気を引こうと用意してきたぬいぐるみに目を泳がせているという構図だ。そして、中面のグラビアでもっとも読者をなごませたのは、キャロラインが父親と「いないいないばあ」をして遊んでいる写真だった。

もう一人、ケネディ家のイメージづくりに大いに貢献したカメラマンがいた。ジャックス・ロウといって、ナチスドイツからの政治亡命者で、ボビー・ケネディの知り合いである。ボビーが族長ジョゼフの誕生祝いにと、ここハイアニスポートのケネディ一族の写真集をロウにつくらせて渡したのが付き合いの始まりだった。そもそも一九二九年、ジョゼフがハイアニスポートの浜辺に夏季用コテージを購入、それを増改築して部屋数十四、バスルーム九のニューイングランド一の大邸宅に仕上げ、さらに子供たちのために隣接する土地と邸宅を買い取って、一九五〇年代には、いまの「ケネディ居留地」が完成したのである。

そんな長い付き合いのなかで、あるときロウは一族の長老のジョゼフからの依頼でジャックを撮ることになった。そこでロウが感じ取った被写体ジャックはこんなふうだった。「気難しくて、臆病で、思い込みが強い。そして疲れきっていた。でもキャロラインと一緒に座ってと注文をつけると、とたんにシャキッとする」

こうしてキャロラインは、このロウと先のライフ誌のクラークらの写真によって、ノーマン・ロックウェル風のイメージを増幅され、両親の複雑怪奇な結婚生活をごまかすことに貢献したのである。

おかげでキャロラインの父親は、選挙のプレッシャー、健康不安、家庭生活のごたごたなどにもかかわらず、キャロラインの母親の目をあざむいて十人を超える女性と付き合う時間をつくれたのだった。

実際、ＪＦＫがマリリン・モンローと二年半にわたる逢瀬を楽しんだのはちょうどこの時期である。マリリンはジョー・ディマジオと離婚して一年、脚本家のアーサー・ミラーと再婚。コネチカット州の片田舎、ロックスベリーで暮らしていたが、マリリンは数か月もしないうちにニューヨークのカーライルホテルのスイートでジャックと密会を重ねるようになった。

一九五八年の夏、ジャッキーは夫から目を離すまいと心に決めて、ジャックの今回の選挙に初めて参加することにした。夫がライオンズクラブで演説するときは常にじっとその顔を見つめ、カメラにはポーズを取り、ボストンのコロンブスデイ・パレードでは共に沿道を行進し、「ケネディ上院議員に聞こう」というあるテレビ番組のコーナーでは義理の妹と共に電話の応対係を務めた。キャロラインの母として初めてした応援演説は英語ではなく、ウスター・サークル・フランセでのフランス語のスピーチだった。イタリア移民の多いボストンのノースエンドではイタリア語を交えて演説をぶったところ聴衆からやんやの喝采を受けた。

しかし、キャロラインはジャッキーのたっての要望で選挙騒動からは隔離された。カメラマンの狙いはただ一つだったが、ミセス・ケネディが娘は部外者にはさらさない、いじらせないというのだからどうしようもなかった。カメラマンのロウが言うには、「ジャックとしてはできるだけ頻繁にキャロラインを外へ出したかったが、子供のこととなるとジャッキーの意志に逆らうことはできなかった。おまけに、ジャッキーが彼の選挙に驚くほど使えることがわかってきたのでなおさらだった」

ジャックは、大統領選の指名候補となるためには不可欠とされる上院選挙での地滑り的勝利にいささか不安があったが、それは杞憂だった。総投票数の七三・六パーセントにあたる八十七万四千六百八票を獲得。これはマサチューセッツ州選挙区で単独候補が取った票としては過去最高であり、この年の上院議員選挙においても二位以下との得票差が全国選挙区で最大であった。

キャロラインの父親は上院議員に再選されるや、NBCの報道番組「ミーツ・ザ・プレス」では否定のポーズは取ったものの、大統領選への準備を精力的に始めた。ジョゼフ・ケネディは息子の大統領選のために十人乗りのDC－3型機をすでに購入していた。それには、リクライニングチェア、座り心地抜群のソファ、食堂、そしてケネディ家の定番のニューイングランド産クラムチャウダーを常備した厨房までが装備されていた。ジャックはこの選挙キャンペーン用飛行機をためらうことなく「キャロライン号」と命名したのだった。

キャロラインは乳母のモード・ショウの気配りによって、両親のいさかいを目のあたりにすることはなかった。いやキャロラインだけでなく誰からも気づかれることはなかった。表沙汰になるにしても、それはジャックの奔放な女性関係よりもジャッキーの浪費癖をめぐるいさかいの形を取っていた。ゴア・ヴィダルに言わせると、「彼女は、ジャックの女性狂いは、自分が公の場で嘲笑の対象とならないかぎり、死んでも治らないものと容認していた。それはお互い好き勝手にやるというのではなく、彼女はだんだんとジャックのよさがわかるようになり、ジャックはジャックでそんな彼女のことを尊敬していたんだと思う」

それから五、六か月もすると、ジャッキーはしぶしぶだがキャロラインの写真撮影を認めるようになった。若くてカッコいい若夫婦のママがサボネットをかぶってハイアニスポートの桟橋を闊歩し、そのそばで娘のキャロラインが父親の膝の上でお気に入りの『アイ・キャン・フライ』(物真似好きの女の子が鳥をはじめ十二の動物になりきるオムニバス童話)を読んでもらいながら、父の鼻をくすぐっている——そんなシーンを演出してみせた。

大統領指名選挙が佳境に入るにつれ、両親は「JFKを次期大統領に」とアメリカ国民に訴えるのに大忙しで、キャロラインはモード・ショウのもと、自宅で一人でいる時間が日ごとに長くなった。初めは乙に澄ました女に見えたジャッキーだったが、いまやジャックの演説台には欠かせない存在と見られるようになった。ウエストヴァージニア州の選挙担当であるチャールズ・ピータースに言わせると、「ジャッキーは有権者に好かれるようになった」という。「近寄りがたい魅力ではなくて、こちらの気持ちを暖かくしてくれる魅力を持った王女様として」

一九六〇年一月二十日、ジャックは大統領選候補として正式に出馬表明するまでに、なんと一万マイル(一万六千キロ)をキャロライン号で飛び回った。空を飛ぶことを恐れないジャックの気質は、それから三十年後に悲劇を起こす息子につながるものがあったのかもしれない。いつしかジャッキーも飛行機での移動に恐怖を覚えなくなった。ジャックス・ロウによると、「キャロラインの両親はどんな悪天候もおかまいなしだった、暴風雨だろうと雷雨だろうと濃霧だろうと。パイロットが離陸をためらっても、ジャックはあえて危険を冒させた」という。

一九六〇年春、緒戦のニューハンプシャー、ウィスコンシン、ウエストヴァージニアの三州で立て続けに勝利をおさめた後で、ジャッキーはジャックに妊娠したことを告げた。出産予定日は十二月の上旬だった。危険は避けなければならない。一九五六年の民主党シカゴ大会の後の二の舞を恐れて、ジャッキーは来るべきロサンゼルスの党大会には夫に同伴しないことにした。

今度ばかりはジャックも付いてこいとは言えなかった。ある友人の見立てはこうだった。「キャロラインが生まれてから彼は親とはなんたるかに気づいたのさ。赤ん坊を一人の人間として見るようになった、物ではなくてね。思うに、一九五六年の振る舞い、つまり死産という言葉を聞かされてもヨーロッパに居続けようとしたことをえらく悔いている。われわれもあれは許されないと感じたからね。今度同じことが起きたら、彼は立ち直れないだろう」

父親が不在がちだったためか、キャロラインが最初に発した言葉が「さよなら」というのは、辛辣この上なかった。しかし、次に彼女の口から出たのは「ニューハンプシャー」「ウィスコンシン」「ウエストヴァージニア」。これで、政治一族出身の刻印がしっかりと押されていることがめでたく証明されたのだった。「予備選挙で勝った州が少なくて残念だわ」とジャッキーは冗談を飛ばした。「もっと勝っていたら、この子、アメリカでもっとも言葉がしゃべれる二歳児になれていたのに」

キャロラインは、生まれて早い時期からつらい環境におかれたにもかかわらず、ひねこびもせずに育って、ずっと父親を慕い続けた。めったに帰らない父親が週末に戻ろうものなら、ニューズウィーク誌を振りかざしながらバスルームへ「ダディー！」と叫んで飛び込み、表紙に父親が載っているその雑誌を笑い声を上げてバスタブへ投げ込むのだった。

キャロラインは妊娠五か月になった母親とケネディ一族の拠点であるハイアニスポートで過ごすことになった。いっぽう父親はロサンゼルスにあって、最後の指名争いで、有力対抗馬のテキサス選出の上院議員リンドン・ジョンソンの挑戦を退けようとしていた。信じられないことに、そんななかでＪＦＫは時間をひねり出して課外活動――マフィアの親分サム・ジアンカーナの黒髪の愛人ジュディ・キャンベルと、フランスの映画俳優イヴ・モンタンと別れたばかりのマリリン・モンローとの二股恋愛に励んでいた。

ジャックの火遊びの噂は（マリリンは友達に上院議員との逢瀬は体が貫かれるようだったと打ち明けていた）、ジャッキーが煙草をひっきりなしにふかしながら借り物の小さな白黒テレビで民主党大会の報告を見ていたマサチューセッツにも届いた。噂話には無視を決め込んだジャッキーだったが、内心では大会の結果で二人の関係は永遠に変わってしまうのではないかと恐れた。キャロラインに加えてこれからもう一人生まれてくることもあって、ジャックが心を入れ替えてくれるかもしれないと自分に言い聞かせた。長年ハイアニスポートのケネディ家の隣に住んでいるラリー・ニューマンによると、「毎日ジャッキーを見かけたが、彼女は記者やカメラマン、そして世間には隠していたけれど、目に悲しみと動揺が浮かんでいた」という。

子供時代に親の離婚を経験していたジャッキーは、キャロラインとこれから生まれてくる子には自分と同じ心の苦しみを味わわせたくなかった。しかし、夫の不倫が明るみに出て、ジャッキーは彼が大統領になったら離婚訴訟を考えているという口さがない噂が広まっていた。その火元の一つは、長年ケネディ家と付き合いのあるさるニューヨークの名士であることが判明した。それを知ったジャッキーは怒りにまかせて罵った。「あのチビの性悪女。いつもは親友のふりをしているのに」

こんな罵声をキャロラインの前では吐くことはなかった。ハイアニスポートの邸宅で夫の母親というときももちろんである。義母のローズ・ケネディは厳格一途で子供の教育と作法については昔風の考えの持ち主だった。子供を育てるというより管理監督するやり方で、子供たちには、ラジオ体操に始まって、算数のドリル、抜き打ちテスト（ローズは「頭の体操」と呼んでいた）、口述筆記、それに加えてゴルフにテニスに水泳にヨットの練習とびっしり日課が埋められる。情操のふれあいはなく、ジャックはそれが許せなくて、こう不満を漏らしたことがあった。「僕は母親に抱いてもらったことがない、ただの一度だって」

そのローズも年をとるにつれて丸くなって、孫たちへの接し方も様変わりした。威風堂々の存在感は相変わらずではあったが、ハイアニスポートの芝生に群れるケネディ一族の若い果実たちに個人的な関心を示すようになったのである。なかでもキャロラインがお気に入りで、それは未来の大統領の娘というだけではなく、思慮深いところに惹かれたようだ。多分にジャッキーの影響によるものだったが、キャロラインは他のケネディの従弟妹《いとこ》たちのなかでもっとも目立っていた。

七月十三日、ジャッキーとキャロラインはハイアニスポートのリビングのテレビで、キャロラインの父親が第一回の投票で民主党の大統領候補指名をほぼ手中にするのを見届けた。これで闘う相手は、古くからの上院議員仲間でもある共和党のリチャード・ニクソンになった。三十分後、ワイオミング州の票でキャロラインの父親の大統領候補指名が確定すると、ハイアニスポートの電話が鳴った。「おめでとう、ジャック」とジャッキーは夫が言葉を発する前に言った。「テレビで見たわ。とっても素敵だった……」。ジャッキーは夫がいの一番に電話をかけた相手が自分ではないとわかっていた。最初にかけたのは、いわずと知れた、富と権力と権謀術数で彼にこの最高の褒美をくれた父親しかいなかった。夫と数分話した後、キャロラインに受話器を渡した。

翌日、ジャックがリンドン・ジョンソンを副大統領候補に指名すると、報道陣が軍団となってハイアニスポートへ押しかけてきた。取材に対して、ジャッキーは傍らでキャロラインがはしゃぎ回るなか弁解口調でこう答えた。対抗馬の共和党リチャード・ニクソン候補の妻パットがすでに夫の応援活動を始めているが、自分は出産までは家にいるつもりだ。この体では選挙応援の役には大して立てないと思う。でも、私にできることはある。ジャックが懸命に闘っているのをここで実感・共有できる。それが胎教によくなかろうとも、銃後の選挙応援では絶対にニクソン夫人には負けない、と。

ジャックがハイアニスポートに帰宅すると、妻のジャッキーと娘のキャロラインからプレゼントが手渡された。それは、民主党の大統領候補となったジャックがその名も「勝利号《ヴィクチューラ》」というヨットに乗りケープコッド岬を巻いてハイアニスポートへ凱旋するところを描いたスケッチだった。それから二週間、ホワイトハウスをめざす闘いに入るまで、ジャックは、ハイアニスポートで妻や娘と充実した日々を送った。これがキャロラインにとって両親とそれなりの期間、三人一緒に過ごした最初の記憶となった。ジャックは手を叩いて娘を呼び出した。大統領報道官のピエール・サリンジャーによると、「その音を聞きつけると、キャロラインはまるでロケットのようにすっ飛んできた」という。それほど気が急《せ》いていないときはＪＦＫはキャロラインをニックネームの「ボタン」で呼んだ。父親が手を叩く音と「ボタン」の呼び声は、大統領が愛した娘の耳にいまも記憶となって残っている。

3 若き大統領の華麗なる一族、ホワイトハウスへ

父の先導で愛馬マカロニ号にまたがって（ホワイトハウスの中庭）

子育てに失敗しても他のことで挽回できるというのは考えが甘い。

——ジャッキー

キャロラインは夏服を着せられ、ケネディ一族の本拠地ハイアニスポートのポーチで、父親と叔父たちが芝生でタッチフットボールをするのを見ていた。傍らでは母親と祖父のジョゼフが籐椅子に座って、レモネードを飲みながら、ニューヨーク社交界のスキャンダルからジャッキーの女性スタッフの愛の暮らし（ジョゼフに言わせると「レズ女」）までゴシップ話に花を咲かせていた。そこから数フィート先では、ジャックス・ロウがポーチのステップに座り込んで、首からぶら下げた三台のカメラの一つに汗をかきかきフィルムを入れ替えていた。

と、祖父が椅子から立ち上がった。ボビー（ロバートの愛称）がテッド（エドワードの愛称）に突っ込んで地面に倒したのだ。ロウも飛び起きてシャッターを切り始める。「よし、いいぞ！」とジョゼフ・ケネディは、弟のテッドよりも小柄だが勇猛果敢なボビーに叫んだ。「どうした、テッド！　立て！負けるな！」

ボビーはタックルされないようにキャロラインの父親にボールをトスした。「おい、テディぼうや」とジャックは娘を見上げてからかった。「キャロラインのほうがきっとお前よりタフだぞ」

ハイアニスポートでは、〝何がなんでも勝て〟主義のキャロラインの猛烈祖父の音頭のもと、激しい野外活動に明け暮れていた。テニス、セーリング、シュノーケリング、バドミントン、そしてケネディ家名物のタッチフットボール。そして、スピード狂のジャックは、背中の持病をかえりみず、ゴルフカートにキャロラインと従弟妹《いとこ》たちを必死につかまらせて、広大な邸宅の敷地の中をくまなく走り回るのだった。

ジャックは家族の長というイメージを膨らませるために――ライバルのディック・ニクソンは二人

の娘を選挙運動にひっぱり出していた――ロウを呼んで家族の写真を撮らせた。ジャッキーは夫と二週間も一緒にいられるのでただただ嬉しかった。ある午後、まだ体形の変化が目立たないケネディ夫人は、ワンピースの水着とスイミングキャップ姿になると夫とビーチで戯れたが、こんな見せ場をつくってみせた。ディンギー（一人乗り小型ヨット）に乗り込もうとするジャックを支えるふりをして、ヨットをひっくり返らせ、夫を波間に沈めたのだ。

　それから十二週間、ケネディ家の母と娘は世間の耳目からは遠ざかり、いっぽう父親ジャックは文字どおり休みなしの選挙活動を、〝ドクターいい気持ち《フィールグッド》〟ことマックス・ジェイコブソンからアンフェタミン注射を受けて闘っていた。そして、九月二十六日、天下分け目となるＣＢＳの歴史的テレビ討論のときがやってきた。「見て、ダディーよ！」とキャロラインは父親が紹介されるやテレビの画面を指さして叫んだ。この二か月、父親とは会っていなかった。ジャッキーによれば、「白黒テレビなのに、キャロラインは彼を見てほんとうに興奮した」という。

　興奮したのはキャロラインだけではない、アメリカ国民も同様だった。ラジオで聴いていた人たちの判定では〝ニクソンの勝ち〟だったが、テレビで視ていた人たちは外観と冷静な物腰でジャックに軍配を上げたのである。父親のジョゼフが冬の別荘として一九二〇年代後半に購入したフロリダはパームビーチのマンションで数日間過ごして日焼けした民主党候補のジャックは、テレビ討論のプロデューサーであるドン・ヒューイットによれば、「まるでアフロディテに愛された美男子アドニス」だった。かたやニクソンは口元のしわと上唇に浮いた玉状の汗をメークで隠そうと勧められたが断わった。その失敗に気づいて残りの三回のテレビ討論ではパンケーキ（ファンデーションの一種）によるメークを受けたが、時すでに遅かった。

自宅で三回のテレビ討論を見終えた臨月のジャッキーは、妹のリーと共に、最終回の収録のためにABCのニューヨーク・スタジオまで付いていった。ジャッキーは「夫はうまくやっている」と言っただけで、その所作に口は挟まなかったが、彼女はいるだけではかりしれない魅力を発していた。ワシントン・スター紙のコラムニスト、ベティ・ビールに言わせると「誰もがニクソン夫人とケネディ夫人を比べていた。パット・ニクソンはあったかい女性だが、ジャッキーと見比べると、さえないおばさんだった」

選挙戦が進むにつれ、ケネディ陣営にとってジャッキーとパット・ニクソンとの勝負が決め手になってきた。ほとんどがキャロラインとセットであった。雑誌の紙面には、まどろむキャロライン、両親をまじまじと見つめているキャロライン、動物のぬいぐるみを抱いているキャロライン、カメラのレンズを不思議そうに覗き込んでいるキャロラインが次から次へと登場した。「あの子は」とジャックス・ロウは述懐する。「恐ろしいほど写真向きだった」。撮影は乳母のモード・ショウがいないときに行われ、彼女自身もカメラマンの目に触れないようにしていた。実際ジャッキーはライフ誌の記者に乳母なしで子育てをしていると言い、その理由をこう語っていたからだ。「だって、もしジャックが今世紀最高の大統領になっても子供たちの出来が悪かったら、それって最悪でしょう」

選挙も終盤に入ると、ジャックはニューヨーク市での「最後のお願い」に妻を連れて行こうとした。ジャッキーの主治医は妊婦とお腹の子供を心配して、夫の依頼を断わるよう勧めた。しかし大統領候補夫人はこう言って拒否した。「ジャックの人生にとっていちばん重要なときなのよ。絶対に一緒にいるわ」
ジャッキーはまたしても語学力を発揮して、スペイン人ハーレムではスペイン語で、リトルイタリア地区ではイタリア語で語りかけた。クライマックスは、ニューヨークの伝説のパレード「キャニオン・オブ・ヒーローズ」と同じコースを妊娠八か月の身重で夫とオープンカーに乗って流したときで、熱狂的な支持者に舗道に引きずり下ろされそうになった。
ジャッキーは身重の身ではハイアニスポートに閉じこもるしかないと思い、ニューヨークへ出かける前に不在者投票をすませていた。しかし、一九六〇年十一月八日、大統領選挙の当日、ジャッキーはボストンのウエストエンドの図書館で夫と共に投票して報道のカメラに微笑んで見せた。そして二人はハイアニスポートへと戻って結果を待つことにしたのだった。

部屋に落ち着いて、ジャッキーに勧められるままお気に入りのウィングチェアに体を沈めたジャックは、娘のキャロラインから驚きの歓待を受けた。横で母親がなにやら期待するようなそぶりで見守るなか、ブロンドの巻毛を青いリボンで結った娘は、両足をぶらぶらさせながら暗誦を始めたのだ。

「私のろうそくは両端から燃える。
これでは夜までもたない。
それでも、おおわが敵よ、わが友よ、
その輝きのなんと美しいこと！」

ジャックは思わず賞賛の拍手をした。「すばらしい、ボタン！」
「待って、まだ続きがあるのよ」とジャッキーが口をはさんだ。
キャロラインはこっくりうなずくと、深く息を吞んでから、続けた。

「揺るぎない岩の上にしっかりと建つのは、ああ、なんと醜い家。
砂の上に建てた私の輝く宮殿を、さあ、見に来てごらん」

どちらも、ジャッキーがキャロラインに覚えさせようと選んで教えたエドナ・セント・ヴィンセント・ミレーの詩の一節だった。用意周到な人生を選んだ人への警告の詩だが、どこか予言的である。それでもキャロラインにとっては幼少時代でもっとも思い出深いものだった。「よく覚えているわ、父の嬉しそうな顔を」とキャロラインは後に述懐している。「そして、私もあのときとっても嬉しかったことを」

その夜、一家はテレビで結果を見守っていたが、いっぽうで族長ジョゼフがサンルームに据えた三十台を超える電話から最新情報が各地区から続々と入ってきた。最初はジャックの地滑り的勝利のように見えたが、夜が更けるにつれて、ニクソンが挽回を始めた。午前四時には、シーソーゲームの様相を呈してきた。ジャックは「何か変化があったら起こしてくれ」と側近参謀のピエール・サリンジャーに言うと、いったん妻と共にベッドに入った。

ジャックが午前九時少し前に起き、バスタブに浸かっているところへ、娘が飛び込んできて叫んだ。「ダディー、ダディー。勝ったよ、勝ったよ」。実は、その前にニュースを聞いた参謀のテッド・ソレンセンから起こされたのだが、娘の興奮に水を差すのは忍びないので、「勝ったのか。ほんとうかい」と応じたのだった。

「そうよ、ダディー」と娘は頷いた。「勝ったのよ」

「大統領になったということかい」

「そうよ」と娘は何度も頷いた。「ミス・ショーに言われたの。これからは〝ミスター・プレジデント〟って呼びなさいって」

ジャックはグレイのスーツに水玉模様のネクタイを締めると、キャロラインと妻と義母との朝食に臨んだ。しかし、一時間後、イリノイ州とミネソタ州の票が確定しておらず、ジャックは僅差でリードしているもののニクソンが追い上げていることが明らかになった。キャロラインは目の前で大人たちの雰囲気が歓喜から緊迫に戻るのを見ていた。父親と仲間たちはテレビに釘付けになり、母親は二階に上がってうろうろしていた。子供にもその場を支配する緊迫感は明らかだった。モード・ショウはキャロラインにコートを羽織らせると、屋外へ連れ出して芝生の上で遊ばせた。

最終的にはニクソンの報道担当のハーブ・クラインがジャックの勝利を祝福する声明を発表したが、全投票総数六千九百万余のうち、民主党と共和党の差は十一万八千五百五十票、なんと投票総数の〇・二パーセント以下であった。ジャックは、キャロラインの手を取って陽光が降り注ぐ野外へ連れ出すと、生涯にわたって苦しめられた背中の痛みをこらえて、娘を背中に馬乗りにさせた。そしてジャックは娘を腕に抱いて庭先の芝生で待ち受けていた記者とカメラマンたちのもとへ向かった。ジャックがキャロラインを抱いたまま取材に応じているとき、ジャッキーは人知れず浜辺へ散策に向かった。

キャロラインが両親と共にジョージタウンに戻ると、シークレットサービスたちが自宅のある北通り周辺に非常線を張りめぐらせていた。レポーターや野次馬たちが、次期大統領とその家族を一目見ようと、何時間も前から待ち受けていた。それまでキャロラインは世間の目からおおむね遠ざけられていたが、いまや乳母と共に外出したり、寝室の窓に鼻を押し付けて外を覗こうものなら、見ず知らずの人たちから名前を呼ばれるようになった。

「ちょっとした騒動だった」とサリンジャーは往時を思い起こして言う。「キャロラインはとても明るく、ものにこだわらない子だったが、それでもあの歳で、母親が大騒動でいかにつらい目にあわされているかには気づいていた。ジャッキーはプライバシーが侵されたと感じ、その原因のかなりの部分はジャックにあると内心頭にきていた」

ジャッキーは、同時に起こった〝家庭崩壊〟にも頭にきていた。ケネディ家は大統領選挙の日から翌一九六一年一月二十日の就任式までの二か月半、若くて活気のあるケネディ政権への移行のための司令部となったからだ。ディーン・ラスク、ロバート・マクナマラ、テッド・ソレンセン、マクジョージ・バンディ、ピエール・サリンジャーら主要参謀たちが半ば自宅代わりにするいっぽうで、利権と助言を求め、あるいは表敬のためにひっきりなしに訪れる「政治的有名人たち」の応対にジャッキーは追われた。

ついにジャッキーは鬱憤《うっぷん》を爆発させた。「この滅茶苦茶な状態に我慢できないわ」とわざと側近のサリンジャーの耳にも届くところで言った。「頭がおかしくなりそう」

次期大統領はさしてこたえた様子もなく応じた。「お願いだから、就任式の衣装の心配をしたらどうかな」

それから数年してキャロラインは両親と過ごした日々について語るようになるが、母親と父親の間を吹き荒れた軋轢《あつれき》について話すことはめったになかった。それが始まったころキャロラインはまだ乳母の庇護のもとにあり、歓心を買おうとして群がる大人たちに両親を奪われていたからだ。キャロラインは幼児ながら、プライバシーのない金魚鉢生活から来る両親のストレスを目のあたりにし、それは長じてしっかり記憶に刻まれることになった。

お抱えカメラマンのロウによれば、「キャロラインは活動的で、とても利発で知りたがり屋さんだった。一目で、この子は周りをじっと見ているとわかった。ジャックもジャッキーも愛情あふれる親だったが、どっちも唯我独尊タイプ。父親は大言壮語して十分もするとそれを忘れてしまう。かたや母親はいつまでも根に持つ。キャロラインは、事の真実は両親のどちらの側にもないと気づいていた。周囲の大人たちと同じように」

またまた愛するダディーはキャロラインの前からしばらく姿を消した。大方の行先はパームビーチで、プールサイドで父親のジョゼフと閣僚人事の打ち合わせをするためだった。感謝祭の日には戻ってきたが、事前の約束どおり、妻と娘と夕食をすますとそそくさとパームビーチへと帰っていった。

ジャッキーの出産予定日は三週間後に迫り、主治医から、自宅に、できればベッドの中にいるようにときつく言い渡された。過去を考えれば不測の事態もなしとはしない。夫にはそばにいてほしかった。「赤ちゃんが生まれるまでここにいられないの？」とジャッキーは目線を傍らのキャロラインにやりながら夫に言った。「それから全員で新居に移ればいいじゃないの」

ＪＦＫは応じなかった。結局、合衆国大統領の組閣の準備にかかった。ジャックの友人のビル・ウォルトンによれば、「すでにキャロライン号が到着して出発を待っており、予定を変えることなど考えられなかったのだ」

その夜、ジャックはキャロライン号でフロリダへ発った。飛行機の名前の主はモード・ショウに部屋へ連れて行かれ、母親が涙で泣き崩れるのを見ることはなかった。一時間ほどして、ショウがキャロラインをベッドに寝かしつけようとしたその時、鋭い叫び声がした。ショウがキャロラインを連れてジャッキーの部屋へ駆けつけると、ジャッキーはベッドの端に座り込んで腹を押さえ込んでいた。ベッドカバーには血が付いている。ジャッキーとショウはキャロラインを大丈夫だからと言って自分のベッドへ戻らせた。キャロラインは怯《おび》えながら寝室へと帰った。

ショウは電話機をつかむとジャッキー掛かりつけの産科医ジョン・ウォルシュを呼び出した。十分後、キャロラインの母親は救急車でジョージタウン大学病院へ搬送された。その時刻、ジャックはキャロライン号の機上で葉巻をくゆらせながら新閣僚の構想について熱く語っているところだった。ジャッキーの状況について無線連絡が入った。同乗していたケネス・Ｐ・オドネルによると「彼は大きなショックを受けて、妻と一緒にいてやれなかったことを後悔した」という。

ウエスト・パームビーチ空港に着陸すると、ジャックは即座にウォルシュ医師に電話を入れた。医師からは冷静な口調で、緊急帝王切開手術の準備中であると告げられた。キャロラインの様子は訊ねなかったが、その心配は無用だった。次期大統領の予想どおり、モード・ショウの介護を受けて自宅で落ち着いていた。ショウは、ベッドに入る前のキャロラインに、いつものお祈りではなく、今夜はママとあなたの弟か妹のためにお祈りしなさい、と言い聞かせた。キャロラインはベッドに入ると、両手をしっかりと組んで熱心に祈りを捧げた。

ジャックはワシントンへ一刻も早く飛んで帰りたかった。キャロライン号に随伴していた報道陣用のDC6のほうが飛行速度で優っているので、それを〝徴発〟して戻ることにした。機上でジャックは、コクピットの無線のヘッドフォンを耳にあて、ずっと連絡を待った。

午前一時過ぎ、無線にジャッキーが帝王切開で六ポンド三オンス（二千八百六グラム）の男子を出産、母子共に健康との報せが入った。サリンジャーが客室放送装置を使って朗報を伝えると同乗の記者たちがどっと歓呼の声を上げた。つい一瞬前までは妻と子の命を共に失うのではないかと気をもんでいた次期大統領は、葉巻に火をつけると、深々と頭を下げた。

実際は母子共に要観察状態だった。ジョン・フィッツジェラルド・ケネディ・ジュニアはこの世に生を享けてから六日間を保育器で過ごすことになった。母子が緊急帝王切開手術から回復するにはさらに二、三か月を要した。出産の翌日、ジャッキーはケネディ家専属の看護婦ルエラ・ヘネシーに車椅子を押されて、保育器ごしに息子と対面した。ジャッキーたちがシークレットサービスに守られて病院の廊下を移動中に、いきなり倉庫用の小部屋からカメラマンが飛び出してフラッシュをたかれたが、フィルムは押収できなかった。

ジャッキーがもっとも必要としているときに一緒にいてやれなかった埋め合わせをしたかったジャ

ックは、キャロラインを伴って日に三回は妻と生まれたての息子を見舞った。「いやあ、こんな美少年、見たことないぞ」とジャックは冗談を飛ばした。「名前はエイブラハム・リンカーンにしよう」

そこに居合わせたライフ誌の記者のゲイル・ウェスコットによれば、ジョージタウン大学病院の雰囲気は「明るく躍動的でまるでカーニバルだった。セキュリティも控えめで、次期大統領は妻の病室から手を振って出てくると、一階に下りてわれわれ報道陣の相手をする。そして病院から戻った北通りの自宅では、キャロラインをベビーカーに乗せて走り回る、それは素晴らしい写真を撮らせてもらった。それはそれは無邪気で楽しげで、この先に何か悪いことが起きるなんてとても思えなかった」

キャロラインはホワイトハウス詰め報道陣にとって新参のアイドルだった。父親が政府の要人と会っているときに、報道陣の後ろに隠れてしかめっ面をしたり、手すりを滑り降りたり、部屋を駆け回ったり、父親の袖を引っ張ったりした。

ジョン・ジュニアが生まれて二日後に三歳の誕生日を迎えたキャロラインは誰よりも幸せな気分だった。モード・ショウによると、「赤ん坊は誕生日プレゼントだと聞かされていて、長いこと自分の〝持ち物〟だと思っていた」。実際、そのときキャロラインはそう信じていたので、「私の赤ちゃん」と呼んでいた。

ジョン・ジュニアが生まれて一週間後、キャロラインは父に伴われて弟の洗礼のために病院へと向かった。ジャックは妻と生まれたての息子を車椅子で病院内の教会へと押していく途中、回廊の奥で待ち伏せするカメラマンの一団に気づいた。「止まらないで、このまま行ってちょうだい」とジャッキーに哀願されたが、自らの初々しい家族がもたらす強いアピール力を知り抜いていたジャックは聞き入れなかった。じっくり立ち止まると、洗礼服姿の四十三歳の父親という新たな肖像写真を撮影させたのだった。

ジャッキーは退院したその日、ジャックから、ホワイトハウスの事前ツアーにアイゼンハワー大統領夫人と共に同伴してほしいと哀願されてしぶしぶ認めた。一九六〇年十二月九日、ジャックは家族全員とキャロライン号でパームビーチへ飛んだ。到着するや、次期大統領はノースオーシャン通りのジョゼフ・ケネディの別荘で、父親と、新政権の中枢に誰を座らせるかのプールサイド議論を再開させた。その間、キャロラインはなにかというと新しい弟と過ごしたがった。家族ぐるみの友人のチャック・スポールディングによれば、「二人はとっても可愛かった。キャロラインは弟のジョンにめろめろだった」

ホワイトハウス事前ツアーの気疲れから、次期ファーストレディは二週間ほど臥せってしまった。さらに悪いことにキャロラインの弟の体調も急変した。「実はジョンの体調はかなりよくなかった」とジャッキーは後に明かしている。「神に感謝しなければならないけれど、パームビーチの小児科医が腕がとてもよくて、息子の命を救ってくれた」のである。後でわかったが、ジョン・ジュニアはヒアリン膜症肺炎に感染していた。なお、後にこれと同じ呼吸器疾患でケネディ家の子供が命を失うことになる。

ジョン・ジュニアが病いから回復した二日後、リチャード・P・パヴリックなる人物が自ら車を運転し、パームビーチのケネディ家の敷地内に侵入、次期大統領がセントエドワード教会の日曜ミサに出かけようとするところを見守っていた。彼はダイナマイトを七本、車に積み込んでいて、ジャックのリムジンが車寄せを出てきたところに体当たりをするつもりだった。

自爆犯がまさにアクセルを踏もうとしたそのとき、ジャッキーとキャロラインが邸から出てきた。その後ろには腕にジョン・ジュニアを抱いた看護婦のヘネシーが付いていた。パヴリックはケネディの子供たちに不意をつかれて、そのまま走り去っていった。それから三日後、パヴリックの不気味な計画が明らかになったが、彼は後に酔っ払い運転で逮捕され、殺人未遂で起訴されて禁固刑となった。

パヴリックの計画を聞かされてジャッキーは驚いて顔色を変えた。「私たちはなんともなかったけれど」と言ってキャロラインを抱き寄せた。「実は射撃練習場の標的だったのね」


それからひと月ほど、ジャッキーはパームビーチで体力の回復に努め、かたやジャックはすでに息切れ気味の政権移行チームに発破をかけた。ごたごた続きのなか、ひとりキャロラインは記者会見で父親の人気を奪っていた。アーカンソー選出のウィリアム・フルブライト上院議員の目の前を、パジャマ姿のキャロラインが母親のハイヒールを履いてよちよち歩きながら「ねえ、ダディー」と声をかけると、慌てた次期大統領が抱いて連れ出し、報道陣の爆笑を誘うという一幕もあった。また、別の記者会見では三輪車で特派記者たちの股の下をくぐったりもした。

キャロラインの母親はようやく元気を取り戻すと、古くからの友人で以前社交担当秘書をしてもらっていたレティシア（愛称ティシュ）・バルドリッジに電話をかけた。そして、ティファニーの広報責任者を務めたこともあるバルドリッジに、アイゼンハワー夫人同伴のホワイトハウス事前視察を終えた感想をこうぶちまけた。「大統領公邸、あれって世界でもっとも悪趣味のモニュメントよ。それに家具ときたらもう最悪」

なんとしても大統領公邸をアメリカ調の家具調度と美術品のショーケースに変えるとの決意を固めて、ジャッキーは一人でジョージタウンに戻った。夫のジャックには、引っ越しの準備をしてくるのでしばらく子供たちとパームビーチに残るようにと告げてきた。最優先事項は、キャロラインとジョンのために、ホワイトハウスの二階に子供部屋、三階のサンルームに学習兼遊び部屋を確保・整備することだった。

ジョージタウン北通りの自宅は、ジャックがワシントンに到着する一月十八日までには、どこでもよく見かける引っ越し当日の家となった。壁はむき出しになり、床の至るところに梱包がひしめいていた。すでにジャッキーは、ニューヨークのインテリアデザイナーでその道のプロたちを率いるシスター・パリッシュの助けを借りてホワイトハウスの改修にかかっていたが、旧宅の床にあぐらをかいて、さて何を捨てて何を新居に持っていったらいいか仕分けを始めていた。

産後の肥立ちが芳しくないので、子供たちは引き続きパームビーチで保母たちに面倒を見てもらいたかった。また、夫と付き人たちに傍らにいられるのも体調によろしくない。そんな妻の要望を容れて、次期大統領は同じジョージタウンの友人で近隣に住むビル・ウォルトンの邸に一時移った。

翌日、この国の首都は猛烈な吹雪に襲われ、史上もっとも寒い雪の大統領就任式となった。一九六一年一月二十日、三十一歳のジャッキーが誇らしげな表情を見せる傍らで、四十三歳のジャックは最高裁判所長官アール・ウォーレンの前で聖書に手を置いて宣誓した。この瞬間、ジャックは、アメリカ史上最年少、ローマカトリック信者としては初、二十世紀生まれでは最初の大統領となった。キャロラインと弟ジョンは温暖なパームビーチにあって、保母たちに付き添われ、テレビでこの歴史的スペクタクルの一部始終を見届けた。

その夜、若き美男の大統領と艶《あで》やかなファーストレディには五つの祝賀の宴が待っていたが、そのうち三つをこなしたところで、ジャッキーは夫に言った。「もみくちゃにされて、もう体がもたないわ」。ジャックは単身で残りの宴席をこなしたが、そこで友人のポール〝レッド〟フェイと連れのブロンド女優アンジー・ディキンソンと意気投合した。後にディキンソンはキャロラインの父親について、「あれは女性キラーよ」と評したという。「とてつもなくハンサムでチャーミングで――母親だったら娘の夫には絶対したくない男だわ」

明け方の午前四時、新大統領はようやくホワイトハウスへ戻った。大統領公邸での初日、ジャックとジャッキーは別々に寝た。すでにジャッキーはクイーン・ルーム（これまでに五人の女王様が宿泊されたのがその名の由来であった）で熟睡しており、ジャックは玄関ロビーを這うようにして横切ると、エイブラハム・リンカーンが愛用した巨大なローズウッドのベッドに潜り込んだ。

ジャッキーは明け方まで帰ってこない夫を責めるよりも、自分の産後の肥立ちの事情もあり、「ジャックの輝かしい日に一緒にいてやれなくて申し訳ない」と自分を責めたが、思い直した。「でも、彼が待ち望んでいた息子を生んであげることができたのだから……」

新ファーストレディは、キャロラインとジョンのおもちゃがホワイトハウス総務担当主任J・B・ウェストのクローゼットに一時保管されており、「子供部屋が整いしだいお持ちします」と言われて一安心した。実はアイゼンハワー家の遺留品がまだたくさんあったので、ジョージタウンの旧宅からこっそり運び込んだ第一便が子供たちのおもちゃだった。そういえば、ずっと子供たちは住み込みの保母と女性の教育係《ガヴァネス》に面倒を見られてきたのだという事実にふと気づかされて、これからは普通の子供の生き方をさせてやりたいと思った。「もっとプライベートな環境で育ててやりたいの」とジャッキーは言った。「保母やシークレットサービスに任せるのはごめんだわ」

実際、ジャッキーは子供たちが身体的に危害を加えられることよりも、情緒面で傷を受けることを心配していた。「子供たちからすると、世間の目にさらされ他人に預けられて、立派に成長することを期待されるのはフェアじゃない」とジャッキーは言った。「子供たちに必要なのは、母親の愛情と導きと、母親と長く一緒にいられることよ。それこそがこの混乱きわまりない世界から子供たちを守ることなのよ」

一九六一年二月四日、新任の大統領とファーストレディは、キャロラインとジョンがパームビーチから戻ってくるのを空港で待ち構えていた。ファッションにうるさいジャッキーは、前の晩にモード・ショウに電話をして、大統領の娘《ファーストドーター》の首都デビューの衣装を「白のコートに白のストッキングに白の帽子で」と指示を飛ばしていた。数週間ぶりに両親に会って興奮を抑えられないキャロラインはリムジンに乗り込むと両親の間に体を押し込んで新居へと向かった。ジャッキーはウールのコートに皮手袋をはめ、すでにトレードマークになっていたピルボックス帽をかぶり、膝の上にジョン・ジュニアを毛布でくるんで抱いていた。

「ここが新しいお家よ、キャロライン」と車がホワイトハウスのゲートを潜るとジャッキーは言った。

大統領公邸は一面雪に覆われたままだった。

「どうだ、大きいだろう、ボタン」と父親が引き継いだ。キャロラインは立ち上がると車の窓に鼻を押し付け、口をあんぐりと開けて叫んだ。「わあお、めちゃ大きい」

シークレットサービスが大統領専用リムジンの後部ドアを開けたとたん、キャロラインは車寄せの端につくられた雪だるま目がけて勢いよく飛び出していった。雪だるまの目はボタン、鼻は人参で大きな白いパナマ帽をかぶせてあった。新任大統領が微笑みかけると、華氏八十度（摂氏二十六・六度）のフロリダで二か月過ごしてきた娘は茶目っ気たっぷりに雪だるまの腹を指でつついた。

家族の居住エリアに案内される前に、キャロラインは新居の印象を喜色満面のピエール・サリンジャーにこう漏らした。「お遊びできる部屋がたくさんあるのね。そしてとても広いお庭も！」

ジャックはキャロラインの手を取り、ジャッキーはジョン・ジュニアを抱きかかえたままで、私邸エリアの正面玄関ホールへと向かった。トルーマンバルコニーへ通じるドアを隔てて大統領執務室《オーヴァルルーム》の反対側が子供たちの部屋だった。ごついテラスにはアイゼンハワー好みのモーテル調装飾が残されていた。キャロラインの部屋は白とピンクの色調で統一されていて、白の天蓋付きベッドにはバラのつぼみの上掛け、壁にはグランマ・モーゼスの絵が飾られ、動物のぬいぐるみと木馬《ロッキングホース》が置かれていた。後日、ジャッキーが敬愛してやまないフランス大統領シャルル・ドゴールから贈られた見事な細工のドールハウスがこの部屋を占拠することになった。

キャロラインの部屋と青と白の色調のジョンの部屋との間には小部屋があり、二人の乳母用に当てられた。「モード・ショウに用意するものはほとんどありません」とジャッキーはJ・B・ウェストにメモをしたためた。「バナナの皮を捨てるための籐のごみ箱と、夜に外した入れ歯を置いておく小さなテーブルがあれば十分です」

ジャッキーの場合は乳母のようにはいかなかった。寝室はシャンデリア付きで、青と緑で彩られたフランスの田園風、床には豹の毛皮の絨毯が敷かれていた。いっぽう大統領の寝室はというと、ステレオを内蔵した移動式クローゼットで妻の寝室と仕切られていた。ハリー・トルーマン愛用の四本柱の巨大なベッドがでんと鎮座し、カロリーナ製のロッカーが据え付けられ、背中の持病に悩むＪＦＫには無用だったがナイトスタンドから手を伸ばせるところに電気クッションが置かれてあった。

メインフロアにはだだっ広い〝家族用〟食堂があったが、どう見ても機能一点張りで若向きだった。ジャッキーはそれが不満で、厨房と食堂の改造にかかった。抑制がきいたジャッキーらしいセンスで絵や花や家族の写真が飾られた。ティシュ・バルドリッジによれば、「彼女は殺風景で古色蒼然とした場所を一晩で温かい家族団欒の場に変えてしまった」

最初の数週間、キャロラインは勇んでホワイトハウス探検に出かけた。地下室に迷い込んで出会った作業員に「お父さんは何をしている人かね」と訊かれて、「上の部屋で靴と靴下を脱いで、なんにもしてない」と答えた。

やがて決まりきった日常の暮らしが定着していき、それはホワイトハウスでの千日の間、ほとんど変わることはなかった。大統領とファーストレディは午前中はめったに顔を合わさなかったが、キャロラインはほぼ毎朝、私邸エリアの中で両親と個別に接していた。父親は午前八時きっかりに起きると、クリームと少なくともスプーン三杯の砂糖を入れたコーヒー、二個の半熟卵、ベーコン、トースト一枚、オレンジジュースという心のこもった朝食をとり、バスタブに浸かってメモと外電と新聞の朝刊を読む――これが日課だった。

きまって父親は、モード・ショウに連れられた二人の子供から「おはよう」の挨拶をされると、ベッドから飛び起きる。子供からキスを受け、衣装室で着替える間、子供たちは床に座って漫画を見る。九時になるとテレビ体操の草分けジャック・ラランヌの番組にチャンネルを合わせ、キャロラインは父親の手拍子でラランヌの動作をまねて飛んだり、前かがみになったり、スクワットをしてみせる。後には小さな弟も姉に加わるようになった。

付き人のジョージ・トーマスが選んだスーツに袖を通すと、新大統領はキャロラインの手を取って執務室《オーヴァルルーム》まで連れていき、執務机の前に座ると娘にお別れのキスをする。そしてキャロラインは、ホワイトハウスのスタッフとごく親しい友人の子弟十六人のためにジャッキーが立ち上げた学校へと向かう。その道すがら、キャロラインは（後には歩けるようになったジョンも一緒に）母の部屋に寄り道して、トレイに乗った朝食を一人で食べているところを確かめるのだった。

このホワイトハウス・スクールは、この国でもっとも選びぬかれた早期教育機関であった。教えるのはエリザベス・ボイドとアリス・グリムスという優秀な女性で、課程は幼稚園と小学校一年、教科は算数、フランス語、アメリカの歴史と保健体育。制服はキャロラインの母親の好みで赤、白、青のトリコロールだった。

昼時になると、ジャッキーは「ハイチェア・ルーム」で、キャロラインとジョンがホワイトハウスのシェフが用意したホットドッグかハンバーガーをほおばるのを眺め、やがてキャロラインが二階の学校へ戻ると、ジョンをベビーカーに乗せて散歩する。

いっぽう大統領は一日二回と決めている全裸での水泳の初回を二時までに終えると、バスローブを羽織って私邸エリアに戻って妻と遅い昼食を共にする。それから二時間は彼らファーストファミリーにとって神聖にして侵されてはならないものだった。この間、二階へのドアというドアは閉められ、訪問者、電話、伝言はもちろん使用人が二階へ上がるのもご法度。モード・ショウがキャロラインとジョンを昼寝させるので、子供たちの声も寂《せき》としてしなかった。

どちらもこだわり屋のジャックとジャッキーは昼食のメニューを変えることはほとんどなかった。ジャッキーがリビングルームでトレイに載せて食べるのはグリルしたチーズのサンドイッチ。かたやジャックはミディアムレアの牛肉ハンバーガーだった。昼食の後、二人は別々のベッドで午睡を取ったが、三時半きっかりに大統領を起こすようきつく命じられている付き人のジョージ・トーマスによると、起こしに行ったときに二人は必ずしも別々に寝ているわけではなかった。キャロラインの叔父のユシャ・オーチンクロスが言うには、キャロラインの両親は「とても親密で、ロマンティックな仲で……寝室は別にしていたが寝るのは一緒。笑いが飛び交い、お互いに大いに楽しんでいた」

キャロラインも父親《ダディー》がシャワーを何度も浴びることにとっくに気づいていた。午睡の直後にその日三度目のシャワーを浴びると真新しいスーツに身を包み――彼は日に少なくとも三着は着替えていた――JFKとして執務室へと戻るのだった。

父親《ダディー》の執務室《オーヴァルルーム》の窓から五、六ヤードのところにある遊び場でキャロラインとジョンが戯れるのを見守るのが、ファーストレディの午後のひと時の過ごし方だった。そこは彼女のアイデアをもとにホワイトハウスの大工たちが設《しつら》えたもので、革製のぶらんこ、樽のトンネル、ウサギ小屋、常緑樹に覆われたトランポリン、滑り台付きツリーハウスが置かれていた。キャロラインが小さい弟をツリーハウスの滑り台に乗せようとするので、それを止めるのにジャッキーはいつも難儀した。

実際にキャロラインが最初に滑り台に乗せて下らせたのは、弟のジョンではなく、ソ連の首相ニキータ・フルシチョフから贈られたプシンカという名の犬だった。キャロラインは滑り台を滑り降りるように不運なロシア犬を仕込んだのだが、ジョンによれば、長じてこれが幼少時の最初の思い出深い出来事となったという。

遊び場をつくった同じ大工たちは、プシンカとジョージタウンの旧宅から連れてきたウェルズ・テリアのチャーリーの犬小屋もつくってくれた。やがてこの二匹に、アイルランドのダブリンの司祭から大統領に贈られたアイリッシュ・ウルフハウンドのその名もウルフと、ジャッキーの義父から彼女に贈られたジャーマン・シェパードのクリッパーが加わった。

キャロラインの愛猫トム・キトゥンだけはよそに引き取ってもらうことになった。大統領が重度の猫アレルギーで、トム・キトゥンが私邸エリアにいると息ができなくなるからだった。ジャッキーによると、「キャロラインはとても聞き分けがよくって、騒いだりはしなかった。トム・キトゥンを可愛がっていたけれど、ダディーの体によくないと説明したら、完璧に理解したわ」

猫ほどではなかったが、父親《ダディー》は犬と馬にもアレルギーを起こした。しかし、ある程度離れていればなんとかなるので、子供たちの愛玩動物を受け入れたのだが、やがて本物のブタ、アヒル、子羊、そしてなんとビールをガブ飲みするウサギのザササザサのための檻がつくられるまでになった。キャロラインお気に入りのペットはカナリアのロビンで、ブルーベルとメアリーベルという二匹のハムスターと一緒に彼女の部屋で飼われていた。そのロビンが死んだときキャロラインは葬儀をしてホワイトハウスの庭に埋葬した。それからしばらくしてイラン国王夫妻《シャー》がホワイトハウスを訪れたが、キャロラインは王妃のファラ・ディバの手を取って、ロビンの墓へ連れて行った。

ケネディ家の数多いペットのなかでも世間に一番名が知れ渡っているのはキャロラインのポニーのマカロニ号だが、まさか二階の部屋で飼うわけにはいかなかった。そこで乗馬の心得があるジャッキーはマカロニ号とジョンのために購入したルプルション号のための馬小屋を建てた。ところが、ジョンも父親と同じ馬アレルギーであることが早々と判明したのだった。

午後の遊びを終えるとキャロラインとジョンはいつも五時半ごろに夕食をとる。そして、母親も同席してその日学校で学んだことを話させる。「母親だから娘自慢は控えるべきとは思う」とジャッキーはチャック・スポールディングに言ったことがある。「でも、キャロラインはとっても賢い子よ。三歳で字が読めたし、夕食をすますと、その日サンルームのクラスで何があったかを嬉しそうに話すの……まあ、早熟だからって驚くにはあたらないかも。だってキャロラインはジャックの子なんですもの」

キャロラインの語彙も相当なものだった。外国の指導者の名前をすらすらと暗誦してみせた。たとえばハイレ・セラシエ（エチオピア皇帝）からコンラート・アデナウアーまで。大統領の娘として幼児用語や粗野な言葉を使ったりはしなかった。あるときピエール・サリンジャーが野外の牛を指さして「モウモウがいますよ」と言ったのを、キャロラインは言下に正した。「違うわ、あれはヘレフォード種の牛よ」

両親はもちろん乳母や保母たちの言うこともよく聞き、大人たちに逆らうことはめったになかった。大人だけでなく弟に対しても模範的な子供であろうとし、弟がスプーンで食卓を叩いたり食事を吐き出したり癇癪《かんしゃく》を起したりすると、目をぎょろつかせて「ほら、またやった」と怒気を込めて言った。躾《しつけ》係りを買って出ることもよくあった。「ほら、ジョンったら、いい子になってシリアルを食べなさい」と言い聞かせた。しかし、偉大なる姉にとってジョンはけっして〝いい子〟ではなく、祖母のローズにこう訴えたものだった。「ジョンは悪い子なの。ママのコカコーラの中につばを吐くし、とっても困った子なの」

夕食をすませ母親がキャロラインとジョンの話し相手をしている間、ジャックは執務室《オーヴァルルーム》を留守にして二度目の水泳をこなしてからプレスの効いたスーツに着替える。そして六時を回ると執務室に戻ってダイキリを引っかけるのだが、ジャッキーもそれに付き合った。公務がないときは、二人はそこにトニー・ブラッドリーやマーサ・バートレットのような気の置けない友人たちを呼んで、食事を楽しんだ。当時ブラッドリーはニューズウィーク誌に記事を書き、バートレットはチャタヌーガタイムズ紙のワシントン特派員だった。またバートレットは一九五二年、自宅でディナーパーティを主宰して未来の大統領とファーストレディを出会わせた月下氷人でもあった。

夕食後、ホワイトハウス・シアターで新着の映画を一緒に楽しむこともあった。そのうちわかったことだが二人の映画の嗜好は違っていた。「マミーはダディーとカウボーイ映画をよく観ていた」と数年後にキャロラインは証言している。「カウボーイ映画が好きだったのはダディーで、マミーは全然好きじゃなかった。それでも一緒に観ていたのはダディーを愛していたからだわ」

キャロラインは高踏《ハイブラウ》な趣味嗜好を持ち合わせているのは母親で父親ではないことを幼くして見抜いていた。実はケネディ政権の文化政策は、過去に例を見ないほどの指導と薫陶をジャッキーから得たものだった。世界最高のクラシック音楽家、メトロポリタンオペラやロイヤルバレエ団の花形、そしてシェークスピア俳優たちがホワイトハウスのイーストルームに招かれては、この国の要人たちの前で演じた。

「マミーはオペラが大好きだった」とキャロラインはあるホワイトハウス訪問客に語ったことがある。「私もよ。ダディーは拍手はするんだけれど、好きだったとは思わない。だって、人に見られていないときに顔をしかめてるんだもの」

実のところJFKの波長に合ったのはペギー・リーでありエルヴィスであった。ニューフロンティア政策チームの一人テッド・ソレンセンによれば、彼のボスは「オペラにはまったく興味がなく、クラシックのコンサートでは居眠りをするし、バレエは退屈でならなかった」。ジャッキーも友人に溜息交じりにこう漏らしたものだった。「ジャックの好きな曲は、『大統領万歳《ヘイル・トゥ・チーフ》』だけよ」

一九六二年のある夕方、キャロラインがモード・ショウと部屋でテレビを観ているときだった。ジャッキーがレナード・バーンスタインを伴って入ってきたのである。この伝説的な作曲家・指揮者は、大統領とファーストレディがイーゴリ・ストラヴィンスキーのために催した内輪のディナーパーティのゲストとして招かれていたが、食事が始まる前に、自分が司会を務める人気テレビ番組「子供のための音楽会《ヤング・ピープルズ・コンサート》」を観ておきたくてキャロラインの部屋へやってきたのだった。

後にバーンスタインはこう述懐している。「キャロラインとモード・ショウの横に座り込んでテレビを一緒に観たのだが、キャロラインがこの番組に引き込まれて、それこそ一瞬一瞬に共感をしていたことをよく覚えている。お互いに手を握り合ってね。と、コンサートにのめり込んでいた彼女が、あどけない笑顔をこちらに向けて言ったのだ。『わたし馬を持っているのよ』。これで現実に戻されて、私はテレビを消すとパーティに戻った」

キャロラインとジョンはときおり夕刻の椿事《ちんじ》を演じてくれた。ケネディ家のやんちゃたちは、乳母や保母たちはもちろん秘書官やシークレットサービスたちが光らせている管理監督の目をかいくぐって、ホワイトハウスの訪問客の目に触れることがよくあった。とある夕刻のこと、大統領の晩餐会に招かれた客の一団がエレベーターを降りたところ、素っ裸のキャロラインが恐しい形相のモード・ショウに追いかけられて走ってくるのに出くわした。「あれにはびっくりした」と客の一人は言う。「大きな目でこっちを見上げてから、後ろの乳母を振り向くと、一目散に玄関ホールへと駆けていったよ」

それから数秒後、当の大統領は嬉しそうに言った。「おや、おや、ボタン。ジョンの悪いくせがうつっちゃったのかい」

時をおかず、ジョンが父親が手を叩いて名前を呼ぶのを聞きつけて、キャロラインと同じように全裸で飛んできた。ジョンとキャロラインが大統領執務室《オーヴァルルーム》でダンスを踊ったり、父親の机の下に隠れたりするところをカメラに収めたライフ誌専属のスタンレー・トレティックによると、大統領は息子を呼び寄せるときは決まって「ジョン、ジョン」と二度名前を呼んだ。「だから」とサリンジャーは言う。「みんなもジョン・ジョンと呼ぶようになった」。ただし、彼らが両親とキャロラインと話すときには、単に「ジョン」だった。

しかし、ファーストファミリーを警護するシークレットサービスたちは別のコードネームを用いていた。大統領の娘はキャロラインでもボタンでもなく「リリック」、弟は「ラーク」、彼らの父と母は「ランサー」と「レース」だった。

ファーストレディが子供たちを警護する男たちに期待したものは明解だった。シークレットサービス子供警護班から責任者のジェイムズ・J・ローリーに宛てた極秘メモにはこう記されていた。「ミセス・ケネディは、守るべき子供が二人いるが、二名の警護係が〝常時付きまとう〟のは〝好ましくないこと〟だと強く思っている。子供たちを連れて車で出かけるときは、警護車は子供たちの目に触れないようにと要望する。（中略）警護係は子供たちに特別な面倒を見たり召使として仕えてはならないと望んでいる。すなわち、警護係は子供たちの着替え、ビーチでの遊び道具、ベビーカー、ハンドバッグ、スーツケースなどを運んではならない。それらは子供たち自身に運ばせる。（中略）ある場所に着いたら、警護係はただちに消えて、出発するまでは姿を隠していなければならない云々」

それによって個人的責任を取るはめになろうとも、ジャッキー本人は子供を「温室の蘭」のように育てることをよしとはしなかった。たとえば海で遊ばせるときも、彼女自身が子供を守る第一線であると主張して譲らなかった。「子供が溺れてもそれは私の責任です」と言ってからこう付け加えた。「シークレットサービスの責任ではありません。それが、子供たちが普通の遊び方をしていて起こったものならば」

シークレットサービスは浜辺におけるファーストレディの〝行動の自由〟をしぶしぶ認めた。「当人たちに気づかれずに遠くから見守ることはできますから」と警護係の一人は言う。「子供の一人が母親の目の前で波にさらわれたら、三人の警護係が砂山の陰から出動して救助する手はずになっていました」

実際、モード・ショウはいつも子供たちに付き添っていて、はらはらの連続だった。キャロラインは弟のようには冒険的ではなかった。しかし、ショウによると、「ジョンは水をまったく怖がらなかった」。子供たちが泳ぎから戻るとまずジョンの体を拭いて服を着せ、続いてキャロラインにも同じことをしてやるのだが、ジョンは衣服のまま波に突っ込んでいくのだった。おかげでショウは「服はびしょびしょ、靴はぐずぐずのままジョンを家に連れて帰らなければならなかった」

子供警護班にとって最大の関心事は、リンドバーグ事件のような誘拐を別にすれば、キャロラインの乗馬事故だった。警護班はキャロラインがマカロニ号に乗り降りするときは後ろに付いていきたいと申し出たところ、ジャッキーに退けられた。

母親に言わせれば、キャロラインは「シークレットサービスよりもはるかに乗馬には長けている。馬についてろくに知識もない彼らよりも安全に乗りこなすことができた」からだった。

さらにジャッキーはシークレットサービスにこうも語っている。「たしかにキャロラインは落馬して鎖骨を折ったことがあるが、それは乗馬には付きもののよくある事故に過ぎない。私としてはあえてキャロラインに落馬と事故を体験させたい。そうでなければ学習はできないと思うから」

キャロラインの父親は、乗馬はたしなまなかったが、妻の方針に共感していた。彼自身、「ときに結果は悲劇となるとしてもリスクを取る」という家系の出だったからだ。キャロラインがハイアニスポートでマカロニ号にまたがっているとき、ＪＦＫがポーチから見守るなか、馬がつまずいて地面へ振り落されたことがあった。警護係のジョゼフ・パオレッラがキャロラインのもとへ駆けつけたが、大統領はロッカーから離れようとはしなかった。娘の怪我を心配したり、言葉をかけたりするどころか、叫んだという。「キャロライン、立て、立ち上がって馬に乗るんだ！」

これを娘から聞かされたジャッキーはわが意を得て言った。「恐怖心を克服するための言い伝えをよく覚えておきなさい。いいこと、落馬したら、一番にやるべきは、もう一度馬に乗ることよ」

ホワイトハウスの中の連中ですら、キャロラインの動きに付いていくのは大変だった。シークレットサービスたちは、おもちゃのピストルをパンパンと鳴らしながらホワイトハウスの廊下を柱から柱へと走り回るキャロラインを見失わないようにするのにいつも苦労させられた。ジャッキーは警護係が子供たちの背後に付いていることをしぶしぶ認めるようになったが、公衆や報道陣が彼女のプライバシーを侵してくることだけは我慢できなかった。「塀の外から覗かれるのはまっぴらだわ」と彼女はよく言った。「どこかへふけちゃおうかしら」。子供たちを追いかけるカメラマンたちのあしらいは手慣れたものだった。スタンレー・トレティックによれば、「こちらの胸にぐさっとくる対応ぶりで、なかなかだった」。しかし報道陣がすべてだめというわけではなかった。ルック誌、ライフ誌、サタデーイブニングポスト紙など、ジャッキーの言うことを聞いてくれるメディアがキャロラインとジョンのことを取り上げてくれるのは大歓迎だった。

ケネディのホワイトハウスでの暮らしは千日を超えたが、このように意図して撮られたファーストファミリーの肖像はアメリカの一般大衆の心をとろかし、そのいくつかはこの時代を象徴する映像として残ることになった。たとえば、ホワイトハウスの芝生の上でキャロラインがマカロニ号にまたがっているシーン、ケネディ家のヴァージニアの隠れ家でキャロラインが母親と馬車に乗っているシーン、大統領執務室《オーヴァルルーム》でキャロラインとジョンが父親《ダディー》の手拍子に合わせて踊り回っているシーン。それから、キャロラインとジョンがハロウィンの仮装でホワイトハウスのスタッフや父親《ダディー》を喜ばせているシーンもあった。

ジョンがよちよち歩きを始めたときはなんとも可愛らしく、姉が霞んで見えることもあった。しかし、いまや大衆は、ブロンドの前髪を切り下げ、クリノリンスカート（前後左右くまなく張り広げたスカート）を履いた青い目の愛くるしい少女をもっと見たがった。後のキャメロン王朝の王女様を彷彿させる大統領の一人娘について、あるレポーターはこう記した。「シャーリー・テンプル以来ではなかろうか、子供がこれほど短い間に、これほど世界中に知れ渡ったのは」

ティシュ・バルドリッジも言う。「ジャッキーはキャロラインとジョンがスター扱いされることは望んでいなかったが、二人はスターだった。アメリカ国民は彼らに恋をしたようなものだった」。こうした事態にジャッキーは怯《おび》えるいっぽうで、バルドリッジによれば、大統領は「いい写真が撮れるチャンスがどこにでもあると見ていた」。ジャックス・ロウもそれに同意する。「子供たちは彼の政府にとってとんでもない財産だった。彼は子供たちが誇らしく、見せびらかしたかった。それは、ジャックとジャッキーのいわば綱引きゲームで、私は間に入って大変な目にあった」

あるとき、ロウは大統領執務室《オーヴァルルーム》に呼び出され、ＪＦＫに「キャロラインの写真を撮ってくれ」と頼まれた。その写真は大統領の友人であるニューズウィーク誌のベン・ブラッドリーに渡されるという。

「それはできません、大統領」ロウは、かねてからファーストレディに「ホワイトハウスでのキャロラインの写真はご法度」ときつく言われているからと言って拒否した。

「だったら彼女には内緒にすればいい」と大統領は事もなげに言った。ロウは言われるままに従ったが、案の定、ジャッキーは怒りを募らせ、大統領は例によってだんまりを決め込んだ。

トレティックも、ルック誌のためにジャックの妹ユーニスと夫のサージェント・シュライバー一家にアプローチして似たような目にあった。一九六一年七月四日の独立記念日、記事の一エピソードとしてハイアニスポートでケネディ一族を取材、芝生の上で従弟妹《いとこ》たちと戯れるキャロラインを撮ろうとしたら、ジャッキーにきっぱりと断わられた。それでも無視をして撮影したところ、掲載を拒否された。一年後、それが雑誌に掲載されるとジャッキーは大統領が容認したからだと怒りをぶつけた。大統領はジャッキーから怒りの直撃を食らったことに頭にきて、今度はトレティックに怒りをぶつけたのだった。

しかし、ジャッキーからもっとも狙い撃ちにされたのは、報道担当秘書官のピエール・サリンジャーだった。「彼女はホワイトハウスに足を踏み入れてから」とサリンジャーは言ったものだ。「子供たちにスポットライトが当たらないよう願っていた。私はそれを何度言われたことか。ジャッキーの許可なくキャロラインとジョンの写真が撮られると、こっちは地獄に堕とされた気分だった」

キャロラインがマカロニ号にまたがった写真が新聞雑誌を飾ったときは、ジャッキーはサリンジャーにこんな怒りのメモを書き送った。「彼らはマカロニ号の写真はいやというほど撮ったでしょう。もうたくさん。あなたが手間と暇をかけてきちんと対応すれば、止めさせられるはずです。ぜひそうしてください。報道担当書記官の仕事は報道を助けることではなく、私たちを守ることでしょう」

それが一段落したところで、今度はＡＰ通信に、ホワイトハウスの芝生で遊んでいるキャロラインを撮られた。「これで味をしめたら」とジャッキーはメモを書き送った。「連中はかさにかかってやってくる。守衛たちを督励して外から覗かせるのをやめさせて。必要なら、南と北の門の外もパトロールさせて、車の屋根に乗って写真を撮る輩を見張ってちょうだい」

それでも事件は起きた。キャンプデイヴィッドの野外でキャロラインとジョンの写真が隠し撮られ、その手口を知ってサリンジャーは烈火のごとく怒った。彼にはマルクという十歳になる息子がいたが、トレティックが小さなカメラを与えて、「こうすれば撮れるんだよ。ためしにキャロラインとジョンの写真を撮ってごらん」と唆《そそのか》したというのである。

これらはいわば氷山の一角で、危ない橋を渡るもぐりのカメラマンたちは後を絶たなかった。サリンジャーによると、「ケネディの名前で金が稼げるということほどジャッキーを悩ませたものはなかった」。キャロライン人形が全国の玩具店のウィンドウを飾り始めると、ファーストレディは〝情けないピエール〟とわざわざ名ざしをして、ティシュ・バルドリッジにメモで不満を訴えた。「いまにキャロラインクリスマス人形が売られるわ。着せ替えワードローブ付きで……どうにかできないの？」アイデアル・トイ・カンパニーが公式キャロライン人形をチャリティのために認めるよう〝圧力〟をかけてきていることに触れて、続けた。「これではチャリティのために毎月公式人形を認めなければならないじゃないの。やっていられないわ。お願いだから策を考えてちょうだい」

キャロラインは、ホワイトハウスに移る前から母親が報道陣を快く思っていないことを知っていた。

でも本人としては、写真に撮られることが恥ずかしいだけだった。ロウによると、「二歳のジョン・ジョンはときに出て行けと言ったり、殴りかかったり、蹴飛ばしたりした」という。「日頃、母親から、カメラマンはペストよりももっと悪いものだと聞かされていたので、そう思い込んでいたのだ。かたやキャロラインはつねに優しくしとやかで、楽しそうだった。いつもどおりにしてと頼むと遊びを続け、ポーズを要求するとじっと座ってくれた。ジョン・ジョンは勝手気ままで手に負えなかったが、キャロラインはそんなことはなかった」

祖母《グランマ》のローズ・ケネディも同意見だった。「キャロラインがわがまま勝手とは思わない。まだ小さすぎて、自分がどんな贅沢な暮らしをしているか自覚がないだけ。おそらく子供が自家用機で飛び回るのは普通だと思っているのよ」

しかし、この時点でキャロラインは自分の両親が普通ではないと気づいていた。思えば、人形、玩具、ポニー、そしてホワイトハウス南庭園の芝の上で催されるティーパーティー——これらに囲まれた毎日の暮らしは、ケネディ王朝時代を形づくる権力と魅力と危機に対応したものだった。

一人娘が王女のように扱われることに、当のジャッキーはもちろん誰も驚かなかった。JFKが「私がジャクリーン・ケネディをパリに同伴した男です」と自己紹介してウケを取った初めてのヨーロッパ旅行から、六十六回に及ぶ目くるめく国家行事まで、若き大統領と美しきファーストレディはアメリカでもっとも王位に近い存在だった。

ワシントン・スター紙のベテラン記者ベティ・ビールによれば、このファーストカップルが晩餐会やレセプションなど公式行事に登場するシーンは、「頂点を極めた、優雅で息を呑むような超絶カップルだった——ほとんど想像を超えていて……それは行政府というより宮廷の趣があった」

同年代の少女と同様、キャロラインも、これから夫と特別な夜を過ごそうという母親が口紅を引き、イヤリングをつけ、姿見で最後のチェックをする様をうっとりと眺めたものだった。ときにジャッキーは娘に自分のパンプスを履かせて部屋を一周させたり、真珠のネックレスと手袋をつけさせると、娘の頰にキスをし尻を優しく叩いて、部屋から送り出した。キャロラインは母親の古典的なファッションセンスをなぞって娘から女性になったが、若い時分には自信をなくして、母親の化粧と装いを思い出すことがあった。「いつもとても綺麗で完璧で」とキャロラインは大学時代に友人に言ったことがある。「私にはとても無理だし、みんなもそう思っていた。母親のようになりたかったけれど、母に近づくことすら無理だった。それは誰にもできっこなかった」

キャロラインにとって父親《ダディー》は家族の中心で輝く星であるいっぽう、母親《マミー》は威圧感をほとんど与えずに誇らしい気持ちにさせてくれる存在だった。一九六二年二月十四日、母親が初めてテレビに許したホワイトハウス中継取材が放映されると、キャロラインもアメリカ国民の一人としてそれに釘付けになった。ゴールデンタイムでは最高の視聴率を取ったこの番組は、ジャッキーの野心的な企画を知らせる絶好の機会となった。

なんとファーストレディとして初の単独海外ツアーを敢行したのである。ローマ法王ジョン二十三世に謁見した後、インドへ飛ぶと、パンダに餌をやり、ガンジス川を船で下り、ニューデリーで警護の男たちと馬にまたがり、コブラとマングースの闘いを観戦し、妹のリーと共にビビという名の象に乗ってのっしのっしと行進した。

　こうしてジャッキーは、六十名を超えるカメラマンと記者を従えて三か月にわたってニュースを独り占めした。それらの報道を逐一チェックしていたキャロラインは、「ミス・ショウ、見て見て！」とライフ誌に大きく掲載された写真を指さして誇らしげに叫んだ。「マミーとリー叔母さんが象に乗っている！」

　歴史学者のセオドア・H・ホワイトの評価では、「JFKほど妻を活用してアメリカの評価を高め、ジャックとジャッキーほど内外の大衆を興奮させた者はいなかった」

　世界中のあこがれの的になったジャッキーだったが、キャロラインを置き去りにしようとはしなかった。ホワイトハウスの総務担当主任のJ・B・ウェストによると、歴史上もっとも魅惑的なファーストレディは、自宅で子供たちと遊んでいるときが「いちばん生き生きとして幸せに見えた」という。

　とりわけ祝日はそうで、ジャッキーは子供たちに典型的なアメリカの家庭と同じ体験をさせようとした。何百万の親たちと同じように、バレンタインデーではハート型に切って色を塗ったカードをクラスメートに贈るのを手伝い、イースターではキッチンで一緒に飾り卵をつくり、クリスマスではホワイトハウスのツリーの飾り付けを共にした。

　もっと挑戦的な休日もあった。一九六二年のハロウィンの夜のことだ。大統領補佐官のアーサー・シュレジンジャー・ジュニアがジョージタウンの自宅の玄関ドアを開けると、何人かの小鬼《ゴブリン》がぴょんぴょん跳ねながら遠ざかっていく。彼によれば、「そのすぐ後に母親がいて、さあ次は隣の家よと言う声がしたが、声の主は明らかにジャッキーだった」という。シークレットサービスはどこか陰に隠れており、彼女と妹のリーが目だけが開いたオレンジと黒のかぶり物を頭からかぶり、魔法使い姿のキャロラインと「トリック・オア・トリート（お菓子をくれなければ悪戯するぞ）」を叫ぶ従弟妹《いとこ》たちを従えていた。次の訪問先は前の国務長官ディーン・アチソン宅だった。

父親《ダディー》も同じくらい、いやひょっとすると母親以上に子供たちと一緒にいるのが楽しくてならなかった。父親《ダディー》は、ジャッキーが三階のサンルームにつくった学校にキャロラインとクラスメートを訪ねてやってきた。バルドリッジによれば、「彼はちょくちょくやってきては、芝生で子供たちと遊んだり話し込んだりした。そして、彼が合図をする（手を叩いて名前を呼ぶ）と、子供たちは執務室《オーヴァルルーム》になだれ込み、執務室《オーヴァルルーム》は朝昼晩と子供たちであふれかえった。こんなことは前代未聞だった。おかげで、水鼻にミトンの落とし物に自転車の侵入という椿事に耐えなければならなかった」

だからといってキャロラインとジョンが国事の邪魔になることはなかった。バルドリッジによれば、「二人は父親のそばで遊んでいて、彼は会議を指示したり、スピーチの原稿を書いていた」

父親と娘のもっともお気に入りは、父親が即興で創作した、森にたった一人で暮らしている妖精とボボという名の人食い鬼と靴下に潜んでいるサメのおとぎ話であった。

新米の親には祝日の活用が重要だった。プードルが踊っている絵柄の服を着込んだキャロラインが点滅するホワイトハウスのクリスマスツリーに不思議そうに両手を向けるのを、ジャックは見逃さなかった。そろそろキャロラインがサンタクロースにクリスマスのプレゼントのリストを送る頃合だった。ジャックは交換手に電話を入れると、北極から電話をかける指示をした。

「ミス・ショウ！　ミス・ショウ！」とキャロラインは叫んで乳母のところへ飛んできた。「いまさっき、サンタのおねえさんとお話したの。私とジョンのプレゼントリストをお願いしたわ」

ジャッキーは夫が子供たちに対してそんな親密な役回りを演じていることに感動した。ジャックはアイビーリーグ出身者として、〝愛情を表に出すことを潔しとしない〟を身上にしていたが、こと子供たちに対してはこの規範には従わなかった。背中の持病以外にも健康問題を抱えていたにもかかわらず、しばしばキャロラインとジョンを野外に誘って戯れたり、「いないいないばあ」や馬乗りや隠れん坊など普通の子供たちがやる遊びに興じた。ホワイトハウス公認のカメラマン、セシル・スタフマンによれば、「彼は子供を喜ばせる達人だった。普通の人では思いつかないような素晴らしいやり方で、子供たちと一緒に遊びを楽しんでいた」

ＪＦＫはキャロラインとはいい関係だったが、ジョンに対しては赤ちゃん言葉を理解するのが苦手でいらつくことがあった。そんなときにはキャロラインが通訳を買って出た。

ジャックを小粋な孤高の男から子煩悩に変身させたのは、彼自身の両親が愛情に欠けていたからであった。子守と教育係に預けられた九人の兄弟姉妹にとって、ローズ・フィッツジェラルド・ケネディは冷たくて厳しいだけの母親だった。後にジャックは述懐しているが、「彼女は必要なときにいたことがなかった。ただの一度だって、抱いてくれたことも抱擁《ハグ》してくれたこともなかった！」。愛情のなさではジョゼフも大差はなかった。学業の成績と野外の運動能力にしか関心がなく、「厳格で不愛想な父親」の記憶しかなかった。見かけは明るい幸せな大家族だったが、内実は寒々しい限りだった。

そんな祖父母だったが、以前に比べるとだいぶん丸くなってきた。ローズは女族長として息子と娘たちには相変わらず威圧的に君臨していたが、孫たちにはそんなことはない。とくにキャロラインはお気に入りで、それは他の行儀の悪い孫たちと違って、利発でしとやかだったからだ。ハイアニスポートのご近所さんのラリー・ニューマンによると、「キャロラインは最高の子で、それは祖母のローズも認めていた」。そして当のローズから一度聞いたら忘れられないしわがれ声でこう聞かされたという。「新しい服を着ているキャロラインに、なんて可愛いのと言ってから、どんなゲームが好きなの、どんな本を読んでいるのと訊ねたそうよ……あの二人は会話があって、心が通い合っていた」

威風堂々の祖父ジョゼフもキャロラインと——キャロラインの母親が気に入っていた。J・B・ウエストによれば、「大統領の父が訪ねてくると、ファーストレディは彼の腕を取って、冗談を言い合い笑いながら踊るように玄関ホールをエスコートしていった」。シークレットサービスのハム・ブラウンも同様の証言をしている。「ジャッキーとジョゼフは一心同体だった。彼女は彼を慕い、彼は彼女を敬愛していた。そしてキャロラインのそばに寄ると、こう言ったものさ。『将来ものすごい美人になるぞ、ママみたいな』」

一九六一年十二月十九日になって、七十三歳の祖父ジョゼフが脳溢血で倒れ右半身が麻痺して、「ノー」だけを繰り返しわめくようになった。バルドリッジによると、「キャロラインは、母親と父親が祖父のことで動揺するのを見て大きなショックを受けた」という。

それ以降、キャロラインの父親をホワイトハウスに送り込んだ功労者は車椅子生活となった。よだれを垂らし顔が歪んでいても、祖父《グランパ》ジョゼフはいまなおホワイトハウスの全機能の要であった。キャロラインは、ジャッキーがジョゼフの傍らに座って一方的に話しかけながら、顎をナプキンで拭いて食事の世話をするのを見守っていた。

当初、キャロラインは、いくら話しかけても祖父が反応しないので不満を漏らした。「グランパが言うのはノー、ノーばかり。私何かいけないことしたの？」。やがて、キャロラインは両親に諭されて、「ノー、ノー、ノー」の意味がわかったふりをするようになった。「それはとてもいじらしかった」とＪＦＫの長年来の私設秘書エヴリン・リンカーンは言う。「キャロラインは普通に振る舞うそぶりができるようになったが、弟の悪さをしばしば問題にした」。それには理由があった。キャロラインが祖父の傍らでじっと座っているのに、ジョンときたら、例によって部屋中を駆け回って家具や窓ガラスにぶつかって始末に負えなかったからだ。

ジャッキーは、夫のジャックに比べると、子供たちに愛情を注げる状況にあった。実の父親のブラック・ジャック・ブーヴィエは浮気の限りを尽くしたが、娘のジャッキーと妹のリーにはたっぷり愛情を注いでくれた。しかし、社交界に野心満々の母親ジャネットは娘たちに対して、ローズ・ケネディの子供たちへの態度と同じぐらいに冷淡だった。その上でローズと違っていたのは、ジャネットは孫に対してまったく関心がなく、ジャックス・ロウに言わせると、「ミセス・オーチンクロスはおよそ優しいおばあちゃんタイプではなかった」

ジャッキーは自らの母親を厳格主義者であり――ジャックが母親を「新兵教育係」と呼んでいたのと似ていたが――そのおかげで二人の娘、自分とリーは立派に育ったと高く評価していた。同じように、ジャッキーも娘のキャロラインに対しては生まれたときから厳しく躾《しつ》けたが、息子については違っていた。

ジョージ・スメイサーズによると、JFKは「ジョンを甘やかし放題だった。子供が最優先で、ジョンが大統領執務室《オーヴァルルーム》へやってこようものなら、閣僚会議も政府要人との会談も中断させておかまいなしだった」

ジャッキーは夫の振る舞いはそれで構わないと思っていた。スメイサーズによると、ジャッキー自身はまさかJFKがここまで「甘い父親」になるとは思ってもみなかったようだ。実際、大統領もファーストレディも、ジョンへの接し方は、キャロラインに比べてどんどん甘くなっていった。これはえこ贔屓《ひいき》ではないかとモード・ショウをはじめ周囲を心配させた。

「ミセス・ケネディときたら、キャロラインは厳しく躾けて甘やかさないようにとおっしゃる」と乳母のショウは言う。「いっぽうで、ジョンは十分に歩けるのに目を離すな、ですもの」。実際、わがまま放題のジョン・ジョンに取られるショウの時間は増すばかりで、そのぶんワリを食うのはキャロラインだった。ジョンは、歯磨きから着付けまで、何事につけショウに助けを求めてきて、決まって誇らしげに言う。「ミス・ショウ。僕は大物ちゃん《ビッグ・ボーイ》だもんね」。すると乳母は大きく頷いて、いつもこう答える。「そうよ、ジョン、あなたは私の大物ちゃん《ビッグ・ボーイ》よ」。でも、そばにキャロラインが居合わせると、彼女はニヤニヤするか、困ったものだというふうに頭を振るのが常だった。

ある日のこと、ジャッキーはニューヨークから戻ると、キャロラインをやり過ごしてジョンを抱きしめた。ショウの証言によると、「ジャッキーは後で気づいて、キャロラインのところへ戻ると、『元気でよかった』と声をかけた。でも、なんでジョンのように抱いてやれないのか不思議に思った」という。

ジャッキーはそれまで娘に詩を読んでやっていたが、ホワイトハウスの付き合いに追われるようになり、娘に割いてやれる時間がほとんどなくなった。あるとき、キャロラインが乳母のショウのところへやってきて「ねえ、ミス・ショウ」と哀願した。「お仕事がないときに本を読んでくれない。ママミーはとっても忙しくてその時間がないの」

「私はショックを受けた」とショウは数年後に打ち明けた。「ミセス・ケネディが娘の傍らで本を読んでやるわずかな時間すらないなんて」

ケネディ家の二人の子供にとっていつもそばにいてくれるモード・ショウは母親代わりであったが、キャロラインにとっていまや〝最良の友〟となったのである。ミス・ショウはその後も〝最良の友〟ではあったが、頼りになるという点では他にもホワイトハウスのスタッフはいた。大統領子弟警護班《シークレットサービス》がそれで、両親よりも多くの時間を子供たちと過ごしていた。年を重ねるごとに、とりわけキャロラインは彼らと心を通わせるようになり、〝代理父〟のような強い絆で結ばれる関係になりつつあった。それを印象づける事件がある夜中に起きた。悪夢にうなされて目が覚めたキャロラインは、母でも父でもなく乳母のショウでもなく、シークレットサービスのリン・メリディスを呼んだのである。警護班長のジョゼフ・パオレッラによれば、「これにショックを受けたジャッキーは、翌日、警護のトップを呼んで、キャロラインの警護担当に近づきすぎないようメモを手渡した」という。ただしこの指示はジョンには及ばなかった。推測するに、まだ小さくて放っておくのは無理と判断されたからだろう。

キャロラインとしてはおもしろくなかったかもしれないが、それはおくびにも出さなかった。それどころか、偉大なお姉さんを演じ続けた。ローズ・ケネディの秘書バーバラ・ギブソンは、キャロラインというと「いつも弟にくっついていて、『ジョン、これをなさい』『こんなことをしてはいけないわ、ジョン』と命令していたことを思い出す」という。

ジョンの楽しみはビーチで砂の城をつくってからそれを木端微塵に壊すことだった。ところが、せっかくの城を壊す役をキャロラインに取られてしまい、ジョンはモード・ショウのもとに走り込んできて叫んだ。「キャノン（まだキャロラインと言えなかった）が僕のお城を踏みつぶしちゃった！」ショウは往時を思い出して言う。「二人を和解させるためには、膝を突いてもう一つ城を築く手伝いをするしかなかった」。そしてジョンはキャロラインを制して城を足蹴にすることができたのだった。

ジョンはちやほやされることに慣れてしまっていたので、なにかというと注目を浴びたがった。そうしないとキャロラインにその座を奪われてしまうと思っているかのようだった。キャロラインが覚えたての謎かけ遊びに大人たちを巻き込んで、一週間ほど周囲を騒がせたことがあった。ジョンはこれにいらだってショウに言った。「僕だってナゾナゾ、知ってるもん」

「そう、ジョン。どんなナゾナゾなの？」

ジョンはしばらく考え込んでから叫んだ。「うーんと……リンゴ、キリン、ワニって、なーんだ！」

「うーん、難しくてわからない」とショウが答えると、ジョンはやったとばかり姉のところへ飛んで行って同じ謎かけをしたのだった。

大統領とファーストレディの間では、大統領の女好きから生じた結婚生活の危機については子供たちの前では話さないと取り決めていたので、子供たちもそれに気づいている様子はなかった。ジャッキーがキャロラインとジョンをヴァージニアで開催されるルードウンハントの乗馬競技大会《ホースショウ》に連れて行ったのは、子供たちは知るよしもなかったが、マジソンスクエアガーデンを埋める群衆を前にマリリン・モンローが「誕生日おめでとう、ミスター・プレジデント」と父親に甘ったるく語りかけるシーンを見せたくなかったからだった。ニューヨークとワシントンの権力者たちの間でモンローと大統領の関係が噂になって飛び交っていたとき、キャロラインは母親が乗馬競技大会で見事三等賞を取るところに見入っていた。

　しかし、母親の回避作戦は結局は成功しなかった。ワシントンの自宅に戻ったキャロラインは、胸の谷間をむき出しにした女優が父親の誕生祝賀イベントに同席するシーンをテレビで見てしまったのである。「ダディーのそばで歌っている綺麗な人は誰？」と無邪気に訊かれてモード・ショウは返答に詰まって顔をこわばらせた。とっさにジャッキーは笑顔をつくると、テレビを消して、「さあお休みの時間よ」と娘に言った。

　キャロラインとジョンは、七月いっぱいを、母親と共にケネディ一族の本拠地のケープコッドのハイアニスポートで過ごした。しかし、八月にマリリンが三十六歳の若さで突然死するや、ジャッキーの生活は再び暗礁に乗り上げた。多くの国民はこのニュースに衝撃を受け、またまた冷酷無比な政治権力業界の犠牲が出たといって、ハリウッドの傑出したセックスシンボルの死を悼んだ。しかし、まだ一般大衆は、この悲劇のセックスシンボルが大統領とだけではなく、弟のボビー（ロバート）・ケネディとも関係を持っていたことにまったく気づいていなかった。

いっぽうこの事件に対するジャックの対応は、ジャッキーの疑心を募らせるばかりだった。大統領にモンローを紹介した義理の弟のピーター・ローフォードのおかげでホワイトハウスの電話はパンク状態になったが、そんなことよりも気がかりなのは、J・エドガー・フーバーが長官を務めるFBIが、モンローとケネディ兄弟との愛欲シーンを記録したビデオを手に入れようとしていることだった。

危機を最少に食い止めるべきことはジャッキーにもわかっていた。夫に恥をかかされた怒りの発散も兼ね、キャロラインとジョンと十二人のシークレットサービスを引き連れて、妹の嫁ぎ先であるラズウィル家がイタリアはアマルフィのレヴァッロ村に借りている断崖上の別荘へと避難をした。パパラッチたちが群をなして、ファーストレディが水上スキーやショッピングや読書を楽しみ、ときには村の路地をただ散策するところを写真に撮りまくった。大胆不敵にも、アメリカ人の友人の別荘で開かれたアイスクリーム・パーティに、キャロラインを伴って地元の子供たちと一緒に参加したことがあった。「キャロラインはとっても楽しそうで、イタリアの子供たちとも打ち解けていた」とパーティに参加した子供の一人は懐かしがる。「彼女はパパラッチをいやがってなかった。大人びていて、生活の一部ととらえていたみたいだった」

かたや国元では父親《ダディー》が、ジャッキーをめぐるラブロマンスの噂にやきもきしていた。イタリアに滞在して二週目から四週目にかけてラズウィル家の別棟のゲストハウスの客となった、美男で魅力あふれるフィアット社会長のジアンニ・アグネッリがそのお相手だった。二人が自動操縦の大型ヨットから海に飛び込んで水泳を楽しんでいるところをAP通信がスクープしたと知って、大統領の心は穏やかではなかった。海底電話で妻に話したのは、アグネッリのことではなく可愛いキャロラインのことだった。しかし問題の写真はすでに電送されていて、その翌日大統領はジャッキーとアグネッリがスキューバダイビングを楽しんでいる写真を新聞で見ることになった。

その年の後半になると、ジャッキーの不和は何もなかったかのように突然消えてしまった。一九六二年十月十六日の朝、大統領あてに、アメリカ情報機関から、ソ連の攻撃用ミサイルがキューバに配備されているとの連絡が入ったからだった。

この段階では、世間は危機がさし迫っていることに気づいてはいなかったが、キャロラインは何か変だと感じていた。父親《ダディー》は子供たちと過ごしてくれなくなり、母親《マミー》は以前よりも煙草を吸うようになった。そして、男たちが下の一階の部屋にたむろして簡易ベッドで寝泊まりするようになったからだ。国防総省《ペンタゴン》と国務省からホワイトハウスに睨みをきかすために極秘裏に派遣された連中だった。世界熱核戦争の可能性が高まっていることを思うにつけ、無理につくっていたＪＦＫの自信に満ちた表情が一瞬崩れることがあった。「勝ち目はある」と彼はジャッキーに言った。「でも、子供たちはどうなるだろう」

キャロラインの父親が海上封鎖を命じて十三日後、ミサイルを積んでキューバへ航行中だったロシア船は船首を返した。これで歴史上もっとも危険な衝突は回避されたのだった。キャロラインは何が起きたのかは知りようもなかったが、突然両親の間の雰囲気が変わったことは間違いなく感じ取った。世界中が深々と安堵の溜息をつくなか、ジャッキーは子供の誕生日（キャロライン五歳、ジョン二歳の）パーティの準備に没頭した。パーティドレスに身を包み、十字架のネックレスをかけ、髪はピンクのリボンで飾ったキャロラインは、大きなチキンのクリーム煮にかぶりついた。そして、キャロラインとジョンは母親の助けを借りると、相方のバースデイケーキのろうそくを吹き消した。

余興に用意されたのは海軍軍楽隊の演奏だったが、ジョンがマラカスを持って飛び入りして場を盛り上げた。キャロラインはひとしきりプレゼントされた人形と塗り絵で遊んだ後、ジョンと共に、客たちをホワイトハウス・シアターのアニメ映画鑑賞へと誘った。

キューバ危機の処理によってJFKの人気が高まるなか、当人とジャッキーは一九六二年のクリスマスを高揚感のなかで迎えた。パームビーチのケネディ本家では一族郎党が集まって祝日を楽しんでいたが、祖父《グランパ》ジョゼフ、祖母《グランマ》ローズをはじめ親族一同は、自由世界の指導者がキャロラインやジョンと一緒にホワイトハウスのフロアを転げ回るのをテレビで見守った。やがてキリスト降臨の場面となり聖母マリアに扮したキャロラインが映し出されると全員、画面に釘付けになった。

新しい年が明け、ファーストファミリーは世俗を避けたいときは、ヴァージニア州の片田舎グレン・オラの隠れ家で過ごすようになった。そんなある週末のこと、ショウはキャロラインの姿が見えないので家の中を訊ね回った。外に出てキャロラインの名を呼んだが返答はない。十分後、乳母と三人の警護係は大統領の娘を血眼になって探し始めた。「私たちは池の方を調べるから」と警護係に言われてショウは心配のあまり涙が出そうになった。

と、「ミス・ショウ！　ミス・ショウ！」とかすかな声がした。乳母は鶏小屋の囲いを越えて出てくるキャロラインを見てほっと胸を撫で下ろした。後にショウは告白しているが、そのとき思わずキャロラインの尻を叩いたという。そして今度は涙をこらえきれずに叫んだ。「このお転婆娘！　二度と私と隠れん坊をしてはいけませんよ」

「隠れん坊をしてたんじゃないわ」とキャロラインは鶏小屋を指さした。「あの小さいお家のお人形たちと遊んでいたの」

一九六三年四月三十日、ルクセンブルク女大公シャルロットを国賓として迎えるにあたって、キャロラインは礼儀作法を習得して、もはやあらゆる点で完璧な若い淑女となり、弟の手を取ってお辞儀の仕方を教えるほどだった。

事をすべて順調に運ぶために、モード・ショウは、女大公にちゃんとお辞儀と挨拶ができたらご褒美にクッキーとジンジャーエールを上げると二人の子供に約束した。しかし、母親が息子を国賓に紹介しようとするとジョンは癇癪を起こし、床に寝転がってテコでも動かないので、ショウがベビーカーに乗せて連れ出した。キャロラインは怒りに目玉をぐりぐりと回すと、完璧にお辞儀と挨拶をしてみせた。彼女は約束のクッキーとジンジャーエールを嬉しそうにもらうと、ジョンをたしなめた。「やんちゃがすぎるわ、ジョン。だからクッキーをもらえないのよ」

大統領にとってバレエは退屈この上なかったが、五月にキャロラインがホワイトハウス幼稚園の同級生と共演するとなると参観しないわけにはいかなかった。ジャッキーが思いついた演目テーマは「ホワイトハウスのシェフへの捧げもの」で、コスチュームはレオタードに白いコック帽。キャロラインが舞台正面で元気いっぱいにステップを踏むと、十人を超える子供たちが給仕よろしくお盆を手に持って踊りに加わり、そこで大統領が拍手をするや聴衆がそれに続くという趣向だった。

ジャックにとってはキャロラインと過ごすのなら一対一がいちばん望ましかった。戦没者追悼記念日はとりわけ思い出深い日になった。ジャックはキャロラインと一緒にアーリントンの無名戦士の墓に花輪を置くと、草が青々と生い茂った墓地を歩いた。遥かにポトマック川とワシントン市街を見はるかす眺望に二人とも心を打たれた。

「誰が住んでいるの、ダディー?」とキャロラインはアーリントンを見下ろす丘の上の館を指さして訊いた。

「リーという人のお屋敷だよ」と彼は答えた。「ロバート・E・リーという南北戦争の有名な将軍が住んでいたんだ、ずっとずっと昔にね」

このとき以来、キャロラインはワシントン市街を車で行くと水平線の彼方にリー将軍の館を探すようになった。ジャッキーに言わせると、「リー将軍の館は、あの子が小さいながらも何かを深く認識しようとした最初のものだった」

このアーリントンでの春の一日は、大統領にも感慨ひとしおだった。「ねえ、ボタン」と市街を見渡しながらキャロラインに言った。「ここにいたいものだね、いつまでも……」

一九六三年五月、ジャッキーはキャロラインとジョンに、近いうちに新しい妹か弟ができると話した。流産と死産の経験から、今回は絶対に余計なことはすまいと心に決めた。ジョンとキャロラインを連れてスクウォー島に借りた別荘に引きこもった。スクウォー島はハイアニスポートから車で一走りのところにあり、ハイアニスポートの邸の間借り部屋よりも広く、豪華で、そして何よりも重要なことだが静かだった。

八月四日、三人は大統領専用ヨット「セコイア」でナンタケット湾を流したが、ジャッキーが煙草をすぼすぱと吸う傍らで、キャロラインとジョンは父親からよく聞かされていた靴下が好物の奇妙なサメはいないかと海上に目を凝らした。

それから三日後の八月七日の午前、キャロラインは大好きな乗馬をスクウォー島の別荘からさほど遠くない馬場でひとしきり楽しんだ。そして車で別荘に戻る途中、母親の顔色が悪いのに気づいた。赤ん坊が生まれるのは五週間も先だからまだ早いのに、母親は鋭い痛みに襲われていた。

「大丈夫よ、キャロライン」ジャッキーは小さい娘を安心させようとしたが、大丈夫でないことは顔に出ていた。「マミーは大丈夫、赤ちゃんも大丈夫よ」

掛りつけの産科医ジョン・ウォルシュは別荘に往診に駆け付けるや、ファーストレディをオーティス空軍基地の付属病院へ搬送するようヘリコプターの出動を要請した。こんなにパニックに陥っている母親をキャロラインはこれまで見たことがなかった。

「お願い、急いで」とジャッキーはウォルシュに哀訴した。「この子は絶対に死なせてはならないの」

キャロラインとジョンは乳母のショウと共に家の中から、ヘリコプターが裏庭の芝に着陸するのを見守り、それがジャッキーを乗せて病院へ飛び立つのを手を振って見送った。「あなたたちのマミーは大丈夫よ」とショウは二人を安心させた。「さあ、マミーと赤ちゃんの無事をお祈りしましょう」

午後十二時五十二分、ジャッキーは帝王切開で四ポンド十オンス（二千九十八グラム）の男の子を産み、その子はただちに保育器へ移された。従軍神父は、この赤子は長生きできないかもしれないと思い、洗礼を施し、ジャックの父ジョゼフ・パトリック・ケネディとジャッキーの父ブラック・ジャック・ブーヴィエから名前の一部をもらってパトリック・ブーヴィエ・ケネディと名付けた。

ジャックが病院に到着したのはそれから四十分後だった。ウォルシュ医師は大統領を廊下の脇へ誘うと、パトリックはヒアリン膜症を伴う深刻な呼吸器疾患に罹っていると告げた。それはジョンもキャロラインも罹ったことがある疾患だった。

パトリックが救急車でボストンへ搬送されると、大統領はキャロラインとジョンが待つスクウォー島へ向かった。キャロラインはミス・ショウにいま一度促されて母親と新しい弟のために祈りを捧げていたが、車の行列が家へ向かってくるのに気づいて、顔を輝かせた。大統領は子供たちに身を寄せると抱きしめた。不安を抱かせてはいけない、そう思って二人に言った。「パトリックは息をするのにちょっと問題がある。で、ボストンの病院へ送られたから、よくなる。マミーは元気だ。すべてうまくいくから大丈夫だよ」

一時間足らずでJFKは空軍病院へ戻り、妻の無事を確認すると、ボストンへ飛んだ。しかし、パトリックの容態は悪化したためハーヴァード大学付属病院の酸素吸入器へ移された。ジャックはその日、四度赤子を見舞ってから、オーティス基地へヘリコプターで飛び、妻に状況を報告すると、その足でボストンに戻って病院でパトリックと一晩を共にした。

八月九日午前五時、目まぐるしく展開するドラマに心を痛めていたアメリカ中が茫然自失するなか、パトリックは息を引き取った。「おお、ジャック、おお、ジャック」。ジャッキーのすすり泣きは、外で立ち尽くしていた医師や看護婦たちにもドア越しに聞こえるほどだった。「これだけは耐えられない——あの子を失うなんて」

スクウォー島の別荘で子供たちに事を知らせる役はモード・ショウに委ねられた。キャロラインは新しい弟がやってくるのをまだかまだかと楽しみにしながら、いつもの偉大なお姉さんぶりを発揮して、ジョンに赤ん坊のあやし方や、食事の与え方、さらには寝かし方までを教える始末だった。

「悪い報せがあるの」とショウは切り出した。「ダディーが言ったことを覚えている、パトリックは呼吸がうまくできないって。お医者さんたちは頑張ったんだけど、だめだったの。パトリックはいま天使たちと一緒にいるの」

キャロラインは一瞬、考え込んでから言った。「ミス・ショウ、パトリックはいまも私の小さな弟よね？」

「もちろんよ」とショウは答えた。「いまもあなたの小さな弟よ」

「じゃあ、わかった」キャロラインは両手を組んで胸に当てた。「みんなで神様にお願いしましょう。天国でパトリックを見守ってくれるように」

「キャロラインは物静かで実に落ち着いていた」とショウは驚きをもって述懐する。「私とジョンは、目を真っ赤にして泣きはらしたものよ」

パトリックの死から二日後、ジャックはキャロラインを白のリンカーン・コンバーチブルに乗せると病院にジャッキーを訪ねた。髪をポニーテイルに結っている娘を見てジャッキーは顔に生気を甦らせた。キャロラインはスニーカーにペイズリー柄の夏服姿で、ブラックアイドスーザン（花芯が黒いアメリカ原産の菊）のブーケをしっかり抱いていた。

ジャッキーは体調回復のため病院にまるまる一週間いることになった。肉体的にも精神的にもまいっていてパトリックの葬儀には列席できなかった。カッシング枢機卿の領導のもと、会葬者はジャッキーの親族からは母と妹と義弟のジャミー・オーチンクロス、ジャックの親族からはボビーとテッドというごく内輪の式だった。その後、ブルックリンのハリウッド墓地で、パトリックの柩が死産したキャロラインの姉の柩の横に安置されると、大統領はまた泣き崩れて、「さよなら」と言った。「こんなところでとっても寂しいだろうな」

ジャックはジャッキーのことを気遣っていたが、子供たちのことも心配だった。ジャミー・オーチンクロスによれば、「彼はキャロラインがどんなに寂しがっているか承知していて、なんとか癒してやれることはないかと思っていた」。キャロラインとジョンを惹きつけるために大統領が演出した小道具はコッカスパニエルだった。子供たちが歓声を上げて喜ぶと、彼は、犬の名前はシャノンだと告げた。

ジャックがジャッキーを病院から連れて帰ってくると、二人は母親に走り寄った。「見て見て、マミー」とキャロラインは新参の子犬を抱きかかえて言った。「名前はシャノンよ」。他の犬たちも黙ってはいない。チャーリー、クリッパーに、プシンカの子供のバタフライ、ブラッキー、ホワイトチップス、ストリーカーが、注目してもらおうと、前庭の芝の上にひしめき合っててんでにワンワンと叫び合った。

九月十二日、ロードアイランドはニューポートにある母親の継父ヒュー・オーチンクロスの別荘「ハマースミス・ファーム」に、大勢の友人たちがキャロラインの両親の十回目の結婚記念日を祝うために集まった。二人はパトリックの死によって以前よりも慈しみ合うようになった。「お互い情感を表に出して、とてもいい感じだった」とベン・ブラッドリーは言うが、それにキャロラインも気づいていた。「両親の間にはそれまで見たことがない優しい感情が生まれていた」とピエール・サリンジャーも言う。「キャロラインにはそれは衝撃で、両親が抱き合うのを見るにつけ、頭の中で小さなギアが切り替わったはずだった」

しかし、JFKは、ジャッキーが子供を失った悲劇から受けた精神状態が気にかかっていた。リー・ラズウィルがなんとか姉を元気づけようと思案しているところへ、ギリシアの船舶王アリストテレス・オナシスから伝説のヨット「クリスティーナ」を使ってもいいとの申し出があった。大統領秘書官のエヴリン・リンカーンによれば「リーはオナシスと恋愛関係にあった」。事実、リーは夫のスタニスラス（スタス）・ラズウィル王子と離婚してオナシスと結婚する気だとの噂が飛んでいた。ジャックはさんざん悩んだ末に、エヴリン・リンカーンの「彼女はきっと癒される」の一言に押されて、妻をギリシアの島々をめぐるクルーズに行かせることをしぶしぶ認め、体裁を取り繕うために、商務次官のフランクリン・D・ルーズベルト（同名の第三十六代米大統領の息子）と夫人のスザンヌを付き添いとして同伴させることにした。

当初オナシスは、アメリカ合衆国大統領夫人と一緒に休暇を楽しんでいるところを写真に撮られることの意味を十二分に知っていたので、クルーズに同行するつもりはなかった。しかし、誘ったのはジャッキーだった。オナシスの接待を引き出すつもりでこう言ったのだ。「とてもそんなひどいことはできない、あの方を外すなんて。私には絶対にできないわ」

ジャッキーの突然の旅行がキャロラインにショックを与えたことは想像にかたくなかった。パトリックの死から数週間しか経《た》っていないからだ。ジャックは母親には休息が必要なことを丁寧に説明して、その穴埋めに大統領執務室《オーヴァルルーム》で遊びに付き合うことになった。

クリスティーナ号での航海は、ジャッキーに若いころの恋人ジアンニ・アグネッリとのことを思い出させたようだった。エーゲ海のクルーズが佳境を迎えるにつれ、オナシスの関心は妹のリーではなく姉のジャッキーに向けられるようになった。彼からジャッキーに豪華絢爛たるルビーとダイアモンドのネックレスが贈られると、リーは嘲《あざけ》りと怒りがないまぜになった調子でジャックにこんな手紙を書き送った。「私がもらったのは、キャロラインに誕生パーティでつけさせるのも憚《はばか》られるような、小さいけちなブレスレットだったわ！」

数週間にわたり、クリスティーナ号で島めぐり、水泳、ギリシアの民族音楽ブズーキに合わせたダンスをたっぷり楽しんで、ジャッキーは十月十七日、ワシントンへ戻った。ダラス国際空港では、キャロライン、ジョン、そして夫が出迎えた。「ああ、ジャック」とジャッキーは彼の体に腕を巻き付けた。「ただいま、会いたかったわ！」。大統領専用のリムジンに乗ってホワイトハウスに向かう道すがら、キャロラインは両親の間に体を押し込み、ジョンは母親に身をすり寄せた。ジャッキーはサテンの手袋をきちんとはめた手で、ぐずるジョンをあやした。

「気をつけて、マミー」とキャロラインは警告した。「この子、たくさんお水を飲んでるから」

ホワイトハウスに戻ったジャッキーにとって、キャロラインの宗教教育が最優先の課題になった。一つには、パトリックの死が契機となってキャロラインがこの世界の在り方について疑問を持つようになったからだ。「神様はなぜ赤ちゃんを死なせるの？」「天国ってどんなところ？」「いつかパトリックに会えるの？」。しかし、夫よりも信仰心の厚いジャッキーは、パトリックが生まれる前からいいカトリックスクールがないか調べ始めていた。そして五月、キャロラインが通うホワイトハウス・スクールの校長ミス・グリムスをジョージタウン・ヴィジテーション・アカデミーに出向かせて、その女子修道院にキャロラインと六人のローマカトリック信者のクラスメートを受け入れてもらえるかを打診させた。

同アカデミーで教理問答を教えることになる尼僧ジョアン・フレイの評価によると、「キャロラインは大統領の娘でなくても、際立って当然で、同じ年頃の子供に比べて対話能力は群を抜いていて、完璧に躾けられていた」という。尼僧が生徒たちに、雑誌から写真を切り抜いて話をつくるように指示したところ、キャロラインは赤子を抱いた女性とその脇にたたずむ五、六歳の子供の写真を誇らしげに見せて、「これがマミー」と女性を指さして言った。「子供は私で、これがパトリック。私の弟で、天国にいるの」

「こんなことが何度もありました」と尼僧ジョアンは述懐する。「キャロラインの無垢な気持ちに思わず心を打たれたものです。あの子に気づかされたのです。パトリックの死という悲劇を体験したことは、ずっと人々の心の中に生き続けるということを」

ジャッキーはこの修道院の授業にしばしば顔を見せた。尼僧ジョアンには、キャロラインが通った八か月、世間に知られることがなかったのが不思議でならなかった。尼僧によれば「僧院の前にリムジンが停まっていて、誰の目にも何事かと思わせるのに、マスコミに気づかれることはなかった」

ときどき、ジョンも一緒に付いてきた。十月のある日のことだった、キャロラインの弟が行進しながら教室に乱入してきた。肩に棒を担いでいたが、それはライフル銃のつもりらしい。キャロラインは溜息をついて周囲に言い訳をした。「兵隊さんのつもりなんだけど、敬礼の仕方がわからないの」
悲しいことに、それからひと月後、キャロラインが母親とたたずむ傍らで弟が敬礼をする写真が、数百万の人々の琴線を震わせることになるのである。

一九六三年十一月十三日、キャロラインとジョンは軍服に身を包んだマックスウェル・テイラー将軍と共にホワイトハウスのバルコニーに立ち、大統領とファーストレディの到着を待っていた。厚着をしたキャロラインとジョンは執事が淹《い》れた紅茶をすすって暖を取った。ジャックとジャッキーが現れると、バグパイプ楽団「ブラックウォッチ」の演奏に招待された恵まれない子供とその家族千七百人から拍手が沸き上がった。ジョンは母親の膝の上でもがくと、鉄の柵の向こうを見ようとして背伸びをし、キャロラインは父親にすり寄って腕を巻き付けようとした。

ＪＦＫはバグパイプが大好きで、なかでもお気に入りはブラックウォッチ（英国陸軍スコットランド高地）連隊のそれだった。「どうだい、素晴らしいだろう、ボタン」と彼は言った。
「うん、ダディー」とキャロラインは、いつものように父親を喜ばそうとして答えた。「とっても音が大きいわね」

人々からもっとも祝福を受けたファーストファミリーにとって、これが公衆の前で家族そろって姿を見せる最後となった。八日後、モード・ショウはキャロラインとジョンを両親のもとへお別れの挨拶を言いに連れて行った。「マミーも行っちゃうの」とキャロラインは訊ねた。大統領の全国各地の公務に母親が付いていくことはめったになかったからだ。

　ＪＦＫは、両親が本物のカウボーイと会えると聞かされて目を丸くするキャロラインを抱きしめた。それから膝を落とすと、ジョンの頬にキスをし、尻を愛おしげに叩いた。キャロラインが手を振るなか、母親《マミー》と父親《ダディー》はホワイトハウスに別れを告げ――ダラスへと向かったのだった。

4

愛するJFK《ダディー》、ダラスに死す

父の国葬で柩にすがりつくキャロライン

なんと可哀想な子供たちだこと！
――エセル・ケネディ（ＪＦＫの暗殺を夫から知らされて）

あなたの父親の死は、あなたにとっても、この国にとっても取り返しのつかない悲劇です。

――リンドン・ジョンソン第三十六代大統領（暗殺の夜、キャロライン宛てに書き送った文面）

マミーはずっと泣いていた。
――キャロライン

ステーションワゴンの後部座席に腰を沈めながら、キャロラインはお気に入りのピンクのテディベアを膝に乗せ、足元には小さなスーツケースを置いて、友達とおしゃべりに夢中になっていた。友達の家へ初めての外泊に向かう途中だった。目立たない黒のセダンを運転していたのは友達の母親で、後に追尾する車にはシークレットサービスが一人同乗していた。

カーラジオから流れていた音楽が中断され、突然ざらついた男の声がした。「ニュース速報ですがテキサス州ダラスで狙撃されました。暗殺と思われます」。運転中の母親は慌ててラジオを消した。……たった今入った速報です――ケネディ大統領が狙撃されました。繰り返します、ケネディ大統領バックミラーで後ろの座席の子供たちを確認したが、外泊のプランをあれこれ練っていて、キャロラインは衝撃的なニュースには気づいていないようだった。

しかし、ボタン（キャロラインの愛称）には聞こえていた。母親はもう一度バックミラーを見て後続車のシークレットサービスに目で合図を送った。数秒で二台はハイウエイの片側に寄って停車した。後続車の警護係がドアを開けると体を乗り入れて「キャロライン」と声をかけた。「戻らなければならなくなった。さあ、一緒にいこう」。彼女は当惑しながら、スーツケースを手にステーションワゴンを降りると、黒塗りのフォードへと乗り込んだ。

シークレットサービスが〝大切な荷物〟を載せてホワイトハウスへ疾駆する途中、とある車に見とがめられた。その車の主はてっきり少女が誘拐されていると思い込んで、追尾を始めた。警護係は追尾者の意図を確かめようとはせず、ホワイトハウスに「付けられている」と無線連絡を入れると、回避行動に出た。当時はシートベルトを着用する習慣などなく、大統領の娘《ファーストドーター》は必死に座席にしがみついた。

無事にホワイトハウスに着くと、見るからにうろたえているモード・ショウに出迎えられた。乳母が驚いたことに、キャロラインは何か訊いたり、何か知っているそぶりは見せなかった。本を読みながら、誰かが事情を説明してくれるのをひたすら待った。

同じころ、母親《マミー》は、千マイル（千六百キロ）以上も離れたダラスのパークランド・メモリアル病院で、麻酔医長のマリソン・ジェンキンス医師のもとへ歩み寄った。あちこち血糊がついたピンクのスーツに白いキッド革の手袋をはめたままだった。ジェンキンス医師の回想によると、「ちょうど右手に収まる大きさの大統領の脳を彼女から無言のまま手渡され、私はそれを看護婦へと渡した」という。

ほんの十数分前、キャロラインの両親は大統領専用リムジンの後部座席で最後のアイコンタクトを交わしたところで、一発目の銃弾がジャックの首に命中し喉笛を切り割いた。その直後、第二弾が命中するのを見たジャッキーによると、ジャックは「まるで軽い頭痛に襲われたようにしかめっ面をした。と、彼の脳の一部が飛んできた——頭からちぎれてひと塊《かたま》りになって……」

キャロラインがホワイトハウスで相変わらず本に読みふけっているとき、ジャッキーは婦長のドリス・ネルソンに付き添われて夫が安置されている部屋へ入った。血が飛び散った床に跪《ひざまず》いて祈りを捧げたが、午後一時、医師団のケンプ・クラークから夫の死を告げられた。ジャッキーは大統領の顔に掛けられていたシーツをはがした。その両眼は見開かれ、口元は、ジャッキーによれば「とっても綺麗だった」。ジャッキーは彼の足、脚、脹脛、胸、そして最後は唇にキスをして医師団を驚かせた。ジェンキンス医師によれば「彼女は終始無言のままだった」

ワシントンでは、ボビー（ロバート・ケネディの愛称）が無残なニュースを一族に知らせるつらい仕事を引き受けた。キャロラインとジョンを除くケネディ家の親族に連絡した後、ロンドンにいるジャッキーの妹リー・ラズウィルに電話を入れた。

ついで、グランメール（ジャッキーは子供たちに祖母のことをフランス語でそう呼ばせていた）・ジャネット・オーチンクロスに連絡を取ると、ちょうどゴルフを一ラウンド楽しんでワシントンの邸で休んでいるところで、このお節介焼きで有名なジャッキーの母親から、孫たちをその晩引き取るからと一方的に言われた（彼女によると、大統領専用機《エアフォースワン》でジャッキーがジャックの遺体と新任の大統領リンドン・ベインズ・ジョンソンと共に帰ってきたときに、名も知らぬ人物から電話でそう指示されたのだという）。

キャロラインが祖母の家で弟と遊んでいるところへ、ジャッキーの異母弟で十六歳六か月のジャミー・オーチンクロスがやってきた。彼によると「二人ははっきり事情を知らされているとばかり思ったが、すぐにそうではないとわかった。その日の午後はジャミー叔父さんが一緒に遊んでくれると思っていた」

「ジャミー叔父さん！　ジャミー叔父さん！」とジョンは叫んでおもちゃのヘリコプターを持って部屋中を駆け回ったが、キャロラインは大人しくしていた。いずれ二人が父親《ダディー》と母親《マミー》のことが気にかかって訊いてくることは目に見えていた。ジャミーが言うには、「キャロラインはおませだったが、それでも関心のあるのは、マミーが象に乗ったり、ダディーが月に人を飛ばしたりする話だった」

ジャミーはなんとか両親の話を避けるようにあれこれ手を尽くしながら、「キャロラインに気づかれるではないかと気が気ではなかった」

キャロラインのような目ざとい子供に、いつもとは違うと感づかせないのは至難の業だった。二人がジャミー叔父さんと遊んでいる間、十二人のシークレットサービスがキッチンに陣取ってテレビを観られないようにしていた。

ジャミーは姪につらい真実を気づかせないために最大限の努力を重ねた。「いま話すべきか。いや、この子にもうしばらく無邪気な時を過ごさせてやってもいいだろう」と悩みながら。と、突然、キャロラインがクッキーを探しにキッチンへ走り込んだ。警護班はテレビ画面を覆い隠そうとしたが間に合わなかった。戻ってきたキャロラインは、ジャミーによれば「以前とは雰囲気が変わっていて、妙に物静かになっていた」

キャロラインとジョンが祖母の家でジャミーと遊んでいるとき、アメリカ国民は驚きを覚えながら、二人の父親の遺体がアンドリュー空軍基地で大統領専用機《エアフォースワン》から降ろされ霊柩車に移されるのをテレビで見守った。母親は父親の遺体から離れがたく、叔父のボビーと共に霊柩車の後部座席へと滑り込んだ。

霊柩車は四十分ほどかけてベセスダ海軍病院へ到着し、遺体の検死が行われた。友人と家族がジャッキーを待ち受けており、そのなかにはロバート・マクナマラやバートレット家とオーチンクロス家の人々もいた。居合わせた一人によれば、ジャッキーは「驚くほど物静か」で、彼女がその日の出来事を反芻する様を一同は黙って見守った。

グランメール（祖母）・オーチンクロスは、ジャッキーから子供はどこにいるかと突然訊ねられて、びっくりした。八時間前に彼らの父親が絶命してからジャッキーがキャロラインとジョンのことを話したのはこれが初めてだった。「私の家でジャミーと一緒にいるわ」と言って娘を安心させようとしたが、ジャッキーは喜びもしなかった。

「あの子たちにもっともいいのは、自分たちの部屋で、いつもどおりに過ごすことよ」彼女は頭《かぶり》をふると、ワシントンに戻って初めて怒りに声を荒らげた。「マミー、後生だから、あの子たちの暮らしを混乱させないで、今も、これからも！」

オーチンクロス家の邸では、モード・ショウが子供たちに計画の変更を告げた。「さあ、キャロライン、おもちゃを片づけなさい。ジョン、あなたもよ。ホワイトハウスに戻らなくちゃ。マミーが帰ってくるから」

ジャミーは、ショウの手を借りてキャロラインとジョンが政府差し回しのリムジンに乗り込むのを見届けながら思ったという。「あの子たちのこれからの人生はすっかり変わってしまった。われわれみんなの人生も」

キャロラインとジョンがホワイトハウス二階の大統領私邸エリアに戻ると、シークレットサービス、ベンとトニーのブラッドリー夫妻が待ち受けていた。大統領の愛する子供たちの状態を確かめるのが任務だったが、気乗りがしなかった。狙撃からこれほどの時間が経《た》っているのに子供たちは何も知らされていないからだ。「私がやろう」とベンが妻に言った。

トニーは押しとどめた。「だめ、だめよ。私たちの意思で決められることではないもの」

それができないのなら、せめて子供たちを楽しい気分にさせてやるしかない。ベンはそう思って、ジョンに本を次から次へと読んでやり、ぐずりだすと追いかけっこをした。二人が大統領執務室《オーヴァルルーム》で追いかけっこをしている間、キャロラインは一人で本を読んでいたが、周囲は何かを隠していると感じながら、それが何かまではわからなかった。

夫がキャロラインに話をするのをトニー・ブラッドリーが押さえている間、ジャネット・オーチンクロスは娘のジャッキーに確かめた。「誰から子供たちに話してもらうつもりなの」

ジャッキーはそれは数日先に延ばそうかと考えた。ボビーは父親のジョゼフには話さないことに決めていた。話したらショックで死んでしまうかもしれないからだ。だったらと、ジャッキーは思った、わが身を包んでいる霧が晴れるまで待ってもいいのではないかと。ジョンは問題ではなかった。まだ小さくて事態を理解できそうもない。しかしキャロラインは違う。テレビをつければ向こう数週間はどこかの番組でなんらかの報道をやっているかもしれないし、友達から話を聞かされるかもしれない。誰かから話をしてもらわねばならない。しかし、ジャックが愛したボタンにもう二度と父親には会えないと話して聞かせることは想像するだけでも耐えられなかった。そうはいってもジャッキーにはやることが山ほどあり、自分でも耐えられる自信がない、その厄介な仕事は誰かにやってもらうしかなかった。

ここはやはり真面目一途で信頼できるモード・ショウしかいない。パトリックの早産直後の死をキャロラインとジョンに話してくれたのも彼女だった。彼女ほど家族の一員として二人に近い人はいない。キャロラインの両親が公的な仕事にかまけているとき、二人の子供にとっていつも傍らにいるのは、丸々と太った大地の母を思わせるミス・ショウだった。

いっぽうミス・ショウは、ダラスでの狙撃事件を知ったときから、子供たちに話す役を頼まれるのではないかと恐れていた。子供たちとはあまりにも近すぎて、それはジャッキーと同じくらい胸が張り裂けるほどにつらかった。ショウはシークレットサービス、ブラッドリー夫妻のもとを訪ねて、誰でもいいから子供たちに話す仕事を引き受けてくれと哀訴した。「なんで私なの？　なんで、なんで……」

ミス・ショウは紅茶を一杯飲むと覚悟を決めた。まだ自分一人で眠ることができないジョンをベビーベッドに寝かしつけると、忍び足で離れた。父親のことは話さなかった。話しても理解できないだろうと思い、明日の朝まで様子を見ることにした。いっぽうキャロラインには逆に振る舞った。後にショウはジャッキーに打ち明けたが、「キャロラインの年齢の子供には悲しみやショックは寝る前に与えたほうがいい、そのほうが朝の寝覚めまで尾を引かなくていいの」と考えたからだった。

ミス・ショウはいつもの夜のように、キャロラインがピンクのパジャマに着替えて歯を磨くのを傍らで見守ると、天蓋付きベッドのカバーをはがして中へと入らせた。そしてベッドの端に腰掛け、いつもならお気に入りのピンクのテディベアを枕の横に置いて寝入るのを見届けるのだが、今夜だけは、動揺を隠せなかった。キャロラインは乳母に手を取られ、その目から涙があふれているのに気づいて、優しく訊ねた。「どうしたの、ミス・ショウ？　なんで泣いているの？」

「涙が止まらないのよ、キャロライン。とっても悲しい報せがあるの」とショウは言った。「あなたのお父さんが撃たれたの。病院に運ばれたのだけどよくならなくて、パトリックの後を追って天国へ行ってしまった。パトリックは天国で独りぼっちだったでしょう。天国に友達がいないなんて知らなかったから。でも、これで大の仲よしができたのよ。お父さんもパトリックと会えて、きっと喜んでいると思うわ」

話の内容を考えると、キャロラインの反応の早さと鋭さにミス・ショウは驚かされた。涙をあふれさせると、それをなんとか抑えながらこう訊き返したのだ。「でも、ダディーは天国で何をするの?」

「きっと神様からたくさんお仕事を頼まれると思うわ。だってとても忙しい人だったから」とショウは答えた。「守護天使になるんじゃないかな、あなたとマミーそしてジョンを守ってくれる」

しかし、キャロラインを安堵させることはできなかった。すでにパトリックの死によって、同年齢の子供(ついこの間五歳になったばかりだった)にしては多くのことを経験し、事の重大さに気づいていたからだ。ショウはキャロラインが涙で枕を濡らし、やがて睡魔に負けて寝入るまで、髪を撫でてやりながら一時間以上も付き添った。

その晩、ミス・ショウは眠れなかった。つらい仕事を半分もこなせなかったからだ。翌朝、八時半に起きると、ジョンの部屋に行き、優しく揺り起こした。この小さな子に父親が家には帰ってこないことをどう話したらいいか悩んだ。狙撃されたことを告げるのはまずいと思った。かねてからJFKは息子がおもちゃの銃が大好きなのを心配しており、ミス・ショウもジョンを必要以上に怯えさせたくなかったからだった。

「ジョン」と優しく言った。「あなたのお父さんはパトリックの世話をするために天国へ行ったのよ」

ジョンはショウを見上げると小さく頷《うなず》いて訊き返した。「ふーん。で、いつ帰ってくるの?」

すでにキャロラインは目覚めて活動を始めていた。彼女がこれまでも見た悪い夢のなかで昨夜のはいちばん怖かった。奇妙だったのは、いつもは彼女を癒してくれるあのミス・ショウが、悪夢の一部をつくったことだった。ベッドの下を見下ろすと、この間の誕生日に父親《ダディー》からプレゼントされたキリンのぬいぐるみが目に入った。ベッドを抜け出すと、キリンのぬいぐるみをつかんで、いつもの朝のように廊下を抜けて父親《ダディー》の部屋へとひた走った。ノブを回して重たい木のドアを押し開け、一拍おいてダディーのベッドに人がいるのを認めて、「ダディー!」と叫んだ。しかし、キャロラインの後ろで重厚なドアが自然に閉まると、父親と思ったのは、オーチンクロスの祖父《グランペール》と祖母《グランメール》で、ベッドに腰掛けていた。ジャッキーにここ一晩いてほしいと頼まれたものの、一睡もできなかったのだった。

キャロラインの口元から笑みが消えた。ベッドの上には新聞が散乱しており、一番上に載せられたニューヨークタイムズの一面には黒枠で囲まれた大統領の写真が大きく掲載されていた。
「これは誰?」とキャロラインはキリンのぬいぐるみを抱きしめたまま訊ねた。

祖母のジャネット・オーチンクロスは頭を振ると溜息をついた。「キャロライン――これはあなたのお父《ダディー》さんよ」

キャロラインは、祖母には永遠に感じられるほど長い間じっと新聞の写真を見つめていたが、やがて顔を上げると訊ねた。「死んじゃったの? 誰か男の人に撃たれたの?」

ジャネットはただただ孫の顔を見つめるだけで返す言葉がなかった。後に彼女は述懐している。「あの子ったら物凄い形相で、さぞやつらかったことでしょう。キャロラインは……とっても優しくて、思慮深い子だから」

家族と友人たちだけの内輪の追悼ミサのために、ノートルダム大学元学長のジョン・C・キャバナー神父がホワイトハウスに到着した。モード・ショウはキャロラインとジョンに着替えをさせ、九時四十五分にジャッキーの寝室へ連れて行った。ここでジャッキーは久しぶりに子供たちと顔を合わせた。

ジャッキーは二人を抱きしめると、手を取って一階へと下りた。イーストルームで会葬者たちは星条旗が掛けられた大統領の柩を前に、木の折りたたみ椅子に座って居並んでいたが、子供たちは年端がいかないので隣のグリーンルームでミス・ショウと一緒にそれを見守った。キャロラインは柩を見つめて乳母の袖を引っ張った。小さな箱に父親が収まるとは、どうしても合点がいかずに訊いた。「ダディーはとっても大きいからあの箱じゃ無理よ。どうやって寝ているの？　顎を膝につけているのかしら？」

キャロラインは父親にもう一度会いたがったが、ジャッキーは遺体を見せてトラウマが残ることを恐れた。とくにジャックの信任厚かったビル・ウォルトンから、葬儀屋がJFKに施した化粧は「まるでマダム・タッソーの蝋人形館の陳列品だ」と聞かされていたからなおさらだった。ジャッキーは夫をそんな形で見世物にしたくなったから、柩の蓋は閉じるように指示したのだった。

追悼ミサの後、キャロラインの叔父ジャミーとその妹のジャネットは、キャロラインとジョンを誘って、二人の愛犬のジャーマンシェパードと祖母《グランメール》のプードルを連れ、近所のマナッサス・バトルフィールド公園へ遊びに出かけた。キャロラインとジョンは交代で犬の散歩をさせていたが――ジョンは姉の後ろから早く紐をよこせと声を上げた。残念ながらその公園では犬の散歩は禁止だった。管理人が二人に手を振り叫びながら駆け寄ってきたが、近づいて二人が誰であるか気づくと、すすり泣きを始めた。

追悼ミサが終わり大統領執務室《オーヴァルルーム》で夫の遺品を整理しているジャッキーのところへ、ホワイトハウスの総務担当のＪ・Ｂ・ウェストが最後の挨拶にやってきた。ウェストによれば、ジャッキーは「目を皿のようにして」部屋中のものを目に焼き付けて記憶にとどめようとしていた。と、白とゴールドのエンボス革で縁取りされた三連のポートレートに目が釘付けになった。一つはジャッキー自身、残る二つはキャロラインとジョンだった。彼女はそれを手に取ってじっくり眺めると、悲しげにジャックの執務机に戻した。

その晩、ジャッキーは新任の大統領からキャロラインに宛てられた手紙に目を通した。キャロラインの父親が狙撃されて数時間後に認《したた》められたもので、こんな文面だった。「父上の死は、この国にとってだけでなくあなたにとって、これ以上ない悲しい出来事でした。あなたのつらい気持ちはよくわかります。父上は頭がよく何事にも全力を尽くす人でした。あなたは父上がこの国のために成し遂げたことをいつまでも誇りにしてください。心を込めて、リンドン・Ｂ・ジョンソン」

ジョンソンはジョンにも一文を寄せていた。「父上がどんなに立派な人だったかを君が知るのは何年も先になるでしょう。父上を失ったことはこの国のすべての人にとって深い悲しみですが、君がもっとつらいことは私はよくわかっています。いつまでも父上を君の誇りにしてください」

ジャッキーは二人を座らせてジョンソンの手紙を読んで聞かせた。そして、モード・ショウに鉛筆と紙を持ってこさせるとキャロラインに言った。「ダディーに書いてあげなさい、どんなに愛しているかを」

キャロラインは鉛筆を握りしめると、余白を埋め尽くさんばかりの大きなブロック体で紙に字を食い込ませた。「愛するダディーへ。私たちは全員、あなたがいなくなって悲しいです。ダディー、とてもとても愛しています。キャロライン」。ジャッキーはジョンにも何か書いてごらんと促した。すると、彼は姉の文章の下に大きな×印を書きなぐった。


ダディーへの手紙を書き終えたキャロラインは、しばらくすると母親がホワイトハウスの私邸エリアで親しい客たちに応対するのを見るともなしに目にしていた。マンハッタンを仕事場にする医師マックス・ジェイコブスンが臨時ニュースを聞いてワシントンへ飛んできた。ここには何十回となく来ているのでシークレットサービスには顔パスで二階の私邸エリアに通された。ジェイコブソンはキャロラインを認めると、ファーストレディにお目通りする前に立ち止まって、元気かねと声をかけた。黒の診療バックを持ったこの狂気じみた目つきの医者は、キャロラインにとって大いなる謎だった。両親がすごく疲れたり落ち込んでいるときにやってくると、両親はとたんに元気で陽気になるのだ。ジャッキーは娘に真相を悟られないように気を遣っていた。ジェイコブソン医師がどんな処方をしているかは、つねにドアの奥に秘されていた。

ジャッキーと大統領は〝ドクターいい気持《フィールグッド》〟の注射に頼り切っていた。アンフェタミン剤（ほとんどがデキセトリン）にステロイド剤を調合したもので、このよく効く〝カクテル〟は完全に合法で、当時の医療界の見解では無害で常習性もないとされていた。ジャッキーが喪服の袖をまくってあらぬ方角を見ているうちに、ジェイコブソン医師は静脈にいつもよりも強力な注射を打った。ジェイコブソンの見立てでは、今回ばかりは薬剤の助けを借りなければジャッキーの心身はもたなかった。キャロラインは、母親が注射を打たれている現場を目撃したことはなかったが、それから数日間、ジェイコブソン医師が誰かに紹介されたり誰かと会話を交わすわけでもないのに、なぜか母親が必要なときには傍らにいることに気づいていた。

それでもジャッキーがもっとも頼りにしていたのはボビー叔父しかいなかった。ベン・ブラッドリーによれば、彼は神経をすりへらしてほとんど「緊張症候群」に冒されていたが、ジャッキーにとっては向こう数日間、文字どおり彼女の〝片腕〟だった。旧友のスポールディングに言わせると、「彼女は全幅の信頼をおいていた。子供たちも。キャロラインはいつもボビーをそばから離そうとしなかった。彼は消耗しきっていたにもかかわらず、驚くほどの優しさをもって対応していた」。

翌朝、遺体がアメリカ合衆国議事堂大広間に安置される前に、ジャッキーとボビーはイーストルームでJFKに最後の別れをした。柩の蓋が開けられ、ジャッキーはキャロラインの手紙と昨晩認《したた》めた自身の手紙を入れると、かつて夫に贈った思い出の品の一対の彫刻細工《スクリムショウ》と金のカフスを添えた。ボビーは、兄からもらった魚雷艇PT109をあしらったネクタイピンと銀のロザリオと自身の髪の毛を柩に入れた。

その後ジャッキーは亡き夫の側近参謀だったピエール・サリンジャーのオフィスを訪ねたが、サリンジャーによると、彼女の話ぶりたるや「まるで幽霊のようだった」

「ピエール」とジャッキーは言った。「私の務めはただ一つ、父親の暗殺という恐ろしい事態から子供たちを守ってやり、二人を礼儀正しく愛情にあふれた知的な大人に育てることよ。なんとしても、子供たちがしっかり生きていけるようにしてあげなければならないわ」

まさにその時、大統領暗殺の容疑者リー・ハーヴェイ・オズワルドが、ダラスの郡刑務所の地下室で、暗がりにまぎれて忍び込んだナイトクラブの経営者ジャック・ルビーに狙撃されたのである。ルビーの申立てによると、ジャッキーを裁判の負担から解放し、あわせてキャロラインとジョンの仇を討つというのが犯行の動機だった。

オズワルドの死亡が確認されてから十分後の夕刻、全米数百万人の目は合衆国議事堂大広間に釘付けになった。最高裁判事、国会議員、閣僚、外交官、将軍、提督、そして親族ら錚々《そうそう》たる会葬者に囲まれて、国葬の主役を務めるのはジャッキーとキャロラインだった。ジャッキーは、キャロラインとジョンには黒の喪服姿の従弟妹《いとこ》たちとは違って、子供らしい服装をさせようとして、青のコートに白のソックスと赤い靴を履かせていた。

ジョンは、母親と姉に挟まれて、合衆国議事堂大広間の三十五の階段を上っていく父親の柩になんとか付いていたが、途中でぐずりだした。ミス・ショウはとっさにジョンをホワイトハウスの部屋へと連れて行った。議事堂大広間に入ると、ジャッキーは娘に身をすり寄せて囁《ささや》いた。「さあ、ダディーにさよならを言いましょう。お別れのキスをして、私たちがどんなに愛していて、いなくなってどんなに寂しく思っているかを、ダディーに言いましょう」

お揃《そろ》いの白手袋をはめた母と娘は、柩台に近づくと、柩《ひつぎ》を覆《おお》っていた国旗を剥いでそっと唇を押し当てた。ジャッキーにとって、こうした作法は、小さいけれど亡き夫を演出する儀式には欠かせないものだった。ジャッキーには自らの洗練されたスタイルによって、アイゼンハワー夫妻の野暮なホワイトハウスをアメリカのベルサイユ宮殿に変えたという自負があった。夫の国葬は夫の偉大さ――この国にとってどれほどの損失だったかを明らかに示すものでなければならなかった。

夫の国葬の前夜、ジャッキーは、義弟のボビーと妹のリーに加えて、ピーターとパットのローフォード夫妻、サージェントとユーニスのシュライヴァー夫妻、ロバート・マクナマラ、デイヴ・パワーズなど親しい友人たちを招いて家族用居間のウェストシッティングルームで夕食を共にした。実はアリストテレス・オナシスも招かれていたのだが、彼の長年の裏ビジネスを慮《おもんぱか》ってそれは秘密にされた。大統領が暗殺されてちょうど四十八時間後の内輪の夕食会にオナシスが大統領未亡人のゲストとして同席していたことをメディアが知るのは、四年後のことだった。

キャロラインとジョンは、いつもどおり家族用食堂のハイ・チェア・ルームで食事をとった。シャワーを浴びてパジャマに着替えると、ミス・ショウに付き添われて、家族用居間で宴会中の大人たちにおやすみなさいを言った。乳母のショウの話では、キャロラインが垣間見たのは騒がしいことこの上ないアイルランド伝統の葬儀宴会で、「ほんとうにびっくりしていた」という。年端もいかない少女には、母親が目を赤くして泣きはらして沈んでいるのは驚きではなかったが、叔母叔父たちや父親《ダディー》の友達の大人たちの振る舞いはそれまで見たことがない変なものだった。

レム・ビリングスによれば「大いに笑い、歌い、叫ぶの大騒ぎだった」。いちばん大酒をくらっていたテッドは「When Irish Eyes Are Smiling」の大合唱の音頭を取った。デイヴ・パワーズは彼のボスであったジャックの裏話をして全員の爆笑を誘った。「みんな喚《わめ》きながら笑い、笑いながら喚いていた」とピーター・ローフォードは言う。「飲んで笑って、その場の雰囲気に乗ろうとしていた。私はアイルランド人じゃないんで、乗ろうとしたけどダウンしちゃったよ」

ジャッキーも元気になって、煙草をふかし続けながら、デイヴ・パワーズが話すジャックがボストンで下院議員選挙に初出馬したときのエピソードに笑いこけた。しかし、彼女の子供たちがパジャマ姿で立っているのに気づいて現実に返った。キャロラインとジョンは母親におやすみのキスをするとベッドへと向かった。

しらふだったのはモード・ショウだけで、みな大騒ぎのなかで明日がどんな日かを忘れていた。実はJFKの国葬の日だけでなく、ジョンの三歳の誕生日だった。そして、そのわずか二日後がキャロラインの誕生日なので、ジャッキーからは、二人の誕生日の真ん中の日に合同の誕生パーティをしようと言われていた。

それでもキャロラインは弟に正確な誕生日を気づかせてやりたかった。翌朝、ジョンが朝食をとっているときに、ミス・ショウと示し合わせて「ハッピー・バースデイ」を歌うと、ジョンは嬉しそうに二人からのプレゼントの包みを解いた。キャロラインからはおもちゃのヘリコプター、乳母からは飛行機の絵本だった。

それから後の出来事は、キャロラインの記憶とアメリカ国民の心に永遠に焼き付いて消えることはなかった。彼女とジョンがセントマタイ大聖堂で待っている間、母親《マミー》とボビー叔父さんとケネディ家の大人たちは、JFKの柩の後ろに従い、ホワイトハウスからセントマタイ大聖堂まで歩いた。柩は霊柩車に載せられて六頭の葦毛の馬に牽かれていた。キャロラインの目には、どの馬たちもとても素敵だけれど、気に入ったのは柩の背後にトロットで付き従う無人の馬〝ブラックジャック〟だった。ジャッキーと親族の後には百二か国の高官が続いたが、そのなかには英国皇太子フィリップ、エチオピア皇帝ハイレ・セラシエ、フランス大統領シャルル・ドゴール、イスラエル首相ゴルダ・メイア、西ドイツ首相ルートヴィヒ・エアハルトらがいた。

キャロラインには葬列の伴奏が強く記憶に残って忘れられなかった。とくに押し殺した太鼓の悲しげな調子が胸にしみた。「あの太鼓の調べときたら！」とピエール・サリンジャーも往時を思い出して言う。「あれをあのとき生で聞いた人は、誰一人として忘れることができなかったろう。ジャッキーもあれから何年もあの音の記憶に悩まされ続けたはずだ。そしてキャロラインも」

葬列がセントマタイ大聖堂に着くと、ジャッキーは両脇に子供を座らせ、クッシング枢機卿のラテン語のミサが始まった。枢機卿は途中で、英語に切り替えると言った。「天使たちよ、どうかわがジャックを天国へと導きたまえ……」

と、そのとき、ジャッキーがついにくずおれた。キャロラインは母に顔を向けると「大丈夫よ、マミー。泣かないで、私がいるから」と声をかけ、ホワイトハウスを出るときにモード・ショウから渡されたハンカチで母親の涙をぬぐった。

これ以上子供たちを動揺させてはいけないと、ジャッキーは気を取り直した。しばらくしてからジャッキーはこう語っている。「キャロラインは、兵士のように私の手を握ってくれたの、しっかりとね。まるで私の介護人……」

やがて黙祷のときがやってくると、キャロラインはまた母親に顔を向け——今度は助言を求めた。

「どんなお祈りをしたらいいの？」

「神様、ダディーのことをよろしくお願いします、かしら」とジャッキーは答えた。「それとも、お願い、神様、ダディーに優しくしてね」

それから数分後、キャロラインとジョンは大聖堂の外に出ると、母親を真ん中に挟んで、国旗に覆われた父親の柩がポトマック川を越えて終着のアーリントン墓地へと向かうのを見送った。ジャッキーは黒のベールで涙を隠して、父親にさよならを言いなさいと促した。と、ジョンはいきなり敬礼をし、それが写真に撮られて、後々まで人々の感涙を誘うことになった。かたやキャロラインは、母親の手をしっかり握ったまま、手渡された故人を称えるミサ・カードに気を取られて、弟のとっさの所作には気づかなかった。

夫の墓石の天辺《てっぺん》に〝永遠の火〟を点《とも》してから、四十五分後、ジャッキーはホワイトハウスを弔問に訪れる高官たちの応対に追われた。乳母のショウは疲れ果てたジョンを二階へ寝かしに連れて行ったが、すでに物心がついているキャロラインは気がふさいでいて昼寝をする気になれなかった。ジャッキーは娘に何か気晴らしをさせようと思って、弔問の接待で忙しくなる前に、娘に教理問答の授業の予習でもしたらどうかと勧めた。

しかし、とりあえずキャロラインに何をさせたらいいのか、実は誰にもいい知恵はなかった。キャロラインはお気に入りの警護係から乗馬に誘われると、数日前に母親から買ってもらったばかりのトレンチコートを羽織って表へ出た。町中をあてもなくひたすら馬を乗り回したところで、あることがひらめいた。

キャロラインはその日の授業には出られないという前提で、尼僧ジョアン・フレイは授業の準備をしていた。そこへキャロラインと警護係がひょっこり顔を出したのである。尼僧によると、キャロラインは「心ここにあらずで寂しそうだった」

「シスター、早く来すぎちゃった」とキャロラインは言った。「馬であちこち走り回っても、どこも行くところがないの」

「あら、よかったわ」と尼僧ジョアンは明るい声で応じた。「授業の下準備が山ほどあるの――手伝ってもらえないかしら」

キャロラインがトレンチコートを脱ぎかけると、首に掛かった一ドル銀貨大のメダリオンが輝いて見えた。尼僧がそれは何かと問う前に、キャロラインはコートの前を閉じて、「見せたいものがあるの」と恥ずかしそうに言い、今度はコートをぱっとはだけて金のメダリオンを示してみせた。

「まあ、とっても素敵じゃないの、キャロライン」と尼僧ジョアンは言った。

「ハイレ・セラシエ（エチオピア皇帝）にもらったのよ」とキャロラインはさりげなく答えた。

キャロラインは教理問答の教科書を開くと、再び詫びた。「マミーはすることがたくさんあって。私は気が乗らなかったけれど、教理問答の授業の予習をしたらって勧められたの。ごめんなさい。みんなとっても忙しくて。私も何かしなくちゃいけないと」

尼僧は涙を懸命にこらえて言った。「いいの、いいの、それでいいのよ、キャロライン」

その日の午後、ジャッキーと祖母《グランマ》ローズが大統領執務室《オーヴァル・ルーム》でコーヒーを飲んでいると、キャロラインが早足でやってきて、質問をぶつけた。「マミー、ダディーはみんなに愛されていた?」

「もちろんですとも。ダディーはみんなに愛されていたわ」とジャッキーはためらうことなく答えた。九人の子供のうちすでに三人を失ったローズ・ケネディも頷《うなず》いた。

「違うわ、マミー」とキャロラインは言い返した。「だったらあんな目にあうわけないじゃないの」ジャッキーは答えに窮した。それはジャッキー自身が夜な夜な考え続けていた疑問の一つだった。キャロラインの祖母は椅子で居心地が悪そうに身もだえをした。

キャロラインはそれであきらめなかった。「マミー」と恐る恐る訊いた。「マミーはどうなの? みんなに愛されている?」

「まあ、そうね」とジャッキーは答えた。「そこそこにはね」ここで問題点が明らかになった。キャロラインは父親に起きたことが母親にも起きやしないかと心配しているのだ。これは一家に起きた一回限りの暗殺事件だと思い込んでいたジャッキーは、慌てて娘を安心させようとしたが、それはかえってキャロラインを混乱させたようだった。

「たぶん、みんながみんなダディーを愛していたわけではないの」とジャッキーは続けた。「ママよりダディーを愛している人は多かった。でもダディーを愛していた人のなかには私を愛してくれる人もいたの」

キャロラインの戸惑いの表情から、それは彼女が望んでいた答えでないことは明らかだった。

「すべての人がキリストを愛しているわけではないのと、それは同じことよ」とジャッキーが言い添えたのが効を奏したらしく、キャロラインは、ジョンの誕生パーティが宴たけなわの食堂へすっ飛んで行った。当初ジャッキーは二人の子供のパーティは先に延ばして合同でと決めていたが、息子の誕生パーティを単独でやるのも悪くないと思い直したのだ。「パーティが必要よね」とジャッキーはモード・ショウに言った。「こんなときだからこそ。そう思わないこと」

しかし、キャロラインには、いくら弟のパーティではあっても父親の喪中という事実が頭から離れなかった。父親の側近の一人デイヴ・パワーズが酔客たちに何かアイルランドの歌をうたおうと促すと、ジャミー叔父はキャロラインを抱き寄せた。彼に言わせると「抑えに抑えてきた全員の感情は爆発寸前にあった」。パワーズがジャックお気に入りの一曲「Heart of My Heart（最愛の君）」を歌い出すと、ボビーが感極まって泣き出し、それにつられて会場は涙の海になった。

「ジョンは幼すぎて何がなんだかわからなかったが、キャロラインはわかっていた」とジャミーは言う。「これがあの二人の決定的な違いだった。ジョンは幼いために幸せにも何も知らないですんだ。しかし、キャロラインは知ってしまったのだ……」

それでも幸いなことに、キャロラインはジャッキーのたっての望みで密かに進められていたある試みは知らずにすんだ。大統領未亡人は死産した娘と息子パトリックをアーリントンの父親の墓の隣りに埋葬し直すことを望んだのである。二人の遺体は掘り出されるとキャロライン号でアーリントンへ空輸された。その夜、〝永遠の火〟が辺りをかすかに照らすなか、ジャッキーはジャックの弟たちと異母弟のジャミー・オーチンクロスと共に、二人の子供を簡素な墓に埋葬した。ジャミーによると、「それはほんとうに感動的だった。彼女は子供たちを一緒にしたいとずっと思っていて、それを実現したのだった」

父親の葬儀の二日後、キャロラインは母や弟と共に、ケネディ一族の本拠地のハイアニスポートで感謝祭を過ごすことになった。キャロラインの誕生日だったが、娘はジョンとは違って聞き分けがいいとジャッキーは思い、姉弟合同パーティは十二月五日に延期した。

キャロラインが従弟妹《いとこ》たちと遊んでいる間、ジャッキーは部屋のドアを閉めて娘の祖父《グランパ》ジョゼフと一時間ほど過ごした。ジョゼフには先の日曜日にボビーたちが勇気を奮って事の次第を話していたが、ジャッキーと子供たちがやってきたことは、それだけでジョゼフ邸の人々の涙腺を一気に刺激した。シークレットサービスのハム・ブラウンによれば、「あちこちで涙、涙。秘書も看護婦もシークレットサービスも大騒動だった」。それをキャロラインはまたまた静かに受け止めた。ブラウンはさらに言う。「彼女はとても鋭い子で、どんなことも見逃さなかった」

感謝祭を楽しむアメリカの数百万の家庭と同じように、キャロラインとジョンも子供たちだけのテーブルにつき、行儀の悪い従弟妹《いとこ》たちとしかめ面をしたりふざけ合ったりした。

翌日の夕方、ジャッキーはセオドア・ホワイトという短躯でめがねをかけたライフ誌の記者をハイアニスポートに呼び寄せた。キャロラインとジョンを二階のそれぞれのベッドに寝かしつけると、ジャッキーはリビングルームのソファに体を預け、目を丸くして聞き入るホワイトを前に、夫の暗殺をめぐる一部始終を語った。そして、三時間半に及ぶインタビューの最後で、キャロラインと弟のその後の人生に陰を落とすことになる〝神話の種〟を蒔いた。二人の子供がすやすやと寝ている間、夫の千日におよぶ大統領執務は必ずや夫のお気に入りだったミュージカル「キャメロット」で描かれる伝説の不死の王国につながると語ったのである。

「ジャッキーの意図は明らかだった」とホワイトは言う。「つまり、将来夫は人々からヒーローとして評価される人物であってほしいと。でも、それがＪＦＫの子供たちにどんな重荷となるかについて、ジャッキーが考えていたかはどうかはわからない」

ホワイトハウスを離れる前日、ジャッキーは約束どおりキャロラインとジョンの合同誕生パーティを実行した。大きなケーキにキャロラインのために六本、ジョンのために三本のローソクが立てられ、音楽とゲーム、そしてプレゼントが用意された。二人の主賓がプレゼントの包みをほどくと、ジョンのは大統領専用機《エアフォースワン》のミニチュア、キャロラインのはテディベアだった。

翌日、ホワイトハウスのリムジンがジョージタウン北通りにある前国務次官アヴレル・ハリマンの赤煉瓦の邸宅の玄関前に着いた。かつてケネディ一家が住んでいた邸から歩いてすぐのところだった。最初にキャロラインが、続いてジャッキーとジョンが車から降り立った。すぐ後ろには、叔父のボビーと叔母のエセルの車、さらにその後ろには報道陣の車が続いていた。三十分ほどして玄関口でジャッキーがボビーとエセルに別れを言うと、フラッシュが一斉にたかれた。「ここで暮らすのよ」とジャッキーはキャロラインに言った。「新しい家が見つかるまで。でも、ここはいいところよ」

しばらくキャロラインは、母親がフランス印象派について傾ける蘊蓄《うんちく》を聞かされるはめになった。ハリマン家の邸内には、ヴァン・ゴッホ、モネ、セザンヌ、ロートレック、マチスなどの溜息がでるような作品がいたるところに掛っていた。ジャッキーが次から次へと解説する名画にキャロラインはいちいち頷いていたが、それが終わると、弟と表で遊びたいと言った。二人の警護係が立って目を光らせるなか、キャロラインとジョンは近くの公園でシーソーを楽しんだ。

JFK亡き後の家族に対してシークレットサービスによる警護は続けられていた。当時の法律では、キャロラインとジョンとその母親は向こう二年間守られることになっていた。その後、警護期間は、大統領未亡人は再婚するか死ぬまで、遺児は十六歳にまでに延長された。

しかしながら、子供たちを好奇の目から守ることはできなかった。外の道には野次馬たちが群がり、ジャッキーはまるでカーニバルのさらし者だと憤懣を漏らし、娘がプレッシャーに押しつぶされないかと心配した。

ジャッキーはキャロラインの生活習慣が乱れないように、クリスマス休暇までは、ホワイトハウスの学校に行かせることにした。「先生や同級生たちと別れさせるなんて、そんな残酷なことはできない」がジャッキーの言い分だった。「彼らをもっとも必要としているときなんだから」

しかし、教師たちから見てキャロラインは明らかに落ち込んでいた。フランス語教師のジャクリーン・ヒルシュによれば、「まるで幽霊みたいだった。顔は青ざめて心ここにあらず。父親が暗殺されたことを理解していた。それがどんなにつらいことか、彼女の胸のうちが手に取るようにわかった。でも、彼女はそのことを一言も口にしなかった、一言もね」

さらに悪いことに、キャロラインと弟が水疱瘡に罹ってそれぞれの寝室に隔離されることになった。キャロラインは期待どおりモード・ショウの指示にきちんと従ったが、問題はジョンだった。乳母のショウによると「部屋を出て外でしばらく様子を伺っていると、ベッドから抜け出す足音がしたかと思うと、ゆっくりとドアが開き、ジョンがばつの悪そうな顔をのぞかせた」

当然のことだが、この年の年末休暇は重苦しいものになった。キャロラインに北極から電話がかかってくることはなかった。ホワイトハウスの交換手にサンタクロースの奥さん役をさせる父親はもういなかったからだ。その代わりキャロラインはナンシー・ナース人形がほしいとサンタに手紙を書いた。ジャッキーはホワイトハウスの野外劇は例年どおりにやると決め、天使役のキャロラインは毎日リハーサルに励んだ。ジャッキーもときに乗馬服姿で見学に現われた。その上演日には、オーチンクロス家とケネディ家の一族郎党が集まり、拍手を送り、クリスマスキャロルを合唱した。しかしキャロラインは後に述懐しているが、父親不在の休暇はそれまでとはまったく違うものだった。

その後ケネディ家の人々は、いつもの年のように、フロリダのパームビーチでクリスマス休暇を過ごした。クリスマスイブにツリーを飾っているとき、ジャッキーはキャロラインから父親についてこう訊かれた。「天国でパトリックにかまってもらっているかしら?」

娘の質問をうまくさばこうとジャッキーが答えを探していると、ジョンから質問が飛んできた。「天国で二人は魚のチャウダーを食べてるかな?」。これには全員——ジャッキーもジョゼフもローズもケネディ家の叔父たちも腹を抱えた。魚のチャウダーはケネディ家の定番料理で、とくにジャックはこれが大のお気に入りだった。

しかし、どんなことであれ、キャロラインはユーモアを楽しむことができなかった。誰の目にもかつての無邪気なボタンではなかった。ケネディ家の専属看護婦リタ・ダラスによれば、「二人の子供たちは両こぶしを固めてはいなかったが、彼らの小さな両手の指はいつも組まれていた」

ジャッキーはそんなキャロラインの気分を変えたいと思い、クリスマスの後、ジョージタウン北通り三〇一七番地に十四室の邸を十七万五千ドルで買い求め、ハリマン家の仮住まいからそこへと移った。子供たちを新生活に慣れさせようとして、インテリアコーディネータのビリー・ボールドウィンにホワイトハウスの部屋の写真を見せると、それを細部にわたって再現するように頼んだ。

この作戦が効を奏して、キャロラインは新しい部屋を見るや、「わあ、見て！」と叫んで、まずは天蓋《キャノピー》付きベッドへ、そしておもちゃ箱へと走り寄った。「みーんな、昔のまんま」キャロラインは思わず父親からもらったキリンのぬいぐるみを手に取ると抱きしめた。「私たちのお家だわ」

しかし、ジャッキーは基本的なこと、すなわち外から簡単に覗かれる造作であることを失念していた。ハリマン家の邸と違って、すべての部屋――ダイニングもリビングも寝室も表の通りから丸見えだった。ケネディ一族のお抱えカメラマンのジャックス・ロウに言わせると、「ジャッキーは、それまでは囚人だと感じていたが、今度は檻の中の動物の暮らしを味わうことになった」。ジャッキーは覗き屋《ピーピング・トム》対策として二十四時間カーテンを下ろして過ごすしかなかった。

ジャッキーはインテリアコーディネータのボールドウィンに愚痴をこぼした。「キャロラインとジョンに注がれる世間の目が心配でならない。どうやったらあの子たちをまともに育てられるかしら」ジャッキーは絶望のスパイラルにはまっていくのを抑えきれずに、その心のうちをある友人にこう打ち明けたという。「重い病気がさっぱり治らず干からびていく感じ――何もする気がなくて、何日間もベッドから出ることができないの。昼も夜もずっと泣いているうちに疲れ果てて。で、お酒を飲むの」

ジャッキーはテレビに出演して国民に感謝を述べることになった。夫の葬儀の間気丈に耐えるその姿に感動した数百万の人々は、彼女の目が虚ろなのに気づきながら、それを見守った。ジャッキーは司法長官執務室の革張りのクラブチェアに座り、長官のボビー・ケネディが彼女の心の支えとして寄り添っていた。

「私はつくづく思い知りました。夫の愛情はみなさんに支えられていて、そのみなさんに私もいままたこうして支えられているのだと」ジャッキーはトレードマークである滑らかで囁くような口調で続けた。「暖かいご支援を私はけっして忘れないでしょう。その一つひとつをお話しするのはとてもつらくて……夫という輝く明りがこの世界から消えてしまって……」。カメラが切り替わり、ボビーが周囲を見回すと、カメラクルーのなかには嗚咽をもらし袖で涙をふいているものもいた。

幸いなことにジョンは母親の苦悩を知らないでいた。ジャッキーはいくら苦しみが募っても、ジャックの朋友たち――デイヴ・パワーズ、ベン・ブラッドリー、ボビー叔父たちが故大統領の三歳の息子のやんちゃ騒ぎに付き合ってくれていたので、息子に心痛を知られることがないと安堵していた。

いっぽうキャロラインは北通りの自宅で何が起きているかに気づいていた。ケネディ家の従弟妹《いとこ》たちのなかでは、彼女はもっとも内省的で感受性が鋭かった。尼僧ジョアン・フレイは早くからそれに気づいていた。授業の一環でワシントンのセントヨセフ教会へ出かけたときのことだ。尼僧が聖《セント》トマス・モアの銅像を指さしてこれは誰かと生徒たちに訊いた。

と、キャロラインは銅像をしばらく眺めてから答えた。「名前はわからないけれど、何百年も前の人で、着ているものからすると、イギリスでお仕事をしている人だと思う」

尼僧は、わずか六歳の少女が十六世紀の聖職者を言い当てたことに関心を覚えはしたが、特段の驚きはなかった。尼僧によれば、「あの子は、母親からたくさんの本を読んで聞かせてもらっていて、いつもみんなの先を行っていた。とてもとても頭のいい子だった。しかしそれがあだとなって、父親が死んでから周囲に起こっていることがすべてわかるだけに、母親が苦しんでいることをとても心配していた」

ジャッキーは自宅にこもったまま苦しみから逃れられないでいた。シークレットサービスも証言しているように、「玄関ホールを歩いているとケネディ夫人の泣き声が聞こえた」。また、モード・ショウは、キャロラインとダイニングルームへ入ったきにこんな場面に出くわした。テーブルに突っ伏していたジャッキーが、「やおら顔を上げると、その顔から涙が流れ落ちたが、キャロラインは見て見ぬふりをした」という。

キャロラインは母親を慰める役を自ら買って出ることもあった。母親のもとへ行くと、抱き寄せたり、ベッドへ潜り込んでやがて一緒に眠りに落ちるまで母親の髪を撫で続けた。

年端もいかない少女にとってそれは重荷だった。一九六四年一月末の教理問答の授業で、尼僧ジョアンがマグダラのマリアの話をしているとき、キャロラインが突然叫んだ。「ママーはずっと泣いているの！」

尼僧は一瞬話をやめると、続きを読み上げた。「そこでマグダラのマリアはキリストの足を洗おうとして——」「涙をしぼった」というくだりの直前で、キャロラインはまた叫んだ。「ママーはずっと泣いているの！」。それでもまだ言い足りないらしく繰り返した。「ママーはずっと泣いているの！」

尼僧はかまわず授業を続行しようと思ったが、キャロラインは何かを訴えたがっていると察して、本を閉じると耳を傾けた。自分たちの親たちからキャロラインには優しくするようにと言われていた生徒たちも、一言も聞き漏らすまいと待ち構えた。

「ダディーが亡くなってから」とキャロラインは話し始めた。「マミーはいつも泣いていた。ベッドに潜り込んで、大丈夫、泣かないでと言っても、泣くのをやめないの――」

尼僧の心を打ったのは、キャロラインが実に落ち着いていたことだった。尼僧は言う。「キャロラインは話をしている間、涙を見せなかった。感情を表に出すことすらなかった。密かに起きていることを淡々と語る、そんな調子だった。それは実は助けを求めるキャロラインの内心の叫びだった。きっと哀れな少女はどう対処していいかわからなかった。だからといって、かける言葉もなかった」

ジャッキーと子供たちは二月上旬の肌寒い週末をハイアニスポートで過ごしたが、ジョゼフの看護婦リタ・ダラスはキャロラインが浜辺を所在なげに散歩するところを目にしたことがある。キャロラインは遠くで見守るシークレットサービスを除くとたった一人で、思いにふけっていた。「キャロラインは立ち止まると砂に座り込み、じっと海を見ていた」とダラスは言う。「放心状態の小さな少女の姿に胸が痛くなった」

ダラスに言わせると「ジャッキーはようやくわれに返って」、キャロラインに寄り添った。大西洋の寒風が吹きつけるなか、寒さから守ろうと娘に腕を回して抱きしめた。

夫が暗殺された翌年も、ジャッキーはつらい思いを抑え込むことができず、子供たちを心の痛手から守ることもできなかった。しかし、リタ・ダラスは、子供たちを大人に育て上げるために、どんより曇った海辺で日がな一日付き合う姿を目撃したことがある。ダラスによれば、ジャッキーは「キャロラインの心の鋭い痛みをなくすことはできないまでも鈍痛に変えてやった。そして、何年かたてば生きる目的が見つけられるように、お手本を示したのだった」

　キャロラインは母親が落ち込むのが気になればなるほど、自分もまた落ち込んでいった。しかし、それを他人に打ち明けられるような性格ではなかった。「小さいときから」とモード・ショウは言う。「キャロラインは感情を抑え込んで、何かまずいことを表に出すことにとても慎重だった」

　しかし、そんなキャロラインでも完全に感情を抑え込むことはできなかった。ある家族団欒の夕食のとき、十代の叔母のジャネットと鶏の鎖骨《ウィッシュボーン》を引っ張り合って、願い事ができる長いほうを取ると言った。「私がしてもいいのね」

「なんでもいいわよ」とジャネットは答えた。

　するとキャロラインはきっぱりと言った。「ダディーに会いたい」

5

父代りの叔父《アンクル》ボビー、ロスに斃《たお》る

さようなら、父亡きホワイトハウス（1963年12月6日）

あの子に会うたびに、どこかへ逃げて泣きたくなる。

——ボビー・ケネディ（キャロラインについて）

あの子はとっても傷つきやすい。

——モード・ショウ（キャロラインの乳母）

女友達から、あなたはキャロライン・ケネディに生まれてきてとても幸運ねと言われて、じっと見つめられる。でもこれって馬鹿げていない？　だって、私は他の人たちとどこも変わっていないでしょ。

——キャロライン（十歳のとき）

彼女は九歳のとき、「進め竜騎兵」（クリミア戦争を舞台にした映画）のセリフをそらで言えた。僕はいまだに五行の戯歌《リメリック》を覚えきれないというのに。

——ジョン

一九六四年のリンカーン誕生日（二月十二日）、尼僧ジョアンは教理問答の授業で、三枚の写真を見せた。一枚ずつ掲げて大統領の名前を生徒たちに当てさせた。一枚目はジョージ・ワシントン、二枚目はエイブラハム・リンカーン。そして三枚目に尼僧が掲げたのはＪＦＫの顔写真だった。「これが誰だかわかる人」と尼僧は訊ねた。キャロラインは二番目の列に座っていた。「こちらもどきどきしたけれど、彼女は答えなかった」

と、生徒たちの間から声が上がった。「キャロラインのダディー！　キャロラインのダディー！」。尼僧によると、当のキャロラインは「黙って座って誇らしげに微笑んでいた」

徐々にだが、誰の目にもキャロラインは引っ込み思案ではなくなりつつあった。聖《セント》パトリックの祝日（三月十七日）、尼僧ジョアンが別の授業を終えると、キャロラインが歩み寄ってきて、尼僧の机の上にあった雑誌を指さした。その表紙には父親が載っていて、それを家に持ち帰りたいと願い出て言った。「マミーはダディーの写真を集めていて、見つけたら持ってきてと言われているの。マミーはそれを大きな本の中にまとめていて、なぜかそれを見ると嬉しそうに笑うのよ」

それから数日後、尼僧ジョアンが車で帰宅する途中、ワシントンのロッククリーク公園でジャッキーを見かけたので、窓を下げて呼び止めた。近寄ってきたキャロラインの母親は――シークレットサービスの姿は周囲になかった――明らかにさっきまで泣いていたとわかった。

「キャロラインから伺いました、夫の写真を授業で見せていただいたそうですね」とジャッキーは言った。「私もぜひ見たいと探していたものですの」

尼僧ジョアンはキャロラインの抱えている状況がよく理解できた。「あの子の母親は見るからに心神喪失状態で、あれではキャロラインは大変だった」。ロックリーク公園で見かけたジャッキーは、めったにお目にかかれない「孤独で寂しく疲れ果てた真実のケネディ夫人」であった。

しかし、「消耗の度合いでは」と旧友のチャック・スポールディングは言う。「ボビー（JFKの次弟ロバートの愛称）のほうがジャッキーよりももっとひどかった」。ジャッキーの深い悲しみがいやというほどわかるからこそ、兄の未亡人と子供たちのために献身を惜しまなかった。ほぼ毎日のようにジャッキーは娘と息子をワシントン郊外ヒッコリーヒルにあるボビーの邸へ連れて行っては、ボビーと妻エセルの間にできた八人の子供たちと一緒に遊ばせた。おかげで、叔父のボビーはキャロラインとジョンにとって父親代わりになった。ジャッキーに言わせれば、「子供たちはヒッコリーヒルを自宅だと思い、ボビーは喜んで兄の子供たちの面倒を見たがった」

だが、ジャッキーは娘と息子がボビーの子供として育てられることを望んだわけではなかった。ある夕方、ハイアニスポートでケネディ一族と過ごして自宅に戻ってきて、怒りを露わにした。シークレットサービスのボブ・フォスターによると、「ジャッキーはあの家の騒々しさに我慢がならなかった。連中ときたらまるでゴリラの集団だといって、ジョンとキャロラインにはもっとおしとやかにして動物園の動物のようになってはいけませんと諭した」

ボビーが偉大な兄の後継を窺っているという話の出所は、彼がなんらかの形で兄の死の後押しをしたかもしれないという厄介な疑惑にあった。ボビーは司法長官として、組織犯罪の幹部たちを死刑にし、兄の大統領選を密かに応援してくれた裏社会の連中を刑務所へ送ったからだった。

いっぽう、彼ら裏社会の連中は、ＣＩＡの指示を受けて、ジャックのためにフィデル・カストロの命を狙った。連中の首魁ジョニー・ロッセッリは、ワシントンの手だれのコラムニスト、ジャック・アンダーソンに話をした後処刑されたが、彼が聞いていた話によると、キューバの独裁者フィデル・カストロはマフィアのサント・トラフィカンテを雇ってケネディ大統領の命を狙ったという。この陰謀論(「ケネディはカストロを殺そうとしたが、カストロに先に殺された」とロッセッリは話したとABCのハワード・K・スミスは後に証言している)をリンドン・ジョンソンも、テッド(JFKの末弟エドワードの愛称)を含むケネディ家の人々も、信じるようになった。しかしジャッキーは、ウォーレン委員会の所見にも、同委員会が最終的に結論を下したオズワルド単独犯説にも異議を唱えたりはしなかった。「それで何かわかっても、どうだというの。死んだ人間が還ってくるとでもいうの」がジャッキーの言い分だった。

「単独狙撃犯説」に対してジャッキーの子供の見方は分かれた。ジョンは三十台になって証拠調べを始めて、父親は陰謀の犠牲者であると次第に信じるようになった。キャロラインは母親と同じように、それとは別の生き方を選んだ。ケネディ一族のお抱えカメラマンのジャックス・ロウは言う。「あれこれほじくり返し、あのつらい思いをもう一度することを、なんで彼女が望んだろうか。ジョンにはあの時の記憶がない——あの恐怖とあの悲しみの記憶が——でも、キャロラインには間違いなくある。それは彼女にとって決して賢明な選択ではなかった」

父親の死の直後から、キャロラインは父親をもっとも思い出させる男を頼るようになった。ヒッコリーヒルにいるときは、いつもキャロラインは叔父のそばから離れようとしなかった。それはさながら父親といるときと同じだった。「ボビーはジャックの番犬《ピットブル》だった」とケネディ家の元使用人は言う。

「彼は一族の用心棒であり、無数の敵がいた。リンドン・ジョンソンも彼を心底憎んでいる多くの敵の一人だった。しかし、自宅でキャロラインといるときは、優しく凡庸な男だった。ジャックと同じように彼女を空中に抱き上げ、床で取っ組み合いをした。そしてキャロラインは彼の膝の上に何時間も乗って過ごした。ほんとうに二人は愛し合っていた」

ジャッキーにはありがたいことだった。学校の父の日の行事にはボビーが参観に訪れた。逆にキャロラインは通信簿をボビーに見せ、図画工作の作品には「ボビー叔父さんへ」と書き記した。彼はキャロラインのことを「わが友《マイ・パル》」と呼んだが、兄のJFKが好んだ「ボタン」の愛称を使うことはなかった。「客観的に見て」とチャック・スポールディングは言う。「ボビーにとって、ジャックの子供たちの父親代理を務めることは、あらゆる点で、当然の選択だった。キャロラインにとっては、父親を思い出させてくれるとても心地よいものだった——ボビーの声といい、仕種《しぐさ》といい、髪といい、歯といい」

子供たちにとってボビーが亡き夫の代わりなってくれるのは、ジャッキーには願ってもないことだった。一九六四年の春先、正式に養子縁組——ボビーとジャッキーの双方が対等の親権を持つという提案をしたところ、それは彼女に好感をもっていない義妹のエセルに反対されてご破算になった。

キャロラインも母親が叔父のボビーに頼りきっていて、彼がそばにいると明るくなると気づいていた。三月にキャロラインとジョンは母親と共にヴァーモント州ストウにスキーに出かけた。叔父のボビーとテッドとその家族も一緒だった。ジャッキーに報道陣が押しかけたはずみでキャロラインが転んでしまった。「いったいあなたたち」とジャッキーはたしなめた。「子供にどう説明するつもり」

ジャッキーとボビーは——エセルを残して——ストウを離れ、妹リーとスタスのラズウィル夫妻と一緒にカリブ海のアンティグアで一週間を過ごした。ずいぶん昔から、キャロラインの母親と愛する叔父とが恋仲だとの噂が流されていた。スポールディングによれば、「ジャッキーはあらゆることでボビーを頼りにし、彼は彼で彼女を愛おしんでいた。二人は本当に親密だった」

それでもジャッキーは自分の生活がないことに我慢ならなかった。ジョージタウンの自宅の前の野次馬たちは日増しに増えて攻撃的になっていた。

ジャッキーは折りあるごとにこの状況からキャロラインとジョンを連れて逃げ出した。ジャックの四十七歳の誕生日にあたる一九六四年五月二十九日、キャロラインは父の墓前に献花すると、母と並んで跪《ひざまず》いて祈りを捧げた。と、その背後から、警官がつくるバリケード越しに見物客に写真を撮られ名前を呼ばれた。以後、これは恒例の年中行事になった。ジャッキーの元秘書ティシュ・バルドリッジによると、「彼女は命日ではなく誕生日に子供たちを墓前に連れて行きたかった。彼の死を悼むのではなく、彼の人生を祝いたい、これが彼女の信念だった」

墓参に続いて、父親の葬儀の場所であったセントマタイ大聖堂でミサをすますと、キャロラインは母親や弟と共にハイアニスポートへ向かった。ご近所のラリー・ニューマンによれば、「いつもキャロラインはここに来たては悲しげなのに、お祖父さんとお祖母さん、従弟妹《いとこ》たちと会うと、とたんに明るい顔になった」

リー・ラズウィルは、これを最後に、ワシントンのお祭り騒ぎとファーストレディとしてのつらい思い出から姉を解放してやろうと心に決めた。われ関せずの住人が多いニューヨークのほうが暮らしやすいと考えてジャッキーをそこへ移住させることにした。手始めに、リーは自分用に五番街《フィフス・アヴェニュー》九六九番地に十一室の共同住宅《コープ》を購入した。その界隈にはスティーブンとジーン・ケネディ（JFKの妹）のスミス夫妻、ピーターとパット（JFKの妹）のローフォード夫妻、さらにはリーとジャッキーの母親の再婚先のオーチンクロス家と二人の父方のブーヴィエ家の親族たちが住んでいたからだ。

何回か家探しをしたすえに、ジャッキーは五番街《フィフス・アヴェニュー》一〇四〇番地のアパートの十五階に五室の寝室と五つのバスルームの新居を二十万ドルで購入した。十二万五千ドルをかけたリフォームが仕上がるまでの数か月間、ジャッキーは一人で近くのカーライルホテルに仮住まいし、キャロラインとジョンはそのままジョージタウンの自宅に残してモード・ショウに面倒を見てもらうことにした。

一九六四年六月十九日、ジョージタウンの自宅にいたキャロラインは、ケネディ家を再び襲った悲報の電話を母親から受けた。母がボビーから聞かされた話によると、叔父のテッド・ケネディは、二期目の上院議員選挙に党の指名を受けるため、悪天候をついてマサチューセッツ州スプリングフィールドへ飛行機で向かう途中で事故に見舞われ、パイロットとテッドの秘書は死亡、テッドは背中を骨折したものの一命はとりとめたという。

ジャッキーは「叔父さんは無事だから」とキャロラインを安心させようとしたが、自らの不安と恐れを鋭い直感を持つ娘に隠すことはできなかった。ピエール・サリンジャーに言わせると、「せっかく物事が元に復そうとしているように見えたときに、それをひっくり返す事件が起きた。なにか不吉なことが起きつつあるのではないか、そんな不安を子供に抱かせたのだった」

幸いなことに、ニューヨークに移ってからも叔父のボビーが近くにいてくれるからと、ジャッキーはキャロラインを安心させることができた。ボビーは、一九六四年の大統領選でリンドン・ジョンソンから副大統領候補に指名されなくても、ニューヨーク州から上院議員に出馬する意向を固めていたからだ。テディの飛行機事故から一週間後のライフ誌の表紙を十人を超える一族の子供たちに囲まれたボビーが飾った。子供たちは楽しそうにはしゃいでいたが、キャロラインだけは、ボビーの膝の上にちょこんと乗って、そばかす顔になんとも寂しげな表情を浮かべていた。

九月に入ると、ジャッキーはキャロラインとジョンを伴ってニューヨークへ移ることになったが、新生活をスタートさせるにあたって、重要なスタッフを二人入れ替えることにした。長年私設秘書を務めてきたメアリー・ギャラハーを呼び寄せると言った。「これまでの生活を一新させるので……あなたは必要でなくなったわ」

もう一人の入れ替えはキャロラインにはこたえた。ケネディ家の警護担当のシークレットサービスの一人で、いつの間にか仲よくなり、叔父のボビーよりも彼のほうがお気に入りなのではないかとジャッキーが心配するほどだった。ジャッキーはその警護係を転属させると、感謝の気持ちを込めて、彼に愛犬のウエールズテリアをプレゼントした。

ジャッキーにとってニューヨーク転居は帰郷であり、自分が育った土地の素晴らしさをキャロラインとジョンに熱心に伝えようとした。しかし、当面、五番街《フィフス・アヴェニュー》の新居の改装が完成するまではカーライルホテルで暮らすことになった。ジャッキーにとってカーライルは馴染みのホテルだったが、夫のジャックも数年にわたりここの変形スイートルームをホワイトハウスの別宅にしていた。人目につかずに朝食がとれる特別の張り出し窓が付いているのがお気に入りだった。カーライルホテルで北角にあるこの部屋だけが特殊なつくりになっていた。

　実は若き未亡人は知らなかったが、他にも亡夫のお気に入りがあった。それは、ホテルの地下に迷路が張りめぐらされていて、誰にも気づかれずに、ニューヨークでもっとも金持ちでもっとも美しい女性の邸宅へ歩いていけたからだ。

　まだホテル住まいながら、ジャッキーはキャロラインとジョンがニューヨークで新生活を始めるための準備に余念がなかった。九月十五日に、ジャッキーは亡き夫の妹のパット・ケネディ・ローフォードと連れ立って、それぞれの娘たち――ジャッキーはキャロライン、パットはシドニーとヴィクトリア――を伴って新学期に臨んだ。ケネディ家の三人の娘が通うことになったのは厳格な教育で知られる「コンヴェント・セイクレッドハート」。半世紀以上も前に彼女たちの祖母ローズもここで学んだ名門で、五番街《フィフス・アヴェニュー》の新居から五街区北の九一丁目通りにあった。シドニー・ローフォードはキャロラインの一歳年上で、モード・ショウに言わせると「従妹というより姉妹のようだった」（ジョンは翌年の二月になってから、その近くにある同じく名門のセントダビデ修道学校に通うことになった）

　キャロラインは下校すると白襟の制服と白手袋からサマードレスに着替え、一家そろってセントラルパークへ出かけたことがあった。前ファーストレディが、純白のウールのダブル・スーツといういささか季節にそぐわない出で立ちでボートに子供たちを乗せて漕ぎ出しても、周囲のニューヨークっ子たちは終始無関心を装っていた。

　ようやく一家が新居に移ることができたのは、ボビーがニューヨーク州選出の現職上院議員ケネス・キーティングを指名選挙で破って同州選挙区の候補となった二週間後の十一月中旬だった。ジャッキーの元秘書のティシュ・バルドリッジによれば、「そこはジャッキーには天国であり隠れ家、子供たちにはわが家と呼べる魔法の場所だった」

五番街《フィフス・アヴェニュー》の新居は、それから二十年間にわたってキャロラインの世界の中心であり、不変の場所となった。ジャッキーは子供たちが落ち着くようにと、ホワイトハウス時代の調度類をほぼそのまま持ち込んだ。専用エレベータの扉が開くと、そこは長い鏡張りの玄関ホールになっていて、黄色の磁器の花台《ジャルディニエ》に載った古代ローマの神の大理石の胸像が出迎えてくれる。その胸像の先には、さらに五、六台の胸像が続くが、それらはキャロラインの父親の骨董コレクションの一部だった。

新居に初めて入ったとき、思わずキャロラインは絵画と家具を指さした。どれもジョージタウンの自宅とそれ以前のホワイトハウスの居住エリアを飾っていたものだった。リビングのルイ十四世調の椅子も白のソファも、そして額縁に収まったジョン・シンガー・サージェントの「ヴェネチアの少女」も。ジャッキーのご自慢は、大理石の暖炉と本棚とふかふかのソファと黒のベビーグランドピアノを備えた赤壁のダイニングルームだった。客が訪れるとキャロラインはきまってここへ案内して、カラーピンが留められた世界地図を指さして、こう言うのだった。「ダディーはね、大統領のときに、こんなところまで出かけたのよ。すごい数でしょ」。キャロラインも、訪れた客と同じく、ここから見下ろすセントラルパークと池、そして遠くハドソン川を船が行きかう眺めが大のお気に入りだった。

キャロラインは母親と一緒にこの十か月間、父親の写真を山と集めたが、どれもこれも父親のイメージに合うものはなかった。例外は、一つは、母親のグリーンと白の寝室のベッドサイドにある鏡台に置かれていた銀で縁取りされたさりげない肖像。もう一つは、そこから見下ろすことができるメトロポリタン美術館に後にガラス箱に収められて展示されることになる「テンプル・オブ・デンデゥール」で、エジプト政府からJFKのために何か記念の品を贈呈したいとの申し出がありジャッキーが選んだ遺跡であった。キッチンのボードには、家族のスナップと共に、キャロラインの水彩画とジョンの指絵やなぐり書きも誇らしげに飾られていた。わりと早い時期に訪れた客も言っているが、「ここが平均的なアメリカの家庭ではないことは一目瞭然だが、キッチンに貼られた家族写真とキャロラインの絵を見ると、ケネディ家もそれほど雲の上の人々ではないと思えてくる」のだった。

キャロラインにはニューヨークへの転居はつらかった。ミス・ショウが支えにはなっていたが、ホワイトハウスの学校仲間を失ったのは寂しくてならなかった。ニューヨークの学校では友達ができず、誕生会にも呼んでもらえなかった。ジャッキーは同級生の母親の一人に電話をかけ、前大統領の娘が招待されない理由を問い質した。その答えにジャッキーは驚いて息を呑んだ。「私どもとしてはお呼びしたいのは山々ですが、そんな不躾けなことをしていいものかと忖度《そんたく》いたしまして」「とんでもない！」とジャッキーは返した。「彼女はまだ小さいんですのよ。お願いですから、ことあるごとにキャロラインを誘ってくださいな。行きたくてうずうずしているんですから」。それから数日で、キャロラインはいくつものパーティや遊びに呼ばれるようになった。楽しさのあまり外泊することも起きたが、それは父親の暗殺以来久しくないことだった。そうはいってもキャロラインは他の客とは扱いが違っていた。警備上、シークレットサービスが訪問先の表で待機していた。

逆に自宅に子供たちを招待することに、ジャッキーは驚くほど前向きだった。「ほんとうによく子供たちを五番街《フィフス・アヴェニュー》の自宅の夕食に招待したものよ」と乳母のモード・ショウは言う。「もちろん事前にほんとうにかまわないかとお伺いを立てるのだけれど、いつも答えは『いいですとも。新しい友達ができるのはいいことだもの』」

母方の従妹キャシー・ブーヴィエは、娘が喜ぶのならジャッキーが見ず知らずの人をディナーに呼んでも平気なことに少しも驚かなかった。キャシーに言わせれば「キャロラインが健やかで明るく育ってくれることが彼女の望みだったのだから」

キャロラインは、学校で人気者になったことに加えて、家族と街なかを普通に歩けることがとてもうれしかった。「ジャッキーと子供たちはワシントンではどこにいってももみくちゃにされたが」とジャッキーの友人で作家のトルーマン・カポーティは言う。「ところが、ニューヨーカーときたら知らんぷりさ。ジャッキーだろうとキャロラインだろうとジョンだろうと、誰であろうとね」

キャロラインが気持ちを取り直したことを誰よりも喜んだのはジャッキーだった。五、六か月前、ウェストチェスターのとある週末パーティで、ジャッキーは友人で女優のキティー・カーライル・ハートに、子供たちが幼少で父親を亡くしたときの衝撃について相談したことがあった。ハートに言わせると、「私も夫（脚本家のモス・ハート）を一年前に亡くして、小さな子供たちを抱えて突然未亡人になることがどんな状態かよくわかる」という。「ジャッキーとは似た者同士だし、同情するわ。私も彼女と同じような恐れと悩みにさんざん囚われたもの。子供たちは傷ついていないか、それに対して自分は何ができるか、と。明らかに彼女は夫が殺されたショックから立ち直っていない。悪夢が消えないのね、いつまでも、いつまでも……悪夢に囚われたままだったのよ」

キャロラインの気分は母親の気分とつながっていた。ようやくジャッキーは泣き疲れて眠るようなことはなくなり、数か月ぶりに初めて夫の名前を口にしないで一日を過ごせるようになった。ＪＦＫの側近参謀だったピエール・サリンジャーによると、「母娘ともども暗雲が晴れて自分たちの生活ができるようになった」。ジャッキーは一日数時間、友人や見ず知らずの人から送られた数千通ものお悔やみの手紙を仕分けするまでになったが、母親としてキャロラインとジョンのために時間を割くのを忘れなかった。セントラルパークでメリーゴーランドに乗り、ワールドフェアへ出かけ（ここでキャロラインは抜けた前歯をレポーターたちに自慢げに見せびらかした）、サーカスを楽しみ、さらには子供たちのもっともお気に入りの店、三番街《オフ・サード・アヴェニュー》の外れの「セレンディピティ」でバタースコッチ・サンデーをほおばった。

しかし、近づいた父親の一周忌で沸き上がる悲しみがどんなものなのか、母親《マミー》がどれほど落ち込むのか、キャロラインには予想がつかなかった。やがて店のショーウインドー、バスのボディ、ニューススタンド、そしてテレビの画面に黒枠で囲まれた父親の写真を見かけるようになって、それがいかに母親《マミー》を落ち込ませるかに気づいたのだった。たちまち母親《マミー》はまた泣き疲れて眠るようになってしまった。一九六四年十一月二十二日の一周忌までの数週間、ジャッキーは激しく落ち込んで、前国防次官で年来の友人でもあるロズウェル・ジルパトリックに自殺をほのめかしたという。「自殺しようと睡眠薬をたっぷり飲んだ」と言われたが、彼にはこけおどしだとわかっていた。「できるはずがなかった、子供たちがいるんだから」

一周忌の当日、ジャッキーはキャロラインとジョンをセントラルパークの遊び場へ連れて行った。

シークレットサービスに子供たちを見張らせて、外れに無人のベンチを見つけると、後に友人に打ち明けているが、そこで夕方まで「泣き明かした」

「彼女を愛している人たちはみんな心配していた」というジルパトリックは、友人たちと交代でジャッキーを外へ連れ出した。ディナーパーティが、近くのテラスハウスで、あるいはアッパーイーストサイドのアパートで催された。ジャッキーの社交界デビュー以来の友人のジョージ・プリンプトンによれば、それはせいぜい二から三カップルが集まる「ごく内輪の会」で、ジャッキーは深い悲しみに打ちひしがれているにもかかわらず、健気にもキャロラインとジョンには明るい顔をつくっていた。「彼女は子供が一番だった」とプリンプトンは言う。「実際、何があろうとも子供たちを幸せにした。私もキャロラインが可愛くてならなかった。私にはとてもとても特別な子だった。よく、ベッドで寝入る前に本を読んでやった。自分が子供のころ大好きだったのは『宝島』だと言って読んでやると、次のページをせがまれて、なかなか眠ってくれないんだ」

いっぽう叔父のボビーはニューヨーク州の上院議員に選出されて、ワシントン時代に増してキャロラインと一緒になる機会が増えた。七歳になったキャロラインは、母親と叔父が特別に親密な仲で、かつての父親との関係に似ていなくもないと感じた。

ジャッキーは夫が暗殺されて以来、ロズウェル・ジルパトリックやマーロン・ブランド（一九九四年一月に逢瀬があった）をはじめ何人かの男性たちと付き合っていたが、実はボビーとも親密な仲になったことがある。ピーター・ローフォードとジャーナリストのタキ・テオドラコプロスが同棲アパートの代わりにしているシェリー・ネザーランド・ホテルのバーが密会の場で、タキによると「ローフォードから聞いたんだけど、ジャッキーはボビーと寝た」という。

ジャッキーはロングアイランドはグレン・コーヴにあるボビーの夏別荘の近くに部屋を借りていた。ジャッキーの乗馬の厩舎の持ち主ブルース・ボールディングによると、「ジャッキーとボビーがこの界隈のホテルを物色しているところを多くの連中が目撃していて、それが話の出所だった」

キャロラインも二人の仲に気づいていた。グレン・コーヴの別の厩舎のオーナーによれば、「キャロラインが母親と厩舎に行くとそこにはボビーがいて、二人は仲がよく、キャロラインもとても幸せそうだった」

ボビーの支えもあって、ジャッキーは一九六四年のクリスマスにはなんとか立ち直った。さっそく翌日には、キャロラインとジョンを引き連れてボビーとアスペンへスキーに出かけた。年が明けて一九六五年早々にはさらに二か所――キャッツキルズとニューハンプシャーへも出かけ、キャロラインとジョンが雪合戦をしたりじゃれ合ってゲレンデの緩斜面を転がり落ちる格好のシーンをカメラマンたちに提供した。キャロラインはケネディ家の従弟妹《いとこ》たちの多くと同じく体育会系《アスリート》の血を引いていることを早くも証明し始めた。母親が離れて見守るなか、キャロラインは転んでもぼやいたりしない。従弟妹《いとこ》の一人によると、「ジョンときたら泣いてやめてしまうのに、彼女は小さいながらもケネディ一族の立派な一員だった」

一九六五年五月、キャロラインは母親やジョンと共に初めての海外旅行に出かけた。目的地は一二一五年大憲章《マグナカルタ》が署名されたテムズ川沿いの牧場ラニーミードで、エリザベス女王の臨席を仰ぎ、殉死した大統領の若き遺族の出席のもとＪＦＫの追悼式が行われることになっていた。

女王に対する儀礼について、キャロラインは事前にモード・ショウから懇切丁寧に教えられていた。ボビーとテッドの二人の叔父が誇らしげに見守るなかを、大統領の娘はつつがなく所作をこなしたが、母親と祖母の間に長いこと座らされていて、あくびをこらえることができなかった。ウィンザー城で女王とティータイムを共にした後、モード・ショウは、子供たちが粗相しなかったことに「女王陛下臨席の国際的な行事で紅茶をこぼさずによかった」と安堵した。

キャロラインとジョンは王室の儀式から解放されると、リージェント・パークのリー叔母の邸に数日間厄介になって観光旅行を楽しんだ。ホワイトホールでは瞬きもしない騎兵と写真を撮り、バッキンガム宮殿では衛兵の交代を見物した。ロンドン塔ではキャロラインは当惑ぎみに死刑執行官の斧を手にしたが、ジョンが古い大砲の胴の中へ潜り込むのを見て、頭を振った。「汚いでしょ」と叫ぶと、何世紀にもわたってたまった汚れを指さした。イギリスを離れる前に一家は写真家のセシル・ビートンのもとを訪れ、キャロラインとジョンの写真を撮ってもらった。ジャッキーはそれを見て、ジョンが少年時代の父親に実に似ているのと、キャロラインの青い大きな眼の中になんとも言えない悲しみが宿っていることに驚かされた。

乳母のショウは子供たちが通りを渡るときはいつも手を取り、遊んでいるときは見守り、節度をもって面倒を見てきた。キャロラインにとってはジャッキーにひけをとらない母親代わりであった。だからこそジャッキーは彼女に突然辞めてもらうことにしたのだった。ショウはイギリスの親戚と過ごしたいのでアメリカには戻らないとキャロラインには話したが、ジャッキーとしては、キャロラインが乳母のショウとあまりにもべったりでよくないと判断した。かくしてショウは七年間の奉公をもってケネディ家を去ることになったのだった。

ショウは突然のことに面食らった。「キャロラインのことをとても愛していた。ずっとずっと愛していたのに」とショウは言った。「国（イギリス）へ帰ってからも、ずいぶん泣いた。私と違って母親の流儀ではキャロラインは安らかに暮らせないと思って」

ニューヨークへ戻ると、キャロラインが目のあたりにしたのは、母親が社交界の狂熱に一気に巻き込まれていく姿だった。ジャッキーはパーティとコンサート漬けの毎日となった。キャロラインは寝かしつけられる前に、母親の衣装を覗き見に行った。「アダムス・ファミリー」のデザイナーのチャールズ・アダムスがジャッキーをある資金集めパーティにエスコートするところへキャロラインがやってきたことがあった。彼によると、「ジャッキーは艶のある白いドレスにダイアモンドのネックレスとイアリングをしていて、まさに豪華絢爛だった」

アダムスが「まるで女王だ」とジャッキーに言うと、「女王様なら見たことがあるわ」とキャロラインが割って入った。「でもマミーはそれよりも素晴らしいわ。はるかにね」

夫の二周忌はまたまたジャッキーを落ち込ませたが、前ほどではなくすぐに立ち直った。ある夕方、ジャッキーはキャロラインにキスをすると出かけていった。トルーマン・カポーティが国連プラザ・アパートの自宅に戻ると、そこには威儀を正したドアマンに招じ入れられたジャッキーがいて、二人は明け方まで話に興じた。

ジャッキーはきらびやかな社交イベントを蝶のように舞って、再び雑誌や新聞を飾るようになり、前にも増してゴシップの好餌となった。レポーターたちはジャッキーのごみ袋をほじくり返し、カメラマンたちは五番街《フィフス・アヴェニュー》一〇四〇番地に駐車した車の陰に潜んで下校する子供たちを隠し撮ろうと狙った。これに対してジャッキーは関係スタッフに厳罰主義で臨んだ。ジャッキーの私生活についてたとえ取るに足りない些細なことでも漏らしたら即刻解雇した。それよりジャッキーが気にしたのはキャロラインとジョンの情報だった。たとえばキャロラインの友達の名前、好きなおもちゃ、ゲーム、食べ物、音楽、映画、テレビ番組、どれも知られてはならなかった。

子供たちのプライバシーを守るのに熱心なあまり、かえって彼らの生活に支障をきたすようになった。シークレットサービスはキャロラインと親密にならないよう以前より頻繁に交代させられた。リムジンの運転手も毎週のように代えられた。家族のスケジュールを知られたくなかったからだ。その上で、運転手たちはキャロラインはもちろん家族に声をかけることも禁じられた。

キャロラインは新しいピアノの先生が気に入っていたが、後にレポーターだとわかった男に自分の仕事を話したためにその女先生は翌朝クビになった。キャロラインは学校から帰宅するとふらりとキッチンを覗いてコックと話をするのが日課だったが、そのコックはうっかり女主人がダイエットで二十五ポンド（十一キロ強）も痩せたことを友人のレポーターに話したために、即刻解雇された。その後釜のシェフ、アンマリエ・アストも、献立をノートに記録すると言ったとたん数時間内に荷物をまとめて出て行くように言われた。記録するといえば、とっくに暇を出された乳母モード・ショウもジャッキーの怒りの例外ではなかった。回顧録を執筆中だと知られると、最終原稿をチェックさせないと裁判に訴えると脅された。

身近な関係者で残ったのはほんとうにわずかで、もっとも知られているのは、一九五五年からジャッキーのメイドを務めるタッカーマンとプロヴィデンシア（プロヴィ）・パレデス夫妻だろう。しかし、母親の社交界での派手な振る舞いと周囲の人間に対する不信は、キャロラインの心中に不安を募らせた。「これほど平気で周りを切り捨てる人は見たことがない」と母方の叔母ジャミーには言われたものだ。「『去る者日々に疎し』とはジャッキーのための諺ね。（父親を失っているキャロラインとしては）母親によって周囲から人がいなくなっていくことに当惑を超えて恐怖さえ感じたのじゃないかしら」

ジャッキーにはジャッキー流のストレス解消法があった。なかでも一番の特効薬は馬に飛び乗って野外を駆け回ることだった。週末の隠れ家をロングアイランドからニュージャージーはバーナーズヴィルの貸農家に替えると、エセックス・ハウンド・フォックス乗馬クラブに加入した。キャロラインも完璧な騎手をめざして、母親の勇猛果敢さを手本に馬を操って障害を飛び越える技を磨いた。

誰もがそうだが、キャロラインも母親のエネルギーには圧倒された。マックス・ジェイコブソン医師に処方してもらっているアンフェタミンの効果もかなりあることをキャロラインは知らなかったが、子供たちはジャッキーのペースに付き合わされることに怯えを抱いた。

一九六五年の冬、キャロラインは母親に連れられて、ニュージャージーの乗馬に加え、透き通ったカリブの海でシュノーケリングをしにアンティグアへ、そしてスキーを楽しむために国内のサンヴァレー、ストウ、さらにはスイスのグシュタードにまで出かけた。スイスからの帰りには、ローマに立ち寄って法王パウロ六世の講話を聴き、その足でアルゼンチンへ舞い降りた。母親としては、娘が乗馬に熱心に付き合ってくれることが嬉しくて、それにかこつけては娘を紳士たちに紹介した。

ジャッキーだけの単独行もあって、そのときキャロラインは新聞記事で母親《マミー》の活躍ぶりを追いかけた。一九六六年五月、母親《マミー》はスペインはセビリアの祭《フェリア》に出かけた。ご当地の民族衣装であるペイネタ（櫛）と白いマンティラ（スカーフ）で着飾り、二頭立ての馬車に乗ってセビリアの街なかを練り行く姿が写真に撮られた。翌日は白馬にまたがって路地裏を闊歩し、また名物の闘牛を観戦、三人の闘牛士《マタドール》からモナコのグレイス王妃よりも先に牛を仕留めた第一刀（キル）を捧げられた。ニューヨークへ戻ると、キャロラインはライフ誌の最新号を振りかざしながら、学校から走って帰宅した。表紙を飾っていたのは、革ズボンとフリルのシャツに深紅のジャケットを颯爽と羽織った母親《マミー》だった。キャロラインは最大の関心事をシークレットサービスに質した。「ねえ、これは誰の馬？」

母と娘は長年温めてきた約束を果たすことができた。五月二十八日、週末の隠れ家から遠くないニュージャージーはニューヴァーモントで年一回開催される馬術大会に母娘でチームを組んで出場、見事二位となったのである。

それから一月足らずで、一家は次なる旅へ出た。今度は叔父のピーター・ローフォード（JFKの妹パットの夫）一家と一緒に七週間、ハワイで過ごすことになった。キャロラインとジョンと母親はダイアモンドヘッドの麓に、ローフォード一家はカハラ・ヒルトンの近くにキャンプを張った。

ジャッキーには喜ばしいことに、キャロラインとジョンは三人の地元の少年と知り合い、ハワイならではの遊びを楽しむことができた。セイクレッドフォールズで、泥の斜面を駆けくだり、岩をよじ登り、岩礁の潮だまり《タイドプール》を探検した。キャロラインは男まさりの勇猛ぶりを発揮してサンゴで足を深く切って包帯を巻くはめになった。

しかし、もっとも危ない目にあったのはジョンだった。近くの島に渡って一晩を過ごしたときのことだ。ハワイ伝統の宴《ルアウ》のために火が燃え盛る〝かまど〟が地面に掘られてあった。その周囲をジョンが走り回るので、「気をつけるのよ、ジョン。近寄りすぎ……」とキャロラインが言いかけたとたん、警告は悲鳴に変わった。ジョンが穴に落ちたのだ。シークレットサービスのウォルシュが駆けつけてジョンを抱き上げたが、ジョンの腕、手、尻は火傷でひどい状態だった。近くの病院に運び込まれ手当てを受け、数時間後には戻ることができた。「大丈夫、ジョン?」とキャロラインに訊かれて「大丈夫だ」と返すと、〝偉大な姉貴《ビッグ・シスター》〟は頭を振ると厳しい口調で言った。「もっと気をつけないとだめよ」

その年の七月、キャロラインは、叔母(母親の異父妹)のジャネット・オーチンクロスの結婚式で花嫁に付き添う少女《フラワー・ガール》を務めた。ここニューポートの通りが民主党の若きスター議員と美貌の花嫁を祝福する群衆であふれかえってからすでに十三年が経《た》っていた。その群衆がまた戻ってきた――今度は六年前大統領夫人となってから世界でもっとも尊敬すべき女性と賞賛されている三十七歳の未亡人を一目見るために。ジャッキーを撮ろうともがくカメラマンたちに花嫁は押しのけられ、それを気の毒に思った義理の姉リー・ラズウィルから手渡されたハンカチに涙をこぼした。

髪を花輪で飾り花束を胸に抱いたキャロラインはカメラマンに囲まれたまま、列席者と共に教会から待機していたリムジンへ向かった。報道陣に押されて車のドアが開けられず、弟は顔をしかめ、キャロラインは涙をこらえた。「彼女は明らかに怯えていた」と現場にいたあるレポーターは証言している。「なんでほっておいてくれないの、と彼女の顔は訴えていた。と、彼女はつまずいた。誰かが手を貸して引き起こしていなければ踏みつぶされていただろう。みんなこれはまずいと気づいて、全員で後ろに下がって、ようやく子供たちは息をつくことができた」

有名人ゆえに求められる〝案件〟をキャロラインほどうまくさばける天賦の資質を持った者はいなかった。自分の名前が書けるようになったときから、公衆の面前で求められれば、直筆のサインや写真のポーズに応じていた。しかし、母親としては、そんなサービス精神は高いものについて危険が多すぎると懸念していた。

実際、ある日曜日、ジャッキーとキャロラインが行きつけの東五番街のセントトマスモア教会から手をつないで出たところ、いきなり見知らぬ女性に手をつかまれて叫ばれた。「あなたの母親は性悪で人を三人も殺しているのよ。それから、父親は生きているわよ！」

キャロラインはその場をしのごうとしたができなかった。しばらくしてシークレットサービスが女を引きはがし、ベルビュー病院の精神科へ保護観察入院させた。それから一年ほど後、ジャッキーは友人にこう漏らした。「あの子が助かることを祈ったわ。いまでもあの変な女のことが頭に焼き付いて離れない」

キャロラインの母親《マミー》が一緒にいていちばん落ち着いて信頼できるのは、やはりボビー叔父さんだった。キャロラインにとっても父親を思い出させるこの叔父といるときが楽しかった。一九六七年五月、ボビーはキャロラインを新たな冒険旅行へといざなった。今度はニューヨーク州北部のカヌーによる急流下りだった。従弟妹《いとこ》のケリーやコートニーと同じテントに泊まり、フード付きのレインコートとライフジャケットを着込んで、ノースクリークを櫂《パドル》をさばきながら下り降りた。

ジャッキーはキャロラインが引っ込み思案になるのがつねに気がかりで、ボビーに頼んで、幼いわが娘に自信と根性を付けてもらおうとした。ジャッキーに言わせると、「ボビーが頼りで、そのためには窓から飛び降りてもいいくらいだった」

一九六七年早々ジャッキーは紛争を抱えることになった。ウィリアム・マンチェスターの『大統領の死』に対して出版差し止め訴訟を起こしたのだ。当初ジャッキーは著者に協力的だったが、暗殺をめぐる衝撃的な記述と写真が子供たち――とりわけキャロラインに及ぼす影響を恐れたからだった。ジャッキーとマンチェスターとの争いは何週間にもわたってマスコミを賑わし、キャロラインにも影響を与えることは目に見えていた。「ジャッキーはこの問題について子供たちの話はしないよう心掛けていた」とサリンジャーは言う。「でも、いやでもキャロラインの目には新聞や雑誌の見出しが飛び込み、耳には母親以外の話が漏れ聞こえてくる。鋭い子なので、家族に関わるゴシップはわかってしまう。それでとても苦しんでいた。あの子たちに父親の死を蘇らせたいやつらの気が知れない」

キャロラインは新聞・雑誌を飾る巻頭の乱痴気報道を彼女なりの穏やかなやり方で巧みに活用していた。父親の葬儀以来、毎日のように、新聞雑誌に掲載された父親の写真を切り抜いていたが、おかげでいまや彼女の寝室の壁はＪＦＫの肖像で埋め尽くされていた。

一九六七年五月、ジャッキーはキャロラインを憂鬱から立ち直らせる一助になればと、九歳のお祝いに並外れた栄誉をプレゼントした。ヴァージニア州ニューポート・ニューズ紙で、リンドン・ジョンソン大統領が首を鶴のように伸ばして見守り、ジョンがぐずり、母親《マミー》が拍手をするなか、キャロラインは空母「ジョン・Ｆ・ケネディ」の進水式でシャンパンを割る大役を果たしたのである。

すでにキャロラインは母親の後継のファッションリーダーと目されるようになっていた。ウィメンズ・ウエア・デイリー誌は、ウエストをしぼったドレスで空母の進水式に臨むキャロラインの写真を掲載、こんな予言的コメントを添えた。「これはAラインの終わりの始まりとなるだろう」

この進水式はキャロラインの人生の転換点《ターニングポイント》となったとして、ジャッキーはこう語っている。「そろそろキャロラインもレディとして自分で責任を取る年になった。年と共に世間から期待を寄せられるようにもなった。そんなときに進水式があって、それで本人も自覚したのね、これからいろいろなことを学ばなければならない新しい人生が始まるんだと」

ほどなくジャッキーは、誰を呼ぶとも何のためなのかも明かさずにあるパーティを招集した。招待された客たちは、来てみて、たった一つの共通点はみな小さい子供がいてそれを連れてくるように言われていたことだと知った。子供を連れずに五番街《フィフス・アヴェニュー》一〇四〇番地に現われた客は玄関から中へは入れてもらえなかった。

やがて、その日の主役であるキャロラインが、レースのスリーブにピーターパン・カラーをアクセントに配したピンクのシフォンのパーティドレスをまとって華やかに登場した。「さあ、きょうでキャロラインは子供時代とさよならするの」とジャッキーは言った。「そして、大人のレディの世界へ足を踏み入れるのよ」

宴の途中で、ジャッキーはダイニングでキャロラインが友達とケーキを食べながら談笑しているところへ、国務省の高官を招き入れた。「とてもチャーミングで可愛らしいレディだ」と彼は声をかけた。「ありがとうございます」とキャロラインは返した。「楽しい夜をお楽しみください。亡き父も私がよきホステス役を務め上げることを望んでいると思います」

国務省高官がジャッキーを見ると、感情を抑えきれずに思わず涙を流していた。「あの娘はとっくに大人になっていたのね、あんなに気丈に振る舞えるなんて」とジャッキーは言った。「父親のことを忘れないでいたことも、とても嬉しかったわ……」

それから五、六週間後の一九六七年の六月中旬、キャロラインとジョンは母親に連れられて、一族の故郷アイルランドの土を初めて踏んだ。ウォーターフォードのウッズタウンでは、二人の子供たちは、二台のバスに分乗して追いかけてきたレポーターとカメラマンに付きまとわれた。同地の浜辺では、ジョンは砂で城を築き、キャロラインは地元の子供たちと冷たい波と戯れた。

キャロラインはまったく知らなかったが、実はキャロラインとジョンは危うく孤児になるところだった。ジャッキーが一人で泳ぎに出て、引き波にさらわれて沖へ持っていかれそうになったのである。ハワイでジョンを宴《ルアウ》の火の穴から救ったシークレットサービスのウォルシュがまたしてもぎりぎりのところで救出してくれて事なきを得た。キャロラインとは仲がよいにもかかわらずその勇猛さを買って任用を認めたウォルシュに対して、ジャッキーは娘にはこのことは伏せておくようにと頼んだ。

新学期を迎えるとキャロラインは以前のように学校に戻ったが、ジョンはマンハッタン東六十九丁目通りにあるローマカトリックの男子だけのセントダビデ校の二学年に転校した。弟とは対照的にキャロラインは勉強熱心で――あまりにも熱心すぎるのが母親には心配なこともあったが――セイクレッドハート校の尼僧先生たちには自慢の生徒だった。

ジャッキーはキャロラインの学業成績を誇りに思ったが、二人を「単に五番街《フィフス・アヴェニュー》に住んで良い学校に通うだけの子供」にはしたくはなかった。二人は、とくにボビー叔父さんから、この町の暗部について――ハーレムとサウスブロンクスには同年代の子供たちが寒い冬に暖房もなくクリスマス・プレゼントももらえずにいることを聞かされた。

キャロラインはニューヨークの貧しい子供たちの現状を聞かされると、すぐにプランを思いつき、弟を巻き込んで、自分たちのいちばんいいおもちゃを掻き集めると、彼らにプレゼントした。

母親も五番街《フィフス・アヴェニュー》の上級生活の外に関心を向けるようになった。子供たちを新任の女性教育係《ガヴァネス》のマルタ・スグビンに任せると、コロンビアやメキシコへ飛んだ――少なくともマスコミの表向きの報道によれば、アメリカでもっとも世界を飛び回る元ファーストレディと評されていた。新聞報道から、キャロラインも、アンコールワットの伝説の遺跡からメキシコはユカタン半島のマヤのピラミッドまで、母親《マミー》の世界を股にかけた活躍ぶりを知った。

キャロラインはまだ十歳と小さくて想像もできなかったが、母親《マミー》の記事の背後には何人かの男たち――たとえば有名どころではJFKの下で国防副長官を務めた弁護士のロズウェル・ギルパトリック、元駐米イギリス大使のハーレフ公などがいた。だが、母親を熱心に追いかけ、山のような手紙と深夜の電話攻撃でついに母親をなびかせることに成功しながら、マスコミに〝元大統領未亡人の本命の愛人〟として名前が挙がらなかった人物がいた。その男とは、アリストテレス・オナシスである。

ボビーはオナシスを「超大物のゴロツキ」と評していたが、言いえて妙だった。幾多の怪しいビジネス取引によって、オナシスはたった六十ドルから資産五億ドルの海運王にのし上がった。また多くの世界中の美女と浮名を流し、そのなかには、アルゼンチン大統領夫人エヴィータ・ペロン、チャップリンの事実上の妻だったポーレット・ゴダード、ジョゼフ・ケネディの愛人だったグロリア・スワンソンなどがいた。

オナシスは四十六歳のときに、ギリシアの海運業界の大立者スタヴロス・リヴァノスの娘で当時十七歳のアシーナ〝ティナ〟リヴァノスと結婚。結婚生活は十一年で破局、ティナは再婚しオナシスはクリスティーナ号上で世紀のオペラ歌手マリア・カラスと結ばれる。一九六〇年の早い時期に、カラスはオナシス夫人になるつもりだったが、最初の妻の子供たち――当時十二歳のアレクサンダー・オナシスと十歳のクリスティーナ・オナシスの反対にあってできなかった。オナシスの側近のジョニー・メイヤーによれば、「二人の子供たちはカラスのことを心底嫌っていたからだった」

かくしてアリ（親しい仲間には「アリスト」と呼ばせていた）・オナシスは世界でもっとも有名な女性に目を付ける――そして最大の恋敵《ライバル》はキャロラインの叔父のボビーだと考えた。同じ恋敵のギルパトリックによると、「オナシスは父親役としてはボビーに勝てないと知っていた」。しかし、ニューヨーク選出のボビー上院議員が大統領選に出馬を表明したことで、これまでのようにキャロラインとジョンの相手をする余裕がなくなった。これで勝機ありとオナシスは読んだのである。

ジャッキーはロズウェル・ギルパトリックとマヤのチチェン・イッツァ遺跡を上っているときに、ボビーが次期大統領指名選挙に出馬することを知った。さらに、対抗馬と目されたリンドン・ジョンソンが民主党の人気を下落させ、彼に再選の目はないことが明らかになった。

ジャッキーは、ボビーはケネディ一族の輿望《よぼう》を担ってホワイトハウスに戻ってこられるだろうが、それには恐ろしい犠牲が伴うと感じていた。「ボビーにどんなことが起きると思う？」とジャッキーは後にアーサー・シュレジンジャー・ジュニアに訊いたことがある。「きっとジャックと同じことよ」

キャロラインも母親と同じ懸念を持っていた。ダラスの惨劇の後、ジャッキーは娘を安堵させようとして、ケネディ家を憎んでいる人より愛している人のほうが多いと言った。だが、ボビーには敵が多かった。だから、キャロラインからボビー叔父さんは大丈夫かとジャッキーは訊かれて、今度ばかりは即座に話題を変えた。

ボビーの気をもませたのは、ジャッキーから深刻な警告を受けたからではなく、ジャッキーが〝ギリシア人〟――彼はオナシスのことを侮蔑してそう呼んでいた――と結婚するかもしれないからだった。「後生だから」とボビーは哀願した。「そんなことになったら大統領指名選挙で五つの州を失うことになる」。離婚歴のある二十九歳も年上の男と再婚するのは賢明とはいえないというカッシング枢機卿のアドバイスを受けて、ジャッキーはしぶしぶ決断を先送りした――ただし選挙が終わるまでの条件付きで。

キャロラインがセイクレッドハート校で授業を受けていた一九六八年四月四日、尼僧が教室に入ってきて、教師に恐ろしい報せを耳打ちした。マーチン・ルーサー・キング牧師がメンフィスのモーテルを出たところで撃たれたというのだ。キャロラインは、この公民権運動のリーダーとホワイトハウスに住んでいるときに会っていた。キャロラインの母親はまたまた「なぜ人は善人を殺そうとするのか」という娘の問いかけに答えるのに腐心しなければならなかった。

当初ジャッキーは、しばらくしてからキング未亡人を個人的に弔問しようと思っていた。悲しみは生涯癒えることはないと感じたからだ。しかしボビーは、JFKの未亡人がキング未亡人の傍らで哀悼を捧げることのシンボリックな意味を承知していて、ジャッキーになんとしてもアトランタの葬儀に出席することを強く望んだのだった。

キング牧師暗殺を契機にして血なまぐさい暴動が全国に広がり、これにヴェトナム戦争をめぐる国論の二分が加わり、世界はコントロール不能の状況を呈しつつあった。子供たち——とりわけキャロラインをこうした状況の犠牲にさせたくなかった。そこでジャッキーは考えた——金と権力のある男と結婚すれば、子供たちを金銭的にも情緒的にも身体的な安心面でも、ジャック・ケネディの子供として扱ってもらえるのではないかと。

オナシスと結婚するかしないかを決断する前に、キャロラインとジョンに会わせる機会をつくろうと思い、その年の復活祭《イースター》、オナシスの自家用ジェット機で子供たちを連れてパームビーチへと飛んだ。ジョンは、一緒に遊んでくれプレゼントを山とくれる気前のよいオナシスがたちまち気に入った。

数週間後、ジャッキーは子供たちをニューヨークに残し、オナシスと四日間クリスティーナ号でカリブ海へクルーズに出かけた。キャロラインからは〝ミスター・オナシス〟——ジャッキーは目上をけっしてファーストネームで呼ばないように、たとえ本人がそれを許しても、ときつく言い聞かせていた——と結婚するつもりなのかと訊かれていた。ミスター・オナシスは他に女性——偉大なオペラ歌手のマリア・カラスがいると、キャロラインは何かで読んで知っていた。ジャッキーとしては、娘にどう思われるだろうか、さらに嫉妬深いプリマドンナのイメージが胸中に去来して、せっかくのクルーズも楽しめなかった。感情が高ぶっていたこともあり、ほとんど船室に閉じこもって激しい船酔いに耐えていた。

ジャッキーは、子供たちにギリシア人の義父をつくることの良し悪しを考えながら、やはりオナシスはハワード・ヒューズやポール・ゲッティと並ぶ世界の大富豪であることを抜きには考えられないと思った。もちろんキャロラインとジョンにはそうだとは言えないが、金は大きな判断材料だった──とくにケネディ一族の長老ジョゼフが生きている間、全財産を彼の手に握られている限りは。

「ジャッキーにとっては」とゴア・ヴィダルは言う。「ただの金持ちじゃなくて、人間臭い金持ち、そこがよかったのじゃないか」。また、オナシスの友人のライター、ドリス・リリーに言わせれば、「見てくれはたしかにずんぐりむっくりの醜男よ。でも、ジャッキーにはそんなこと問題じゃなかった。彼には顔を超えた魅力があった。まさに『その男ゾルバ』（ギリシアの小説、一九六四年にギリシア・イギリス・アメリカ合作で映画化）よ、生命力があって愉快で」

実父のブラック・ジャック・ブーヴィエ、義父のジョゼフ・ケネディ、そして夫のジャック・ケネディと同じく、オナシスはジャッキーにとってはそそられるタイプだった。ジョージ・プリンプトンも言っているが、「危ないところに惹かれた」のである。それでも彼と結婚することがキャロラインとジョンにとっていいことかまだ悩んでいた。

ジャッキーはニューヨークの自宅に戻ると、ボビーとの約束を守って、オナシスとの関係は秘していた。いっぽうで見え見えの逢瀬を繰り返し、そのなかには二人のお気に入りの囮《デコイ》──ほとんどのレポーターがどちらかが結婚相手の本命としていたロス・ギルパトリックとハーレフ公も含まれていた。

一九六八年六月六日の午前三時三十分、ジャッキーはテレビのスイッチを切ってベッドへ向かった。ちょうど雌雄を決するカリフォルニアの予備選挙の結果を見てボビーの勝利に満足したところだった。

それから三十分後電話が鳴った。ロンドンのリーとスタス・ラズウィルからで、ボビーが撃たれたとBBCが報じているというのだ。

キャロラインとジョンは母親の絶叫にも気づかずに熟睡していた。「なんてこと！」とジャッキーは泣き叫んだ。「まさかそんなことが、まさかそんなことが起きるなんて！」

ボビーに夫と同じことが起きるかもしれないというジャッキーの予感は、ロスアンゼルスのアンバサダーホテルの調理室《パントリー》で現実となったのだった。宴会場で支援者たちにお礼の挨拶をした直後、調理室を抜け道にして表へ出ようとしたところ、暗がりにシーハン・シーハンというパレスチナ人の若者が待ち伏せていた。直近の六日間戦争で、アメリカとイスラエルの同盟軍によってアラブ側が敗北を喫したことを根に持ったシーハンは、拳銃を至近距離から発射、六発がボビーの頭と首と右脇腹に命中した。

ジャッキーはテレビをつけた。ホテルの惨状と――床にできた血の海に目を剥いて横たわるボビーが繰り返し映し出された。ジャッキーは、ボビーが危篤状態で収容されているグッドサマリタン（心優しきサマリア人）病院のあるロサンゼルス行きのいちばん早い便をおさえた。空港に向かう前にキャロラインとジョンを起こすと事情を話して聞かせた。キャロラインは泣き出したが、ジャッキーは、ダディーのときとは違う、ボビー叔父さんは生きていて医者が手を尽くしているからと安心させようとした。「でも、それはキャロラインというより私への慰めだった」とジャッキーは後で述懐している。

「キャロラインが私の言葉を信じるとは思っていなかったもの」

6 母の再婚——継父・海運王との奇想な日々

いつも明日に向かってジャンプ！　あの楽しい日々は忘れない！

二人は一つの魂でつながっていた。

——キャロラインの従弟妹《いとこ》の一人（キャロラインとジャッキーとの関係について）

ボビー（ＪＦＫの弟ロバートの愛称）は数時間生きながらえたが、太平洋時間で翌日の午前一時四十四分、妻のエセルに手を握られて帰らぬ人となった。四十二歳の生涯だった。キャロラインは起床すると、愛する叔父が亡くなったと教えられた。母親もおらず誰も戻ってこない自宅で、ひとり部屋にこもって泣いた。

大統領専用機《エアフォースワン》でダラスからワシントンへ戻ったあの悪夢の旅を再現するかのように、ジャッキーはエセルや要員たちと共にＲＦＫの遺体を乗せて政府専用機でニューヨークへと戻った。翌一九六八年六月八日、ジョンソン大統領とバード夫人を筆頭に数千人の弔問客がセントパトリック大聖堂でいまは亡き上院議員に哀悼を捧げた。

ボビーの十一番目の子供を身ごもるエセルがひたすら沈着冷静に振る舞うなか、末弟のテッド（エドワードの愛称）が感動的な弔辞を読み上げた。「兄は理想化されることを望んではいません」と声を震わせながら切り出した。「死によって彼の実人生がことさらに誇張されることも望んでいないでしょう。みなさんの記憶にこうとどめてほしいはずです。ひたすら善良で誠実な男であったと。悪を目のあたりにしたら正そうとし、困った人を目のあたりにしたら慰めようとし、戦争を目のあたりにしたらそれを止めようとした男だったと……」

キャロラインとジョンは大聖堂の中で母親の傍らに立ち、ケネディ家の従弟妹《いとこ》たちと共に追悼ミサに参列した。その後、ボビーをアーリントン墓地に埋葬するため、親族と友人たちは特別列車に乗りニューヨークからワシントンへ向かった。二百二十六マイル（約三百六十キロ）もある沿線には、二百万を超える人々が列をなして哀悼の意を表した。さらには、ボビーに別れを告げようとした人が二人、特別列車にはねられて死亡、それをキャロラインの従弟妹《いとこ》の何人かが目撃するという悲惨なおまけがついた。翌日、多くの野次馬が大口を開けてカメラを向けるなか、キャロラインは叔父の新墓に花を捧げ、その傍らでジョンと母親が跪《ひざまず》いて十字を切った。

父親の記憶がまだ生々しく残っているキャロラインにとって、ボビーの死をめぐる出来事は苦痛以外の何物でもなかった。しかしミセス・ケネディは娘を慰められる状態にはなかった。JFKの側近参謀だったピエール・サリンジャーによれば、「とことん打ちのめされていて、彼女は——そしてわれわれも同じ悪夢をまた見ていることを認めたくなかった」

キャロラインも生々しい悪夢に苛まれた。「ボビーの死はキャロラインにとって大きなショックだった」と叔父（母の異父弟）のジャミー・オーチンクロスは言う。「でも、感情を抑えていて、いっそう内向きで引っ込み思案になった。それは実に残念なことだった。せっかく閉じこもっていた殻から抜け出そうとしたところだったのに……」。そこでキャロラインはかつて成功した手法を踏襲することにした。つまり、ボビーの写真を新聞や雑誌から切り抜いて、壁の父親の写真の隣りに貼っていったのだ。ジャッキーに言わせると、「それはおそらく二人を生かし続けるためのキャロライン流のやり方だった」

キャロラインの目にも明らかだったが、やがて母親の悲しみは怒りに変わり——ケネディ家の独立を図ることでしか子供たちの安全は確保できないと考えるまでになった。ついにジャッキーは宣言した。「私はこの国を憎む。アメリカを軽蔑する。これ以上子供たちをこの国で暮らさせたくない。ケネディ一族を抹殺しようというのなら、一番のターゲットは私の子供たちだ。私は二つのターゲットを抱えている。私はこの国から出るだけだ！」

ジャッキーは自分自身だけでなく子供たちのためにも〝避難〟を必要としていた。「子供たちが大きくなるほどカメラマンたちの待ち伏せがひどくなった」とジャッキーはピエール・サリンジャーにこぼした。「ジョンは男の子なのでなんとかやれるけれど、心配なのはキャロラインよ。あの娘は繊細な上に、とっても傷つきやすい。何か問題があっても口にはしないで、ため込んじゃうから」

ジャック・ケネディの子供たちの安全を確保するのに、おそらくアリストテレス（アリ）・オナシスほどの適任はなかった。現在のシークレットサービス要員はたったの四人に対して、彼の武装警護は七十五人もいる。ジャッキーが必要とする〝避難場所〟だって、彼にはパリとアテネの豪華絢爛たる本宅に、スコルピオスの島と、もちろんクリスティーナ号がある。

ボビーの葬儀を終えた週末、オナシスは娘のクリスティーナを伴って、ロングアイランド州ニューポートにあるジャッキーの継父ヒュー・オーチンクロスの別荘ハマースミス・ファームへやってきた。ニューポート界隈の案内役を引き受けたジャミー・オーチンクロスは、「クリスティーナはひどい目にあったことで、アメリカのすべてが嫌いになった」ことを思い出した。クリスティーナはジャッキーを好きでないことを隠そうとしなかったが、キャロラインについては最初から〝年の離れた姉〟として接した。彼女はかつてマリア・カラスから「女子修道院好みの子供」と評されたが、キャロラインを同類と感じたらしい。「二人とも生まれたときから有名で、いやというほどつらい目にあっていた」とニューヨーク・ポスト紙の元コラムニストのドリス・リリーは言う。「クリスティーナはそれを嗅ぎ取って、キャロラインのことを幸せになってほしい少女だと思ったのじゃないかしら」

アリ・オナシスはその夏の残りをキャロラインとジョンを籠絡するために費やした。一緒にテニスや釣りに興じ、五番街《フィフス・アヴェニュー》の「FAOシュワルツ」へちょくちょく連れていって玩具を買い漁った。しかし、もっとも力を入れたのは、ことあるごとに、母親は一人ぼっちで面倒を見てもらういい人が必要だということをキャロラインとジョンの心に刷り込むことだった。

ただし彼が狙い定めたのは、ジャッキーと同じく、キャロラインではなくジョンだった。「ジャッキーはジョンには強い父親が必要だと思っていた」とケネディ家に近い友人は言う。「でも、ジャッキーが気づいていたとは思えないが、キャロラインはジョンほど父親を必要とはしていなかった、とくにこの時点では。ジョンは父親《ダディー》の記憶がないやんちゃ坊主だが、キャロラインは悲しみを知った半人前の大人だった」

キャロラインは秋口には、セイクレッドハート校でかつての模範生に戻れそうだった。しかしジョンはセントダビデ校の問題児だった。友達はすぐできるのだが、何人からか「お前の父さんは死んじまった！　お前の父さんは死んじまった！」と囃し立てられると、拳骨を振るってしまうのだ。学業の方も芳しくないので、ジャッキーは世間的格ではひけをとらない西七十七丁目通りの外れにあるカレッジエイト校に転校させることにした。「母は僕に対してはとても厳しくてね。キャロラインはなんでもうまくやるのに、僕はヘマをやって、尻を叩かれたものさ」とジョンは後によく口にしたが、実際母親は必要に迫られてもジョンの尻を叩くはずもなかった。

夏の終わりまでにオナシスはジョンを完全に籠絡したところで、ますます無口になったキャロラインの攻略に取りかかった。時を同じくしてジャッキーはオナシスとの結婚によって財政的にも身体的にも情緒面でも望みどおりの安定と安全が確保できると判断した。そして八月に入ると、母親はキャロラインとジョンをニューヨークに残し、テッド叔父と共にスコルピオス島へ向かった。そこでオナシスと結婚前同意書の大枠を決めたのは、アメリカで最強の政治一家の三兄弟の生き残りで、いまや二十七人のケネディ家の後継者たちのなかで父親の役を担うまでになったテッドだった。その上で最終的な数字の詰めは、ジャッキーの財政面の凄腕アドバイザーであるアンドレ・メイヤーに委ねられ、合意されたのは、ジャッキーに三百万ドルとキャロラインとジョンにはそれぞれ百万ドル相当の信託ファンドが支払われるというものだった。

ケネディ家とオナシスとの間でジャッキーの結婚同意書の条件が整ったとき、ジャッキーの自宅では新たな危機が勃発していた。ニュージャージー州バーナードヴィルの別荘でキャロラインとジョンは週末を過ごしていたが、別荘を出た車に二人が乗っているものとシークレットサービスが勘違いしてその車を追尾したために、二人を見失ってしまったのである。

ワシントンの警護本部はパニックに陥り、現場では二人の居場所を特定しようと警護係同士が無線で連絡を取り合った。シークレットサービスとしては、二人の父親と叔父を警備の鼻先で殺されてしまった上に、ＪＦＫの子供までが白昼に誘拐でもされたら、それこそ大失態であった。

二時間ほど過ぎたころ、ご近所のマージョリー〝ペギー〟マクドネルの車が別荘へやってきた。後部座席にはキャロラインとジョンが乗っていた。二人はマクドネルの八人の子供たちといままで遊んでいたのだった。シークレットサービスの分遣隊がキャロラインとジョンを探し出せないでいたのを、マクドネルが自力で見つけたのである。この事件は十年以上も伏せられたが、ジャッキーには忘れることができなかった。シークレットサービスのこの日の失態は、子供たちの安全に敏感なジャッキーにオナシスと結婚する意思をいっそう固めさせることになった。

ジャッキーが将来の財政的な裏付けについてオナシスと詰めている間、キャロラインは新しい母親代わりに面倒を見てもらっていた。新任の女性教育係《ガヴァネス》はマルタ・スグビンといい、黒髪ですらりとしてジャッキーによく似ていた。宗教的な要件を満たしている（敬虔なローマカトリックだった）だけでなく、英、仏、独、スペイン、イタリアの五か国語が話せた。

キャロラインがスグビンに初めて会ったのは、ニューポートにある母の継父ヒュー・オーチンクロスの別荘ハマースミス・ファームに〝外泊〟しているときだった。スグビンはニューヨークからの飛行機が遅れて深夜零時ちょっと前にやってきた。「最初、（親戚の子供もいたので）誰が誰なのかわからなかった」とスグビンは言う。「この子だったらいいのにと思ったほうがキャロラインだったことをいまも忘れない。だから、ひと目で好きになれたわ」

スグビンによれば、ニューポートでは二週間、「自転車に乗ったり、浜辺へ出かけたり、野外でいろいろな運動を楽しんで」から、キャロラインとジョンと新任教育係はニューヨークへ戻った。後にキャロラインは述懐しているが、「マルタはジョンと私にとってもっとも身近な母親代わりだった」

この先に待ち受けている〝大火事〟に対して、キャロラインとジョンに備えをさせることなどできようはずもなかった。ニューヨーク・ポスト紙の元コラムニストのドリス・リリーがNBCの人気番組「ザ・マーヴ・グリフィン・ショウ」に出演して、ジャッキーとオナシスの結婚を予言したところ、激しい非難の嵐に見舞われた。スタジオを離れるときにもみくちゃにされて罵声を浴びせられた。「ギリシアのヒキガエル野郎がジョン・F・ケネディの子供たちの継父になるだと？　われらが聖なるジャッキーをよくもそこまで侮辱できるな！」

そんな抗議や非難にジャッキーは無視を決め込んだ。マスコミがジャッキーの結婚話を嗅ぎつける前にも、何人もの友人から再考を促され、「華の台座から落ちてしまうわよ」などと警告されたが、「台座で凍えるよりはましよ」と言い返した。またトルーマン・カポーティとランチを共にしたときには、誰かもっとましなアメリカ人がいるだろうにという意見に怒りを募らせて、溜息まじりにこう答えた。「ニュージャージーの歯医者さんと一緒になるなんてできないわ」

オナシスと親密にはなったものの、母親との結婚話が実際に進んでいることはキャロラインもジョンも知らなかった。十月十五日付けのボストン・ヘラルド紙が一面トップでその詳細を報じると、ジャッキーは親族からの電話の応対に追われた。義母（JFKの母）のローズ・ケネディが「驚いた」のは、年の差ではなく、オナシスがギリシア正教徒で離婚歴があることだった。ローズは、カトリック教会はそれを認めるだろうかと疑問を口にしてから付け加えた。「キャロラインとジョン・ジュニアは、オナシスを大人に導いてくれる義父として受け入れられるかしら」

それでも義母のローズはケネディ一族のなかでジャッキーを無条件で支援すると言ってくれた唯一の人だった。いっぽう実母のジャネット・オーチンクロスのほうは「私があの娘の父親と離婚したことへの意趣返しよ……それに決まっているわ」と激怒した。

妹のジャネット・オーチンクロスが結婚の正式表明をしぶしぶながら認めると、ジャッキーはキャロラインとジョンを傍らに座らせて数日で新しい父ができることを告げて言い足した。「もちろんダディーの代わりはできないわ。でも、ミスター・オナシスは優しくていい人よ。二人ともきっと好きになれると思うわ」

ジョンは後に友人に言っている。「(母親にオナシスと結婚すると告げられて）それはいいと思ったね。彼は母を幸せにした。それがすべての答えさ」

キャロラインについてはジョンと事情が違っていた。オナシスは好きだった——それはプレゼント攻めと数か月にわたる濃密な付き合いのおかげだったが、ダラスの惨劇以来、母親が幸せそうなことも否定できなかった。いっぽうジャッキーはオナシスを一家の固い絆のなかに迎え入れながら、子供たちには「結婚」という言葉をけっして使わなかった。ジャッキーの異父弟のジャミー・オーチンクロスに言わせると、「キャロラインにはショックだったと思う」「父親を崇拝し、叔父のボビーの死はいまだ生々しい心の痛手だった。無理やりそれを抑え込んでいい子になろうとしていた。それは十歳の子供にはとんでもない重荷だった」

そこへ世界中から沸き起こった批判の嵐が加わった。ジャッキーとオナシスの結婚について、フランスのソワール紙は「悲しくも恥知らずな事件」、ローマのイル・メッサージェロ紙は「ジャック・ケネディは二度死んだ」、ロンドンの某紙は「ジャッキーは白地小切手を手に入れた」、そして西ドイツのビルト・ツァイトゥング紙は「アメリカは聖人を失った」とそれぞれ批判的な見出しで報じた。

アメリカ国内も似たりよったりだった。国内の反応を表現するのにニューヨーク・タイムズ紙が用いた言葉は「怒り、ショック、戸惑い」であった。旧友たちに言わせれば、「ジャッキーはプリンス・

チャーミング（魅力的な王子様）からキャリバン（シェークスピアが描いた野蛮で奇形の奴隷）のもとへ嫁いでしまった」。いっぽう昔からアリに目をつけていた妹のリーは、トルーマン・カポーティに怒りをぶつけた。「よくも私にこんな仕打ちができるものだわ。いったいどうなっているの!?」

十月二十日、スコルピオス島の小さなパナイッツァ（小処女）礼拝堂には、細くて白いろうそくを手に神妙な顔で新郎新婦の脇をかためるキャロラインとジョンの姿があった。この結婚式には、JFKの子供たちを含め二十二人の身内と友人が招待されて列席した。新郎オナシス側からは、体の揺れを抑えられない妹のアルテミス、義妹のイエラシモス、仕事の関係者、そして言うまでもなく新郎の子供――二十歳のアレクサンダーと十八歳のクリスティーナ。新婦側からは、前夫の妹のパット・ローフォードとジーン・スミス、母の再婚先のオーチンクロス家の親族、妹のリーと夫のスタス・ラズウィルにその子供のクリスティーナとトニーが居並んだ。

かつてジャック・ケネディとの結婚式のとき実父ブラック・ジャック・ブーヴィエが果たした役回りを、今回は継父ヒュー・ダドリー・オーチンクロスが務め、狭い通路を祭壇に向かう継娘に付き添った。その脇にはキャロラインとジョンがろうそくを捧げたまま従った。まさかこんなことになるとは思ってもいなかったJFKの子供たちを、オナシスがヘラクレスまがいの力技で籠絡に成功したことを証明する見るも痛々しい光景であった。参列者の一人によると、とくにキャロラインは「暗く沈んでいて、多くの人はとても可哀想だと感じた」という。

しかし、この日浮かない顔をしていたのはキャロラインだけではなかった。クリスティーナ（父親のオナシスはギリシア語で「私の黄金」を意味する「クリソー・モウ」と呼んでいた）とアレクサンダーも同類だった。彼らの母親ティナと父親の撚りが戻ってほしいとかねてから願っていたことがご破算になってしまったからだ。その場を取材していたレポーターたちによれば、二人の表情は結婚式というより葬式のそれだった。「アリ・オナシスの子供たちはジャッキーのことを、見え見えの〝金目当ての男たらし《ゴールド・ディッガー》〟と見ていた」とオナシスの友人のドリス・リリーは言う。「父親が彼女を妻にしたのは究極のトロフィーを手に入れるためだと気づいていた。二人がジャッキーを忌み嫌っていたと言っても、それはけっして言いすぎではない。そしてキャロラインもそれに気づいていたはずだった」

式は、金色の礼服《ローブ》を羽織り黒い顎鬚を蓄えたギリシア正教の司祭ポリカーポス・アサナッシオによってギリシア語で執り行なわれた。五フィート五インチ（百六十五センチ）の新郎と彼よりも背が四インチ（十センチ）高い新婦は、お互い頭にかぶったオレンジの花輪を交換し、続けて金の結婚指輪を二人の絆の証しとして交換した。新郎新婦は銀の杯でワインを乾すと、アサナッシオ司祭は結婚の誓約を読み上げた。司祭を見つめるキャロラインの表情にはどことなく懸念と畏怖が入り混じっていた。

ジャッキーとオナシスは祭壇を三度めぐって儀式を終えると、「イザヤ・ダンス」を踊った。相手の足を最初に踏んだほうが結婚生活で優位に立てるという余興で、勝ったのはキャロラインの母親だった。

突然猛烈な雨が降り始め、参列者はレポーターたちを押しのけて金色に塗られたジープに乗り込んだ。キャロラインは暗い顔をしたまま母親の膝に乗り、アリと共にクリスティーナ号で催される祝宴に向かった。ジャッキーはピンク色のシャンパンを片手に甲板に上がり、キャロラインは特別に選ばれたレポーターたちに会釈をした。ミセス・オナシスは報道陣の祝福に握手で応じると、招待客のもとへ戻っていった。あるレポーターによると、「あわれなキャロラインは宴の最後までぼうっとしていて、まるで世界でいちばん不幸な子供のように見えた」

しかし、それからすぐに、オナシスの新しい継子たちはその〝償い〟を知ることになった。結婚披露宴でオナシスは千二百万ドルのルビーとダイアモンドを新婦にプレゼントしたのだ。さすがのキャロラインもそれを見ると生気を取り戻して訊ねた。「マミー、マミー。すごいわ！　本物なの？」。さらにオナシスはキャロラインの父方の叔母のパット・ローフォードとジーン・スミスには宝石をちりばめた指輪を、なさぬ仲の義母にはプラチナとダイアモンドの指輪を、そしてジョンと彼の従兄のトニー・ラズウィルには千ドルはするスイス製の腕時計をプレゼントした。最後はキャロラインと彼女の従妹のシドニー・ローフォードとティナ・ラズウィルで、それぞれ包みを解くと中にはダイアモンドのブレスレットが入っていた。

ジョージタウンからホワイトハウス、ハイアニスポート、パームビーチ、そしてニューヨークまで、キャロラインはこれまで上流の暮らしを享受してきたが、アリストテレス・オナシスの継子となって、まったく次元の異なる世界を体験することになった。手始めはいま乗船している全長三百二十五フィート（およそ百メートル）のクリスティーナ号だ。二人の美容師と二人のシェフを含む六十人のクルーを常勤させ、宴会場、グランドピアノが置かれたガラス張りのシッティングルーム、ダイニングルーム、エル・グレコの絵で飾られたアリの書斎を備えていた。もっともキャロラインが惹かれたのは、あの「マドレーヌ」の作者ルードウィヒ・ベーメルマンスの絵で飾られた子供部屋だった。その夜、大人たちはキャビアをつまみながらギリシアの民族音楽ブズーキの演奏に合わせてダンスに興じる間、キャロラインは子供部屋で特別に仕立てられたクリスチャン・ディオールの服を人形に着せ替えて遊んだ。

クリスティーナ号の他に、オナシスには、ウルグアイのモンテヴィデオ大邸宅、パリのフォシュ通りに別宅のアパート《ピエドアテール》、アテネから十九マイル（三十キロ）郊外のグリファーダに海浜の別荘、そしてスコルピオス島に別荘があった。キャロラインのお気に入りは、糸杉とイチジクとブーゲンビリアが自生する別天地のスコルピオス島だった。ここで弟とハイキング、水泳、船遊びを満喫した。オナシスは二人を退屈させないようにと、キャロラインには小型ヨット、ジョンにはエンジン付きボート、さらに二人のためにシェットランドポニーとミニジープをプレゼントした。

オナシスは女性たちの望みをキャッチするためにつねにアンテナを張っていた。キャロラインがある馬が気に入っていると聞きつけると、持ち主に本来の値の倍で買い取ると申し出たが断られた。そこであきらめずに次善の策を講じるのが身上のオナシスは、その馬の親と兄弟姉妹を買い求めたのだった。おかげで乗馬がキャロラインのスコルピオス島での楽しみの一つになったが、起伏のある地形に乗馬は危険だというジャッキーの判断で禁じられてしまった。キャロラインによれば、「そうするしかないので、ミニジープで島を走り回って過ごした」という。

オナシスは航空会社——オリンピック・エアウエイズを持っていたので、いつでも旅行に使うことができた。しかし、キャロラインには、スコルピオス島で夏の二、三か月過ごす以外は、五番街《フィフス・アヴェニュー》の自宅アパートとケネディ一族の本拠地があるハイアニスポート、ニュージャージーの農場を泊まりめぐる暮らしが相変わらず続いていた。ジョンについては母親の結婚を同級生から嘲られて喧嘩沙汰が絶えなかったが、キャロラインが通うセイクレッドハート校では継父ができたことで同級生から何か言われることはなかった。「キャロラインはつねに控えめで物静かだった」と元同級生は言う。「一緒に通学している従妹のシドニーとヴィクトリアが守ってあげたこともあるわね。他の親もそうだったけれど、私の親もジャッキーがオナシスと結婚したことでショックを受けた。でもみんな感じていたわ、いちばん可哀想な目にあっているのはキャロラインだと」

キャロラインが持ち帰る通信簿は相変わらずほとんどが「A」で残りも「B＋」と学業優秀で、週末は母親とバーナードヴィルで馬を操って障害飛越を楽しんだ。初めのうちはオナシスも遠くから見守っていたが、やがて飽きてきて邸に戻ると電話取引で時間をつぶした。

ジャッキーの古くからの社交界仲間のジョージ・プリンプトンによれば、「彼が子供たちと楽しげに遊んでいるところは見物だった」という。オナシスの長年来の商売仲間も言う。「キャロラインやジョンと過ごすのがいかにもたまらないという感じだった。彼は自分の子供たちとはそんな関係を持ったことがなかった。子供が小さいころは、彼も忙しくて彼らにかまけている暇などなかったろうからね」

ときどきキャロラインをお気に入りの店「セレンディピティ」に連れて行って、アイスクリーム・サンデーを買って、セントラルパークまで一緒に散歩することもあった。しかし、ジャッキーと同じように、子供に対する一対一の付き合いはほとんどジョンのために費やされた。「キャロラインはキャロラインでいいの。あの娘は何事もうまくやれるから」とジャッキーは友人に話していた。「でも、ジョンについては強い男がいないとどうなるか心配でならないわ。いまジョンにはその男がいるのよ」

そもそもキャロラインは嫉妬という性質を持ち合わせていなかった。とくに弟にそれが向けられることはなかった。オナシスにとってもっとも優先すべきものは――アレクサンダーとクリスティーナを除けば――ジョンだった。ジョンが通うカレッジエイト校に芝居やサッカーの参観に出かけたり、アメリカ生まれの野球にはまったく馴染みがなかったにもかかわらずニューヨーク・メッツとボルティモア・オリオールズのワールドシリーズ第三戦にジョンを連れて行ったりした。

キャロラインとジョンにこれほど濃密に付き合ったのに、二人は彼を「ダディー」と呼ぼうとはしなかった。「アリ」とも呼ばなかった。ジャッキーの教えに従って、「ミスター・オナシス」と呼ぶだけだった。

キャロラインはオナシスを評価していたが弟ほどではなかった。「彼がキャロラインと一緒に過ごすことはジョンほどはなかった」とケネディ家の元使用人は言う。「彼女は何事に対しても距離を置いて見ることができた。まるでなんでもいつの間にか吸収してしまうスポンジのようなところがあった」

ジャッキーとオナシスの関係がジャッキーとジャックのそれとは対照的なことも、キャロラインはしっかり見抜いていた。その昔、両親は愛情表現を人前で見せることはなかった。それは身体に触れるのを父親が極端に嫌ったからだった。ハイアニスポートの隣人のラリー・ニューマンは、「ジャックはこれみよがしに振る舞うタイプではなかった」と言ういっぽうでオナシスについてこう証言する。「まったく正反対だった。ジャッキーの手を握り、腕を組み……ときには口笛を吹き、キスをする――そんなジャックとジャッキーは見たことがなかった」

ジャッキーとオナシスにとって初めて一緒に迎える感謝祭《サンクスギヴィング》に、大勢の客が五番街《フィフス・アヴェニュー》の自宅に招かれたが、そのなかには女優のキティー・カーライル・ハートもいた。この純アメリカ生まれの催事の複雑な成り立ちについて客たちがあれこれアリに説明するのを横で聞いていて、キャロラインはくすくす笑いだした。ハートに言わせると「少なくとも最初の一年は、彼らはとてもうまくいっているように見えた」

しかし、当初からキャロラインとジョンは――もちろん彼らの母親も――オナシスと長く一緒にいることはなかった。彼はほとんどをヨーロッパで過ごし、ニューヨークにいるときも五番街《フィフス・アヴェニュー》から南へ二十四街区《ブロック》下ったピエール・ホテルのスイートルームに泊まった。その理由を彼はこう説明していた。「ジャッキーはほとんど世界の反対側にいる。愛すべき子供たちも。しかし、子供たちには私に慣れるための時間が必要なのだ。私としてはその時間を彼らに与えたい。母親が再婚し、私は彼らの友達であって、私が尊敬してやまない彼らの父親の代わりになろうなどと思っていないことを理解してもらう時間を。父親の代わりにはなれっこない、ましてやジョン・ケネディのような父親の代わりには。私の願いは親しい友と思ってほしいだけだ。そして、もう一つ、ジャッキーが子供たちと一緒の時間を過ごすのはいいことだと思うからだ」

しかし、実はオナシスが長い間別れて過ごすのには別の理由があった。ジャッキーと二人の子供たちがアメリカにいるとき、オナシスはパリでマリア・カラスと暮らしていたのだ。

それでもキャロラインにはなんの支障もなかった。父親代わりが二人もいたからだ。一人はシークレットサービスのジョン・ウォルシュでいつも傍らにいてくれた。「彼はキャロラインが求めている父親のイメージに似ていた」とジャッキーの友人でライターのジュレート・カジカスは言う。「彼女のためになんでもしてくれた。テニスコートに連れて行ったり、必要なものがあれば持ってきたり。とにかく彼女の一番のお気に入りだったたと思う」

もう一人、キャロラインに強い男のイメージを抱かせたのは、父親とボビーの二人と血肉を分けた叔父のテッドだった。ハイアニスポートでは、父親のヨット、ヴィクチューラ号にキャロラインとジョンを乗せて海を帆走してくれた。「いまやすべてがテッドの肩に掛かり――二人の兄の代わりを引き受けていた」とハイアニスポートの隣人は言う。「キャロラインと一緒のところをよく見かけた。浜辺を散歩したり、石を投げて水切り遊びをしたり。とてもいい感じだった」

しかし、ウォルシュもテッドもやがてとんでもない難事に直面することになる。まずウォルシュだが、子供が〝正常な〟生活ができないことにつねづねいらだちを覚えるジャッキーから警護係責任者として怒りの矛先を向けられたのである。クリスマスが近づくにつれ、ジャッキーはキャロラインとジョンの生活環境が気掛かりになって、こんな不満を漏らした。「興味本位に見られたり、指さされたり……真実など一つもないおかしな話のタネにされたり……あの子たちにも生活があるのよ。それなのにプライバシー無視。子供には人権はないのかしら」

一九六八年十二月末、ジャッキーはシークレットサービスの統括責任者であるジェイムズ・J・ローリー宛てに六ページもの手紙を認《したた》め、憤懣を訴えた。「そちらには要員《エージェント》が山といるのに、今度の新人たちには子供たちへの配慮がまったく欠けている」

手紙はこう続けられていた。「キャロラインとジョンは正常な生活をしたいと思っている。大勢の男たちに守られていることを意識しないですむような、友達をたくさんの警備陣から監視されないような、そして彼らのことに配慮も関心もない警備の連中が侵入してきて生活が乱されないような」

さらにジャッキーは警護係を八名から四名に減らすことを要求した。「彼らには子供たちが朝学校に行って午後帰宅して五時半に夕食をとるまでを警護してもらう。これまでの夜勤の特別警護係は廃止する。不要な上に混乱のもとであり、そもそもニューヨークの自宅の夜は安全だから」。その上でジャッキーは、ニュージャージーとハイアニスポートの夜の警護についてはそれぞれ地元の警察に任せれば十分だとした。

バーナードヴィルの農場別荘で過ごす週末がもっとも問題だとジャッキーは感じていた。「警護係は一晩中、子供たちの部屋の窓の外で待機して無線でおしゃべりをしていて、玄関先の車寄せは警護係の車でまるで中古車会場」と指摘した上で、あるとんでもない事件について記した。「ある警護係が仮眠を取るため車に戻った。カーラジオを大音量でかけ、窓を閉めていたのでガラスが曇って外が見えない。おかげで、隣の車に近所の子供がうっかり乗り込んで閉じ込められ泣きわめいていたのに気づかなかった。幸い一時間後に両親によって発見されて事なきを得たが。もう一人の警護係は、子供たちをまだ遊ばせておいてと彼の上司に言ってあったのに、夕食だからと無理やり自宅へ連れて帰った、などなど」。これらの事件は、手紙の受取人のローリーに、ついこの間、警護係が玄関先で車を間違えてジャッキーの子供たちを二時間も見失った大失態を思い出させた。

ジャッキーは、シークレットサービスの総責任者に、ギリシアに滞在しているときは、キャロラインとジョンはオナシスの私兵たちによってしっかり警護されていると報告すると、明快なメッセージをもって手紙を結んだ。「子供たちはどんどん成長している。父親が望んだようにいっそう見聞を広めなければならない。そのために、できるかぎり自由にさせてやりたい、海外で迷子になるような——むしろこっちが警護してやらなければならないような警護係に邪魔をされずに。……子供たちの安全に世界でもっとも関心があり、外からの脅威をもっとも知る人間として、貴兄にはっきり申し上げる。私はあらゆる配慮と手立てを用いるので、ケネディ大統領の子供のために最善であり、かつ彼らが望んでいると私が判断することを実行していただきたい。あらかしこ。ローリー殿。素晴しいクリスマスを過ごされんことを。真心を込めて。ジャクリーン」

警護要員を半減されても仕事は変わらないため、ウォルシュと部下の負担は大きく増した。そして、相変わらず彼は、混乱が増すばかりのキャロラインにとって心の拠りどころだった。五番街《フィフス・アヴェニュー》一〇四〇番地に新しいペットが増えるたびに、〝ミスター・ウォルシュ〟はキャロラインからそれを紹介された。一九六九年になって飼われていたのは、犬二匹、モルモット三匹、それぞれピンクと青の籠に入れられたフィンチとカナリアにウサギ一匹だった。これに最近もう一匹が加わった——黒と黄色の縞模様のガーターへびで、キャロラインが手に取るのをウォルシュは恐ろしげに見守った。

いっぽうホワイトハウスをめざす途上にあった叔父のテッドにとって、一九六九年は人生最悪の年となった。同年七月十八日、一九六七年製のオールズモビルを自ら運転中にチャパキディック島のダイク橋から転落、同乗していた若き選挙運動員のマリー・ジョー・コペクニが溺死。この悲劇に加えてテッド自身が事態を隠そうとしたことで、彼の大統領への熱望に突然冷水がかけられたのだった。

母親はテッド叔父の肩を持ったが（ライフ誌記者のテディ・ホワイトに言わせれば、またしても「困ったときの一族一致団結」）、キャロラインの信頼感は大きく揺らいだ。「彼女はこう感じたのではないだろうか」と両親の古くからの友人チャック・スポールディングは言う。「父方の最後の叔父が恐ろしい事故で溺死しかけ、いっぽうでその叔父を人殺しと書く新聞もあった。結局、世の中とは、とても不確かで、とても恐ろしいところなのだと」

それでもジャッキーは、引き続きテッドには子供たちの父親代わりでいてほしかった。チャパキディック事件でどんな修羅場にあろうとも、テッドにそれを承知させたいと思った。そこで、ハイアニスポートへ出かけたときに、当人にキャロラインの父親代わりになってほしいと頼んだ。「そこまで信頼してもらえてありがたかった」とテッドは後に述懐している。「とても助かった。あのときの彼女のサポートは大きかった」

さまざまな影響はあったが、チャパキディック事件でジャッキーの四十回目の誕生日が台無しにされることはなかった。キャロラインとジョンがケーキをつまんでいるとき、オナシスから母親に二百万ドル以上はするダイヤとルビーがプレゼントされた。しかし、結婚してから一年足らずの間にジャッキーが蕩尽した金額はそれをはるかに超えていた。彼女の浪費癖はかつて夫のジャックをさんざん苦しめたが、それをめぐってオナシスと母親が激しくやり合うのをキャロラインが目撃するのも時間の問題だった。

しかし、当面の課題はただ一つ、一家のプライバシーをマスコミからどう守れるか、だった。ジャッキーはカメラマンを懐柔することも何度か試みた。秘書役のナンシー・タッカーマンに指示して、しかるべき記者や編集者に、自分の昼食場所や衣装などを事前に流した。ジャッキーの都合に合わせ、もちろん子供たちの写真は認めないというやり方だった。

当然、パパラッチにそんな方法が通じるわけがない。なかでももっとも厄介なのがニューヨークを根城にするロン・ガレッラだった。あらゆる場所でジャッキーを付け回し、駐車中の車の陰に潜み、ドアの背後から突撃してシャッターを押すとぱっと姿を消す。ジャッキーは休暇を楽しんでいるときも、この神出鬼没のガレッラがいないか辺りを見渡す癖がついてしまった。母の日のことだ。昼食の席でキャロラインとジョンから誇らしげに渡された花束を胸に抱えて五番街《フィフス・アヴェニュー》一〇四〇番地の自宅へ歩いて戻ろうとしたとき、ガレッラを認めたので、とっさに顔を花束で覆って難を逃れた。オナシスと一緒に三番街《サード・アヴェニュー》のバー、ＰＪクラークから出たところでガレッラと鉢合わせしたので、近くのレコード店に一時避難したこともあった。

とあるクリスマスの日、サンタクロースの格好でジャッキーの隣でポーズを取るためにガレッラが雇った男から逃げたこともある。キャロラインが母親と弟と雪ぞりに乗っているところをいきなり写真に撮られたときは、ボディガードがガレッラを取り押さえてくれた。

ジャッキーばかりがターゲットではなかった。ある日の午後、キャロラインがセントラルパークでテニスのレッスンを受けている最中に、ガレッラが飛び込んできて写真を撮り始めた。シークレットサービスは、公共の場での写真撮影を止めることはできないので、苦い顔をしてその場につっ立っていた。「何も気にしなくていいからね、お嬢ちゃん」と言いながら、ガレッラはシャッターを押し続けた。

「いいえ、気にするわ」とキャロラインは返すと体を震わせながら母親のもとへ走り寄った。

ジャッキーは即座に行動を起こした。追いかけてくるガレッラを尻目に公園を勢いよく駆け抜けた。「あの男の人は絶対に追いつけっこなかった」とキャロラインは往時を思い出して言った。「母の足の速かったこと——とくに頭に血が上るとすごいのよ」

その年の秋、ジャッキーはキャロラインをセイクレッドハート校からブレアリー校へ転校させた。アッパーイーストサイドにある、授業は厳格だが雰囲気は進歩的な上流女子校だった。ジャッキーの母校のチャピン校と同様、マンハッタンの富裕階級の子弟が通っていた。そのブレアリー校で催されたカーニバルにいきなりガレッラが現われ、キャロラインを追いかけ回して写真を撮り続け、キャロラインはできたばかりの友達の面前で恥ずかしい目にあわされた。「ああ、こういうことなんだとわかったわ、おかしな人に付け狙われるというのは」と当時現場にいた同級生は言う。「キャロラインはとっても傷ついて涙をいっぱい浮かべていたわ」

それからしばらくして、またまたガレッラはセントラルパークに出没、今度は木陰から飛び出して自転車を漕いでいたジョンを驚かせた。ここに至ってシークレットサービスは「いやがらせ《ハラスメント》」で男を逮捕した。しかし告発は受理されず、逆にガレッラはジャッキーを相手に千三百万ドルの損害賠償訴訟を起こした。訴訟理由は誤認逮捕、脅迫、生存権の侵害であった。これに対してジャッキーも精神的苦痛を与えられたとして六百万ドルの損害賠償訴訟を起こし、あわせて当該カメラマンに、五番街《フィフス・アヴェニュー》一〇四〇番地の自宅から少なくとも三百フィート（約九千百四十一メートル）、ジャッキーと二人の子供たちから常時少なくとも百五十フィート（約四千五百七十メートル）は離れなければならないとする差止め命令を求めた。裁判が数年にわたるうちに損害賠償は押し戻されたが、差止め命令はジャッキーから百五十フィート（約四千五百七十メートル）、子供たちからは二百二十五フィート（約六千八百五十五メートル）と前進をみた。しかし、控訴審ではジャッキーのプライバシーゾーンは二十五フィート（約七十六メートル）、子供たちのそれは三十フィート（約九十一メートル）と大幅に後退してしまった。結局、ジャッキーは、この辺にしておけというオナシスの助言に従って、裁判費用三十万ドルを彼に持ってもらって矛《ほこ》を収めたのだった。

一九六九年十一月十八日、祖父《グランパ》ジョゼフが八十一歳でこの世を去り――これでケネディ一族の英雄物語《サーガ》の一幕が下りた。三日後、キャロラインはジョンと共にハイアニスポートの聖《セント》フランシス・ザヴィエル教会で七十人の会葬者に加わったが、前日にニュージャージーで落馬して、腕に添木を当てて額に大きな包帯を巻いていた。

一九六九年のクリスマス休暇は、母に連れられて、イギリスはバークシャーヒルズにあるラズウィル家のクイーン・アン様式の邸で、リー叔母とスタス叔父たちと過ごした。みんなで大きな枝を拾い集めて邸を花綱で飾り、エッグノグを飲み、クリスマスツリーを飾り、ガチョウ料理を食べ、プレゼントの包みを解いたが――そこにオナシスの姿は最後までなかった。

しばらく前から、ジャッキーの結婚生活は破局に向かっていると新聞がこぞって観測記事を載せ始めた――その根拠の一つはジャッキーの抑制のきかない浪費癖、もう一つはオナシスとマリア・カラスの関係がいまも続いていることだった。それにもう一つ、ジャッキーが前の愛人ロス・ギルパトリックに宛てた数通の手紙がなぜか露見したことが加わった。そのなかにはオナシスとの新婚旅行中に書かれた手紙も含まれていた。オナシスにとっては裏切りと屈辱以外の何物でもなく、こればかりは絶対に許すことはできなかった。

いっぽうジャッキーは、結婚生活は破局に向かっているという見方に敢然と闘うことを決意した。オナシスがパリのマキシムでカラスと食事をしているところが写真に撮られたと知るや、翌日パリへ飛んで同じテーブルに夫といるところを写真に撮らせた。それから七十二時間後、カラスは別の女と愛の暮らしを共有することに耐えられず、睡眠薬を大量に飲んで自殺を図ったのだった。

キャロラインは小さい時分から母親似が大の自慢だった。一九七〇年、ジャッキーはホワイトハウスに納める夫婦の肖像画をアートン・シクラーに依頼することにした。二年前に子供たちの肖像画を描いてもらったところ素晴らしい出来栄えだったからだ。そのときキャロラインは十一歳でジョンは八歳だったが、キャロラインは画家に言った。「そっくり。いつまでも忘れないで憶えておきたいわ、このまんまの姿を」

肖像画が出来上がると、ジャッキーは子供たち共々、ホワイトハウスの除幕式に、ファーストレディのパット・ニクソンから招待された。公的な行事の空騒ぎはキャロラインとジョンを動揺させるかもしれないとジャッキーは恐れて、こう回答した。「子供たちを連れて行く自信がわきません……二人にとって、あそこは父親と過ごした思い出のわが家ですから、どんなにつらい思いをすることかと」

いまやあのロン・ガレッラは接近禁止命令を受けているので、キャロラインのニューヨーク生活はかなり穏やかだった。しかし、ときおり、ひょんなことからマスコミと遭遇することもある。十月のある午後、キャロラインはブレアリー校の制服姿で——青と緑の格子縞のミニスカートに白のプルオーバー、太いベルトに長めのブルーのソックスに靴は良く磨かれた黒のローファー——アッパーイーストサイドにあるコーヒーショップのカウンター席で友達とランチを食べていた。と、そこへAP通信の記者ジュレート・カジカスがふらっと寄ってきて話しかけた。

キャロラインはあわてて走り去るどころか、食べかけのチーズバーガーを置くとコーラを一口すってから、質問に答えた——ときどき、間を置くと、確認を求めて友達と視線を交わしくすくすと笑いながら。カジカスがもっとも驚かされたのはキャロラインが大人びていることだった。五週間後にようやく十三歳になるというのに、「ゆったりと落ち着いていて、しかも可愛らしかった」。記者への応対も「大きく見開いた青いコーンフラワーのような目をまっすぐに向けて、実にしっかりしていた」

答えぶりもまっすぐだった。当人の言によると、社交界デビューをめざすお嬢様になるのは気が進まず、ピアノのレッスンも受けたが、「うまく弾けないからやめてしまった」。歴史小説が好きで、ジェームズ・マディソン第四代大統領の夫人ドリーの伝記をちょうど読み終えたところだという。

「彼女、とても頭がいいの」と脇にいた女友達がインタビューに割って入った。

「まあね」キャロラインは笑いながら友達を肘で軽くつついた。「でも、数学は苦手。得意科目は去年は歴史だったけど、今年は何になるかしら……アフリカのことを勉強したいけれど」

その後、記者が繰り出す質問にキャロラインは順次答えていった。住まいについては、「ギリシアはとてもきれいなところだけれど、ハイアニスポートよりもいいかはわからない」。有名人ゆえのプレッシャーについては、肩をすぼめると「別に自分自身を有名人だとは思っていない。レポーターやカメラマンはそんなにうっとうしくはない。彼らに付きまとわれるのは、母親と一緒にいるときだけだから。私が大人になってもそれが続くとは思えない」。将来については、「あんまり考えたことはない。いまは平和部隊に関心がある。でも、それに参加できる年齢まで関心が続くかはわからない」

キャロラインはセイクレッドハート校時代の友人たちとは交わらなくなったという。同席している女友達によると、その理由は、「みんなおしゃれになって、男の子に関心を持ってお化粧をするようになったから」だった。

二十世紀のファッション界のリーダー役であった母親とは違って、キャロラインは衣装には最低限の関心しかなかった。「着るものを自分で選ぶことはない。必要なときに適当に着るだけ」だった。

キャロラインの親しい仲間たちは、近寄りがたいＪＦＫの娘というイメージはつくられたものだと証言する。その一人によると、「彼女はお転婆でとってもおもしろい子だった」。しかし、大の親友にさえも「ギリシアの生活や継父のことを話したことはなかった」

五番街《フィフス・アヴェニュー》一〇四〇番地を訪れる大人たちは、キャロラインを動揺させてはいけないとの配慮から、私生活に少しでも関わる会話は慎重に避けた。ちょうど思春期の入口にあたっていたキャロラインについて、ある家族ぐるみの友人はカジカスにこんなエピソードを語ってくれた。「個人的でない話題については、彼女はとても気楽に話をした。彼女とは、明るくて楽しいことを話題にするのが暗黙の了解だった。そうした一般的な話題なら彼女は実に開けっぴろげで、驚くほど知的な質問を返してきた」

誰もが認めるように、あれほどの悲劇に見舞われながらキャロラインがしっかりした淑女に育ちつつあるのはジャッキーのおかげであった。オナシスとの結婚をめぐる大騒ぎにもかかわらず――いやむしろそのせいで、ジャッキーは前にも増して娘と一緒に過ごすようになった。五番街《フィフス・アヴェニュー》の自宅をよく訪れる客によれば、「彼女は娘を普通の子に育てようとしていた。だからマスコミからしっかり遠ざけた。素晴らしい子育てだった」

ホワイトハウスで行なわれるケネディ夫妻の肖像画除幕式への招待を断わったのも、娘の気持ちを慮ったからだった。これに対して、ニクソン大統領夫人パットは、大統領一家《ファーストファミリー》主催の私的晩餐会への招待に切り替えたいと申し出たので、ジャッキーはありがたく受けることにした。一九七一年二月三日、夫のジャックとは上院議員時代からの同僚であった誼《よし》みを忘れていなかったニクソン大統領は、ジャッキーの家族をワシントンへ運ぶために大統領専用機《エアフォースワン》を特派してくれた。

ニューヨークからワシントンへ向かう機内で、キャロラインは問題児の弟に言い聞かせた。「約束してちょうだい。一つ、シャツの裾をズボンにたくし込むこと。もう一つ、食事のときにミルクをこぼさないこと。いいわね」

リムジンでホワイトハウスへ向かうキャロラインの胸中に、思い出があふれるように甦《よみがえ》ってきた。窓外の歩道を眺めていると、父親が背中の痛みをこらえてキャロラインを空中に放り上げたり、馬跳びをしてくれたことが思い起こされた。父親がぱちぱちと手を叩く音が耳に甦《よみがえ》る。かつての自宅に着いたとたんキャロラインの顔に笑みが浮かぶのを見て取って、ジャッキーは安堵した。

パット・ニクソンが玄関で出迎えてくれた。夫と大統領選を争った政敵の妻の優しい物腰――とくにキャロラインとジョンへの気遣いに、ジャッキーは驚いた。ニクソン大統領に大統領執務室《オーヴァルルーム》へ案内されたキャロラインは、思わず弟と隠れん坊をした重厚な執務机を指さした。

ニクソンの二人の娘、トリシアとジュリーに二階へと案内された。ミス・ショウに見守られて食事をとった「ハイチェア・ルーム」、母親の提案で特別学級に使用された温室、そしてベッドルームを見て回った。内装は変わっていたが、自分が使っていたベッドルームに七年ぶりに入ったキャロラインの顔が輝くのをジャッキーは見逃さなかった。

晩餐の席には、ジョンはシャツをズボンにたくし込んで臨むことができた。そしてミルクも定位置に置かれたままだった――デザートが運ばれるまでは。後にジョンが言うには「何かに気を取られちゃって」ミルクを自分の膝にこぼすと、あわててなんとかしようと大統領の膝にまでまき散らしてしまった。ジョンによると「知らんぷりはできないから拭こうとした」のが裏目に出たのだった。かたやキャロラインはテーブルの向かいから、ほら見たことかという視線を投げかけた。空港に向かうなかでキャロラインは、母親が止めに入るまで「だから言ったでしょう」と言い続けた。帰りの大統領専用機《エアフォースワン》内で、キャロラインはホワイトハウスでの思い出――ダディーと過ごしたよき日々について興奮ぎみに語ったあげく、恐怖と不安と苦悩の山の下にその思い出を埋めたのだった。

ニューヨークに戻ると、ジャッキーはパットに以下の礼状を認《したた》めた。「ご厚情に感謝申し上げます。つらい日々の連続でしたが、おかげさまで、私が子供たちと過ごしたもっとも貴重な一日となりました」

このホワイトハウス旅行によってキャロラインと母親は以前にも増して近しくなった。一九七一年六月、クリスティーナ号で地中海クルーズに出かけたときも、必ずジャッキーはモナコやポルトフィーノのような風光絶佳な土地へ十三歳の娘を連れていった。キャロラインとジャッキーは「とっても仲がよかった」とキャロラインの従弟妹《いとこ》の一人も言う。「よく二人でゴシップやら何やらあれこれ話していて、母娘というより姉妹のようだった。……いっぽうジョンは仲間外れにされていらだつものだから、ジャッキーは手を焼いていた。でもキャロラインとは一つの魂でつながっていた」

しかし、家庭内は平穏無事とはいかなかった。娘のクリスティーナが二度も離婚歴がある二十七歳年上の不動産業者ジョゼフ・ボルカーと駆け落ちしたと知って、オナシスが激怒。おかげで彼の圧力で二人の同居生活は半年しかもたなかった。

時を同じくして、またまたオナシスは災厄に襲われた。前妻のティナがあろうことかオナシスの天敵で商売仇のスタヴロス・ニアルコスと密かに結婚していたのだ。ニアルコスの前妻ユージェニーはティナの妹で不審死を遂げていた。オナシスはティナの身を心配した。娘のクリスティーナもこれを知って、図らずも二人の仲たがい状態は氷解した。長年の側近のジョニー・メイヤーに言わせれば、「オナシスは娘の手前わざと怒っていたふしがあった」

ここに至って、キャロラインと家族たちは、オナシス一家のレヴァント人気質――いったん話し始めると止まらず、一度機嫌をそこねると数か月も続き、心配になったらそれはどんどん大きくなる――を思い知るようになった。ジャッキーは前よりも煙草を吸い爪を噛むようになり、体重も十日間で二十四ポンド（十キロ強）も激減した。

イギリスの大衆紙ピープルは一面に「ジャッキー、謎の病」の大見出しを掲げ、フランスのディマンシュ紙は記事で「ジャッキーは重い病気に冒されている。目にその症状が現れている」と報じ、アテネの夕刊紙タ・ネアは「ジャッキーは癌か?」と見出しで訴えた。

もっとも動揺し心配したのは当のジャッキーだった。彼女は匿名でパリの癌専門病院の検査を受けた。結果は陰性だったが、拒食症と過食症の合併症と診断された。確かに一時期、彼女はそれに苦しんでいた。オナシスは血も涙もないやり手弁護士のロイ・コーンにこう漏らした。「ジャッキーは痩せるために何も食べないでいたかと思うと、ときどき手当たり次第口に入れて——すべてを平らげてしまうんだ」

キャロラインは母親が拒食と過食の病いに罹っていることは知らなかったが、十三歳になれば、オナシスが結婚生活に不満を抱いていることはわかっていた。その夏、スコルピオス島に、ジャッキーの知り合いとして、野生保護運動家の写真家で女キラーの優男《やさおとこ》ピーター・バードがやってきたときは、オナシスは心中穏やかではなかった。いっぽうジャッキーと妹のリーが心ときめかせているのは誰の目にも明らかだった。

颯爽とした冒険家はキャロラインにも好印象を与えた。翌年の春、このバードに誘われて、キャロラインとジョンはフロリダのエヴァーグレイドにへび狩りに出かけた。そこでキャロラインは、レポーターとカメラマンの一団にしつこく追いかけ回され、彼らの狙いに感づきつつあった。

思春期に入ったキャロラインは、自分について書かれる記事のトーンが変わってきたのがわかった。つまり、いまやアメリカはもちろん海外の新聞雑誌の関心の的は彼女の男関係であり——実際はまったくなかったが――母親と継父との関係であり、衣装から音楽までの嗜好全般であった。根も葉もない物語の一つは、フォトスクリーン誌の一九七一年十月号の表紙で、白いマンティラ姿（スペインのスカーフ風民族衣装）で教会にたたずむキャロラインの写真を「ヨーロッパに激震！　十三歳のキャロライン・ケネディに結婚疑惑」の大見出しを掲げて、その下に「涙で花嫁を拒否。ジャッキーは愕然、オナシスは〝言うことを聞かせる〟と強気」と補足していた。

　こうしたとんでもない事実の捏造はキャロラインを当惑させたが、いっぽうで弟が相変わらずおもしろネタをいかがわしいタブロイド新聞に提供してくれているおかげで、深刻にならずにすんでいた。ジョンは家族の悩みの種だった。年を重ねるごとにますます手がつけられなくなり、結果としてキャロラインに〝偉大な姉貴《ビッグ・シスター》〟を演じさせる道化の役を果たしていた。キャロラインからするとそれは弟への思いやりであり、その年のクリスマスに祖母のローズに捧げた詩のなかにもその気持ちはよく表われていた。それは「弟はつばを吐きながら私の部屋に入ってくると、右に左にパンチを繰り出した」で始まって、「そして弟は叫んだ、さあキャロライン、闘おうぜ！」と結ばれていた。

　一九七二年五月には、母親と継父の関係はもはや修復不能とキャロラインも見なすしかなくなった。ジャッキーは、オナシスがピエール・ホテルのスイートルームに宿泊していても夕食に招くことはなかった。彼は彼でジャッキーを「冷たい軽薄女」と公然と呼ぶようになった。顧問弁護士のロイ・コーンはオナシスの心境をこう証言している。「ジャッキーの浪費癖に辟易させられていた。あの女はまったく言うことをきかず、彼への恩義も感じていなかった。なんでも言いなりのおめでたい男と思ったら大間違いだぞ、これが彼の口癖だった」

オナシスの癇《かん》にさわったのは金だけではなかった。たった一日で靴を六万ドルも買うのも問題ではあるが、そんな浪費に加えて喫煙とダイエットも尋常ではなかった。また、人を雇ってはすぐ首を切るきまぐれな癖がぶり返し、犠牲者は四年間で百人を超えた。料理長《シェフ》は十九人も替わった。クリスティーナ号のあるスタッフは甲板をモップで拭いているときにギリシア語で唄を歌ったせいで、またあるメイドは〝顔の造作（「その暗い顔だとこっちまで暗くなる」）〟のせいで解雇された（ただ船内の行事については彼女を弁護できる案件もいくつかはあった。たとえば、あるウェイターはフォーマルなパーティで一度使ったスプーンを再びセット。またあるスタッフはズボンのジッパー隠しに超小型カメラを潜ませてジャッキーを盗撮しようとした）。

六月になると、キャロラインは家庭のいざこざから逃れようと考え、母親抜きのヨーロッパ旅行を思い立った。その準備のため、夏にスコルピオス島でピーター・バードからライカの操作の手ほどきを受けていっぱしのカメラマン見習となったキャロラインは、密かに写真集をつくろうと考えた。そして、母親抜きの初単独行に、首に三台のカメラをぶら下げて勇んで旅立った。その格好たるや、ある目撃者によれば「まるで日本人観光客だった」

行き先は数年前に母親が一人で出かけたスペインだった。キャロラインも伝統芸能の闘牛にはまった。マドリッドの闘牛場《コリーダ》で観戦した後、スペイン一の闘牛士《マタドール》パローモ・リネレスから招待を受けて彼の農場を訪ねると、本人から砥石で磨かれた牛の角めがけてケープを投げつける技を実地で教わった。

そのレッスン風景が新聞に掲載されたのを見て、ジャッキーは激怒した。しかしキャロラインは意に介さず、付き添い《シャペロン》のドロシー・アリアスと共にスペインにとどまり、ドメークのワイナリーでシェリー酒の仕込みを見学し、フラメンコを踊り、予定にはなかったロタのスペイン・アメリカ共同管理の原子力潜水艦基地を訪ねた。後にキャロラインが友人に語ったところによると、もっとも気に入った訪問先はアンダルシア地方にある競技用の牛と馬の育成牧場だった。しかし、アルフォンソ・デ・ホーエンローエ王子のはからいによって、マルベージャのトーロス広場にある闘牛場で、キャロラインが実際に馬に乗って闘牛と相対することになったとき、ついに帰国命令が下った。キャロラインを招聘した地元の勧進元は、ジャッキーの決断に同意した上でジャッキーに問い返した。「あの娘さんが、ここマルベージャの人々のためにしようとしたことが、なんだかわかりますか。それだけで十分すぎるほど十分ですよ」

一九七二年九月、キャロラインはブレアリー校を卒業して八学年からはコンコード・アカデミー校で学ぶことになった。そこはボストンから二十マイル（三十二キロ）ほど西へ行ったマサチューセッツでも歴史のある町コンコードにあり、校名はそこから取られた。独立戦争のとき民兵《ミニットマン》がイギリス軍を打ち払って戦端を開いた場所であり、ナサニエル・ホーソン、ヘンリー・デイヴィッド・ソロー、ラルフ・ウォルドー・エマーソン、ルイーザ・メイ・オールコットなどの文豪たちが寓居を構えた土地でもあった。

コンコード・アカデミー校は全校生徒三百名、ほとんどが女子でリベラルな校風のプレップスクール（有名大学進学のための私立の寄宿制中高一貫校）として知られていた。カリキュラムには日本文学、銀細工、「ユートピア研究」などもある。服装も自由、近くのボストンに日帰りで行くのも自由、さらに生徒が希望すれば朝食抜きで寝ているのも自由で、一時限の授業の前には教師（生徒四人に一人）が起こしにきてくれた。

ここでキャロラインは、母親の庇護の翼から——そしてオナシスとジャッキーの激しい応酬からも、初めて自由になることができた。その効果はてきめんだった。明るいブラウンの髪の毛はラファエロ前派の肖像画にように伸びてカールを巻き、同級生たちとは打ち解けて冗談を飛ばし合い、数少ない男子生徒をからかったりした。あまりリラックスしすぎて落第しそうになったほどだった。「初めて自分自身になれたのね」とコンコード・アカデミー校で机を一緒に並べた同級生は言う。「母親は彼女にとって威圧的な存在ではなかった。私たちにとっても。彼女は母親をとても尊敬していて——オナシス夫人が学校にやってくると、外でアイスクリームコーンを買ってまるで女友達同士のようにぺちゃぺちゃ話していた。でも、母親を幸せそうに見送ると、また元のキャロラインに戻るの」

母親《マミー》を世間はほうっておかなかった。一九七二年十一月、キャロラインはあまりの驚愕に竦《すく》んだ。スコルピオス島で日光浴をする母親の全裸写真が、イタリアの男性誌プレイメンに「十億ドルの茂み《ブッシュ》」の見出しと共に掲載されたのだ。スクリュー誌にも同様のモノクロ写真が掲載されたが、折しもラリー・フリントが創刊したハスラー誌は、周囲をカットしてキャロラインの母親だけをアップしたカラー写真を載せて、わずか数千の発行部数を一気に二百万部にまで伸ばした。

後で判明したことだが、仕掛け人はオナシスだった。彼は、ジャッキーがあまりにもマスコミをうるさがるのに辟易し、だったらいっそそのことインパクトのある写真を公にしてしまえば、レポーターたちがジャッキーを悩ませることもなくなるだろうと考えたのだ。

しかしこれは逆効果だった。ジャッキーが恥辱を受けたからでなく、彼女の子供たち——とくにキャロラインが友達に母親の写真を見られて恥ずかしい思いをしたからだ。ジャッキーはオナシスに、写真を撮影したカメラマンとそれを掲載した雑誌を告訴するように求めたが、彼は応じなかった。

コンコード・アカデミー校で新しくできた友達は口さがない風評からキャロラインを守ってくれた。しかし、世間に立ったのは悪評ばかりではなかった。不摂生な食生活の結果ではあったが、とても四十三歳とは思えないジャッキーのすらりとした肢体に多くの人は目を奪われた。「ジャッキーの娘であることは大変だよ」とトルーマン・カポーティは感想を漏らした。「この女神の侍女に世間は何を期待するか。だが、当のキャロラインはスマートからはほど遠い。健全な食欲があって体重も普通に見える。これは母親としては気がかりでならないだろうな」

三十年ほど前ジャッキーがミス・ポーター校に通っていたとき、同級生のように格好よく痩せなさいと母親から厳しく言われたものだ。今度はキャロラインが食事を抑えるようにと母親から言われる番だった。

キャロラインはジャッキーの好物のチョコレートも——もちろんハンバーガーもフレンチポテトも大好きで体重は増えるばかり。この変化を報道陣が見逃すわけがなかった。いまやキャロラインは「ふくよか」「どっしり」「たくましい」などと評されるようになっていた。この形容のされ方に「贅肉のない」ジャッキーは心配を募らせた。

あれこれ考えて、ちなみにエクササイズの一環としてバレーを勧めたが、「だめだった」とジャッキーはため息を漏らした。「まったく関心を示してくれなかった」。これに対してジャッキーの友人はトルーマン・カポーティと同じ見立てをした。「ジャッキーのようなスタイル抜群の美人の娘になれなんて、それはどだい無理な相談よ」

矢も楯もたまらずジャッキーは、ニューヨークの掛りつけの内科医ヘンリー・ラックスを訪れ、キャロラインの体重コントロールについて助言を求めた。ラックスの助手によると、ジャッキーはその場でキャロラインに電話をすると、少なくとも二十ポンド（九キロ）の減量を言い渡した。しかし、キャロラインが真面目に受け取ろうとしないので、ジャッキーは金切声をあげ母娘の会話は聞くに耐えないものになったという。

例によってジャッキーは状況を自らの手で切り開こうとし、娘のためにラックス医師から四か月分のダイエット・ピルを処方してもらった。「当時は薬の副作用も、あるいは薬依存になる可能性についても考える人はいなかった」とジャッキーと同じくマックス・ジェイコブソン医師の患者であるチャック・スポールディングは言う。「ちょっとでも痩せたければ、即飲んだらいい。体力が落ちても、そんなこと目じゃない！」

コンコード・アカデミー校の生徒でキャロラインだけがダイエット・ピルを飲まされていたのではなかった。「お母様がお医者さんに処方してもらって、よかったと思ったわ」とあるキャロラインの同級生は言う。「でも、いったん飲み出したらやめられないの。中毒なんて恐ろしい言葉は浮かぶはずはなかった。母親から痩せなさいと言われている他の子たちも、はまっていたわ」。しかし、ジャッキーは娘の体重が落ちてくると常用はさせなかった。そして、継娘のクリスティーナにも痩せるようにとせっついた。

ダイエット・ピルを飲みながらも、キャロラインはプレップスクールで新しく手に入れた自由を活用して長年の夢を叶えようとした。弟の飛行機――とくにヘリコプター――好きは家族の誰もが認めていたが、キャロラインも同じ嗜好を持っていることはほとんど気づかれていなかった。実は、ジョンが生まれる以前、ジョン・ケネディ大統領候補が彼女の名を冠した自家用機から降り立つところへよちよちと歩み寄ったときから関心があった。キャロラインは、渋る母親《マミー》からなんとか了解を取り付けると、ハンスコム・フィールドの近くで操縦訓練を受けることになった。

十二月に入ると、オナシスは顧問弁護士のロイ・コーンと会い、離婚の準備にかかった。ギリシア正教の教義では「性格の不一致」だけで離婚の要件は十分に満たされていたが、コーンによれば、オナシスの懸念は「法外な慰謝料――少なくとも一億ドルをふっかけられて立ち往生させられる」ことだった。

しかし、オナシスが工作を開始する前に悲劇が襲った。一九七三年一月二十二日、オナシスの長男アレクサンダーは、アテネ空港で、水陸両用の自家用機ピアッジオ号を離陸させようとしていた。新人パイロットが操縦桿を握り、この飛行機には何度も乗っているアレクサンダーが脇に座っていたが、離陸すると機体は右に大きく旋回し滑走路に激突したのだ。

オナシスとジャッキーはニューヨークにいて二人が負傷したと知らされた。しかし、アレクサンダーだけは意識不明の重症だった。医師の診断では脳の損傷は回復不能と言われた。オナシスとジャッキーはオリンピック航空のジェット機でギリシアに飛んだが、ジャッキーは搭乗の前にコンコード・アカデミー校のキャロラインに電話を入れて操縦訓練をやめるように告げた。

数時間にわたる延命治療の末、アレクサンダーは息を引き取った。アリの落ち込みようといったらなかった。ジャッキーは従妹のエディ・ブーヴィエ・ビールに漏らした。「これで何もかもだめになる。オナシスは魂を抜かれて、生きる気力がないの。一緒にいるのが怖くなってきたわ」。ジャッキーの継父ユシャ・オーチンクロスによれば、「オナシスはやり場のない怒りをジャッキーに向けてきたのだ」という。

キャロラインとジョンはオナシスが母親につらく当たる現場を何度も目にした。ジャッキーは二人を連れ出すと、アレクサンダーの死で昔のオナシスではなくなった、自分でも何をやっているかわからないのだと言って聞かせた。「二人共とても感じやすくて優しい子だった」とJFKの側近参謀だったピエール・サリンジャーは言う。「たった一人の息子を亡くした悲しみが大きすぎて我慢できないのだと説明すれば、二人共ある程度はわかったのではないか」

実際、オナシスはジャッキーの子供たちには怒りをぶつけないようにしていた。でも、以前のようにかまったりしなくなったことが、彼の悲しみの深さを示していた。キャロラインに学業やペットのことを訊いたり、長いこと散歩とおしゃべりに付き合ったり、豪華なプレゼントをくれたりはしなくなった。いまやキャロラインは彼のことを皮肉を込めて、「トルコの継父《おとう》さん」と呼ぶようになった。たしかにこの〝ギリシアの大富豪《ゴールデン・グリーク》〟はトルコ生まれであり、当人も控えめな言われ方を好んだからだった。

それでもジャッキーは夫を立ち直らせようと試みた。アレクサンダーの葬儀の四日後、キャロラインとジョンをオリンピック航空のジェット機でセネガルのダカールへ向かわせると、自分と夫が乗るクリスティーナ号に合流させ、いくらかでも彼の苦しみを和らげようと十日間のクルーズを楽しんだ。ピエールとニコルのサリンジャー夫妻も招待された。男二人は葉巻をくゆらしながらアメリカの歴史と政治を語るのが大好きだった。「ピエールとオナシスはまるで一心同体だった」とジャッキーは言う。「ブランデーの香りについて侃々諤々《かんかんがくがく》やり合うときの楽しそうなことといったらなかった」

ジャッキーがサリンジャー夫妻をクルーズに誘ったのにはもう一つの狙いがあった。キャロラインとジョンからJFKの記憶が薄れつつあることを心配して、サリンジャーから二人に父親の話をしてもらいたかったのだ。彼は、JFKがいかにユーモアがあり、人生を――とくに二人の子供たちを愛していたかを熱く語った。クリスティーナ号で初めて〝家庭教師〟を務めたサリンジャーによれば、「何を話したかはほとんど覚えていないが、二人が邪気のない興味津々な表情で私を見つめ、夢見心地で耳を傾けたあの情景だけは、いまも鮮明に目に焼き付いている」という。

スコルピオス島に戻ってからも、サリンジャーは父親が歴史と読書が大好きだったことを語って聞かせた。「いいかい」とキャロラインに言った。「ホワイトハウスではおもしろそうなものを自分の机の上に置いておいては危ない。なぜかって、きみのダディーがやってきてそれを持って行ってしまうからさ」

「知っているわ」とキャロラインは笑って答えた。「マミーが言っていたもの。いつもそういう目にあったって」

十五歳のキャロラインは父親のことをさかんに知りたがり、サリンジャーの話を中断させては質問を連発した。たとえば、JFKは「どんな仕事をしていたのか」「どんな仕事が好きだったか」「もっとも得意だったものは」「何をいちばんしたかったのか」などなど。「キャロラインはアメリカの歴史を実によく知っていた」とサリンジャーは言う。「そして、こちらがびっくりするような質問をするんだ。冷戦やキューバ危機なんかについて」

オナシスはそんな二人のやりとりを耳にすると不機嫌になった。ジャッキーが何かというと最初の夫のことを持ち出すのに彼はうんざりしていた。「オナシスと私とはとてもウマが合ったが」とサリンジャーは言う。「ジャッキーがジャックのことを話し出すと、奴の態度はがらりと変わる。あれでは神経がもたない。そんな張りつめた空気の中に置かれる子供たちもたまったものじゃなかった」

キャロラインはコンコード・アカデミー校の寄宿生活に戻ると、オナシス夫妻の頭上を覆う不吉な暗雲から抜け出られてほっとした。ジャッキーは向こう数か月、オナシスに取りつく息子の死を追い払おうと努力を続けた。彼に配慮して仰々しいパーティはやめにして、彼をスペインからカリブ海、メキシコ、エジプトへと旅をさせた。それでも捗々《はかばか》しくないので精神科医に診てもらうことを勧めたが、拒否された。

オナシスは精神的にも肉体的にも目に見えて調子を崩していった。急激に体重が減り、疲れと激しい頭痛と眩暈《めまい》を訴え、右の目蓋が垂れて戻らなくなった。十二月に入って、ついに彼はフィリップスの偽名で、ニューヨークのレノックスヒル病院で精密検査を受けることにした。結果は不治の筋肉病である重症筋無力症と診断された。

当初オナシスは、誰にも──彼の行状に愛想を尽かせて病院にも付き添わなかった妻にも話さなかった。キャロラインは義理の姉のクリスティーナがニューヨークに居を構えて、父親の介護をしながら事業の引き継ぎをすると知って驚いた。ギリシアでは、クリスティーナはキャロラインとジョンに優しくしてくれたが、二人の母親のジャッキーには根深い憎しみを抱いたままだった。

オナシスが退院するや目蓋の垂れ下がった彼の写真が世界中の新聞を飾り、心臓発作との憶測が流された。クリスティーナは父親の目蓋と額の間に粘着テープを貼って取り繕おうとしたが、これがいっそう見かけを奇怪にし、医学事典を求めてレポーターたちを走り回らせることになった。

一九七四年四月、キャロラインはマサチューセッツの片田舎の小さな学び舎で衝撃を受けた。マリア・カラスがトゥデイ紙に登場し、オナシスは「ずっと私の最愛の人」と宣言、二人の関係はいまだ続いていると言明したのである。元同級生に言わせると、「母親の結婚生活をめぐる噂話にキャロラインはあっさりと知らんぷりができたはずだわ。学校の誰も彼女の前でその話題を持ち出さなかったから。彼女のいないところではどうだったかですって？　もちろん話をしたわよ、そして彼女もそのことを知っていたはずだわ」

ジャッキーをよく知る評論家で動物愛護運動家のクリーヴランド・エイモリーは、キャロラインの母親の私生活をめぐるゴシップについて、「恐ろしい変調」をキャロラインにもジョンにももたらすと言う。「でもジョンはなんとかなる。じっとしていられない活動的な子だから気がまぎれる――先生と母親にとっては手がかかって大変だけど。可哀想なのは思い込みが人一倍強いキャロラインよ。問題なんかないと自分を抑えて振る舞うことができる。たしかに、短期的に見れば、現実の否定は効果的な対処法だけれど、やがてそれは外へ向かって――あるいは内に向かって爆発することになる」

キャロラインが物心ついてから、二人のシークレットサービスがそばに潜んでいる生活が常態化していた。コンコード・アカデミー校は管理が行き届いていたので、キャロラインの警護係には〝大平原に隠れているもの〟を見つけるのに等しく、母親のジャッキーにも願ったり叶ったりだった。「まったくプライバシーがない生活にときどき嫌気がさしたに違いないわ」と当時の担任教師は言う。「でも、彼女は二人の紳士を好いていたようよ。彼らも近くにいながら他人に気づかれないようにしていた。彼女を守りながらも、彼女に息抜きをさせてやろうと気を遣っていたのね」

しかし、ニューヨークのジョンの場合はそう簡単ではなかった。なにしろ一千万人のなかから、誰かがいつでもどこからでも飛び出して、JFKの息子に害をなしてもおかしくないからだ。一九七四年四月のある午後、ジョンはブロードウェイのトランスラックス劇場で二人の友達とメル・ブルックスの新作コメディ「ブレイジング・サドルズ」を楽しんでいたが、警護係の監視の網から突然消えてしまった。慌てて探すこと二時間、警護係はやっとジョンを見つけることができた。

それから数週間後の五月十五日の午後五時、さらに驚くべき事件が起きた。十三歳のジョンは十段変速のイタリア製高級自転車を漕いでセントラルパークのテニスコートへ向かっていた。突然、ロバート・ロペスという麻薬中毒が草むらから飛び出すと棒を振り回し、「おい、自転車から降りろ。降りないとぶっ殺すぞ！」と叫んで、ジョンを押し倒してテニスラケットを奪ったのである。なお、男は後に別件の強盗でつかまり、ジョンの一件についても自白をした。

キャロラインが驚かされたのは、母親が強盗事件そのものよりジョンに与えた影響を問題にしたことだった。現場の警備担当のジョン・ウォルシュがシークレットサービスの総責任者に送ったメモによれば、「（ジャッキーは）ジョンにはいい教訓になったとかえって喜んだ」というのである。

ジャッキーは警護係にこう言明していた。「息子の後を付けてほしいが、いつも警備されていると思わせてほしくない。精神的によくないから」

いっぽうキャロラインの安全については特別な指示はしなかった。「おそらくプレップスクールで危険は考えられないと感じていたからだろう」と警護係は言う。「あるいはキャロラインを信用していたのかもしれない。ジョンのほうは壊れた大砲だから危ない。いずれにせよ、警護の中心はジョンに向けられ、そのぶんキャロラインは軽視されたのだろう」

その年の春、ジャッキーはニューヨークにとどまって夫抜きでこっそりパーティを楽しみ、夫のオナシスは娘とクリスティーナ号で地中海クルーズへ出かけた。途中、モナコに寄港、レーニエ大公と妻のグレース妃を船に迎えて歓待した。「まことに悲しみに耐えません」と大公はオナシスの体調を心配して言った。「心臓の病いが癒え、このように宏大なヨットに娘さんとお二人きりでなくお越しいただく日が一刻も早く来ることを祈っております」。クルーズの終着地のスペインでジャッキーも合流した。マドリッドのナイトクラブでは、よろける夫の腕を取り、カスタネットを叩きながらダンスを踊ってみせて、客たちを驚かせた。

今でこそ〝甘い生活《ラ・ドルチェ・ヴィータ》〟を享受するジャッキーだったが、かつてはワシントンタイムズ・ヘラルド紙の〝取材もできる敏腕カメラガール〟で鳴らしたことがあり、いつか元の仕事に戻ってもいいという思いを心中に温めていた。NBCのプロデューサーのルーシー・ジャーヴィスからアンコールワットを取り上げたドキュメンタリー番組の仕事依頼があると、オナシスは「王女様が働く女に戻るなんてみっともない」と反対したが、ジャッキーはこれを退けて受けることにした。さらに、ピーター・

バードからイサク・ディーネセン（デンマークの作家。長年ケニヤに住みアフリカについての著作で知られる）に触発された著作『暗黒に憧れて（Longing for Darkness）』に跋文を頼まれると、「〝ブラック・イズ・ビューティフル〟を感じ取った初めての白人の著作である」と記したのだった。

それからしばらくして、今度はニューヨーク芸術協会の会員としてグランドセントラル駅舎建て替えの反対運動に加わった（後に同駅舎保存に貢献した功績が称えられて、ジャッキーの名を記したプレートが駅舎内に設置された）。またニューヨーカー誌に、彼女が二十二歳のときに「国際写真センター」と創設者であるキャパ」について書いた記事が復刻掲載された。

仕事をしたいというジャッキーを、オナシスもできないのに誰も止めることはできなかった。そのおかげで、一九七四年夏、キャロラインはテネシー州東部の炭鉱をテーマにしたPBS（公共放送）制作のドキュメンタリー番組を手伝うことになった。そのために当地に六週間以上も滞在、塵肺に罹った多くの炭鉱夫はもちろん、妻や未亡人や子供たちにインタビューをした。

一九七五年三月六日、ABCテレビが流した衝撃的な映像にケネディ一家は――そして多くのアメリカの視聴者も――不意をつかれた。ジェラルド・リヴェラが自らキャスターを務める番組で、一九六三年十一月二十二日にエイブラハム・ザプルーダーによって撮影されたJFKの暗殺現場の映像を無編集で紹介したのだ。十年以上も前から、アメリカ人なら誰でも見て知っていると思っていたが、実は数コマの「死の銃弾映像」が事前にカットされていたことに幸いにも気づかずにすんでいたのである。銃撃されたケネディ大統領の頭が文字どおりオレンジの玉となって血を振りまきながら四方へと飛んでいく衝撃的な映像だった。キャロラインは見ないようにしたが、時を選ばずにテレビ画面から繰り返し流されるので、それは虚しい努力であった。このおぞましいシーンは世間を騒がせ、テレビだけでなく新聞雑誌にも掲載されるようになった。「ほんとうに恐ろしいことだった」とジャッキーの友人のクリーヴランド・エイモリーは言う。「あの衝撃映像を避けるすべはなかった。われわれはあの日の恐怖を繰り返し味わうことになった。われわれはほんとうは知らなかったのかもしれない、ダラスで実際に起きたことを――ジャッキーが横で目撃して以来それに苦しみ耐えてきたすべてのことを。キャロラインがどんな衝撃を受けたことか……」

　さらに衝撃的な出来事が続いた。一九七五年三月十五日、キャロラインはニューヨークの母親から電話を受け、オナシスがパリのアメリカン病院で娘のクリスティーナに看取られて亡くなったと知らされたのだ。享年七十五だった。この報せにキャロラインは驚かなかった。三日前に、オナシスは胆嚢の手術後に昏睡状態に陥り臨終が近いので急いでパリへ来るようにと、主治医から母親に要請があったからだ。それでもジャッキーがニューヨークにとどまった理由の一つは、キャロラインが関わったPBS制作の炭鉱ドキュメンタリー番組が放映されるので、それを見ておきたかったからだった。

　母親が淡々とした口調で継父の死亡を告げるのをキャロラインはとくに不謹慎とは感じなかったが、オナシスの元側近のジョニー・メイヤーは驚きを覚えた。彼によれば、夫の死を知らされたときのジャッキーは「ご機嫌だった」からだ。つい四か月前に母親のティナを不審死で失っていたクリスティーナは自失の極に陥り、父親が息を引き取ってから四時間後、またまた手首を切って自殺を図った。彼女は、オナシスの内輪の人々と同じく、すべての災厄の因《もと》は〝暗黒の未亡人〟ジャクリーンにあると口を極めて罵って憚《はばか》らなかった。

キャロラインもジョンもオナシスの死を深く悲しんでいるふりを装うことはしなかった。二人にとって、プレゼントをくれ、よくかまってくれたあのお爺ちゃん然とした面影はとっくの昔に消え失せ、それは母親に憎しみを募らせるいやな老人に取って代わっていた。ジャッキーはパリへ飛んで病院内の教会に安置されたオナシスの遺体に面会し、キャロラインとジョンは母方の祖母のジャネット・オーチンクロス、叔父のテッドと従弟（母の異夫弟）のジャミーと共にスコルピオス島へ向かった。

葬儀の当日、アメリカ人の親族はけっして歓迎されていないとすぐに分かった。柩の後ろに未亡人が従うのが儀礼のはずなのに、ジャッキーは無愛想なクリスティーナの後ろどころか同じように憮然とした彼女の叔母たちの後ろに付かされたのだ。

ジャッキーは黒い革のスーツに身を包み、大きなサングラスで微笑みを隠し、ジョンの手をしっかりと握っていた。ケネディ家の会葬者のなかでは、すでにこうした場の雰囲気に慣れていたキャロラインがもっとも悲しげな表情をしていた。葬儀の取材を許されたギリシア人カメラマンによると、「キャロラインがいちばん神妙な顔つきだった——ギリシア人の会葬者のように感情を表に出してはいなかったが、とても悲しそうだった」

三日後、キャロラインとジョンは、フランス大統領ジスカール・デスタンが設けてくれたエリゼ宮の昼食会に、落ち込んでいる母親に代わって出席した。いっぽう母親は、十八か月に及ぶことになるクリスティーナとの訴訟の対応にかかっていた。結局、十億ドルとされるオナシスの邸宅についてジャッキーは二千六百万ドルを受け取ることで権利を放棄することで決着したが、後にクリスティーナはキャロラインの母親についてこう吐き捨てたという。「これであの女と永遠に切れるのならお安いものよ」

クリスティーナは父親がＪＦＫの未亡人と結婚してから七年の間に、弟と母親と父親を失った。後にキャロラインがケネディ家の最後の一人になる四半世紀も前に、クリスティーナは父親の世界的ビジネス王国を引き継ぐことになったが、私生活も大変だった。四度の結婚生活に破れ、数えきれないほど自殺を繰り返し、破産をし、麻薬中毒に冒されて、クリスティーナは一九八八年十一月十九日、水が半ばまで張られたバスタブで死んでいるところを発見された。享年三十七だった。わずか三歳の一人っ子アシーナがオナシス家の全財産を相続することになった。

クリスティーナの不幸のみなもとは、両親のオナシスとティナの不在にあると親族は見ていた。クリスティーナとアレクサンダーはめったに母親と父親に会うことはなく、甘やかし放題の乳母と家庭教師に育てられた。

ジャッキーに言わせると、躾《しつ》けができていなかったためにクリスティーナの不幸は最初から運命づけられていた。自分の子供にも同じ轍を踏ませたくなかった。しかし、ジョンは早くも危ないことに関心を持つようになった。すでに十二歳でオナシスのお気に入りだったスコッチ——ジョニーウォーカーの黒ラベルを飲み、ニコチンのきついギリシアの煙草を吸っていた。カレッジエイト校ではマリファナをはじめ授業中にラリって何度か処罰を受けた。さらに悪いことに学業もさっぱりだった。ジャッキーは息子の不行跡は心理的なものかもしれないと思い、精神科医に診《み》せたりもした。

ジャッキーの慰めはキャロラインについてはまったく心配がいらないことだった。コンコード・アカデミー校ではいたずらもしたが無邪気でむしろ可愛くさえあった。たとえば、学校の噴水に入浴用バブル剤を入れるとか、地元のコーヒーショップでベリーダンスを踊って見知らぬ少年に投げキスをしてコーヒー代を稼いだり、ちょっとエッチなジョークを披露するといった類いのものだった。男の子とちょっとしたロマンスもあったが、幸いなことにどれも深刻なことにはならなかった。母親がやめようとしてやめられない煙草をキャロラインも吸うようになった。酒もお付き合いで飲むが酔っぱらうところを見た人はいない。マリファナもときどきやるが、弟と違って取り込まれることはなかった。

キャロラインは十七歳の誕生日を誰よりも楽しみにしていた。それは自動車免許を取れるからでなく、法律で定められたシークレットサービス警護が終了するからだった。これからは、ダークスーツにサングラスをかけて気配を殺すあの善意の男たちに警護されることはない、そうキャロラインは思っていた。ところが、母親が二人の私立探偵を代わりに雇うと知って、旧友の言葉によれば、キャロラインは「青ざめた」

キャロラインは頭にきてボディガードを雇うのは即刻やめるよう母親に求めた。「見知らぬ男たちにいつも見張られている人生を送れというの」と彼女は涙をこらえて食ってかかった。「よくもそんなことができるわね！」

しかし母親の決断を翻《ひるがえ》すことはできなかった。ジャッキーはいまだに子供たちの身辺を心配しており、娘を無防備にさらすつもりはなかった。それでもキャロラインは生まれて初めて母親に真正面から立ち向かったのだった。いつものキャロラインとは思えない反抗的態度に驚いたジャッキーはハイアニスポートの隣人のラリー・ニューマンに相談した。「あなた、娘さんたちとはどう？　キャロラインのような目にあっているの？　あの子はすべてを知っていて、こっちは何も知らない。どうしたらいいか、お手上げだわ」

「ジャッキー、何をやっても同じよ、よくなんてならないわ」とラリーは答えた。「ほうっておくことね。少し距離をおいてお節介はしない。私は娘たちとよく話し合うことにしているわ」

「あの子とは話が通じないのよ」ジャッキーは頭を振った。

「おそらく」とラリーは忠告した。「それは彼女が話したがってる話題じゃないからよ」

　実際、ジャッキーはジャックの子供たちらしく育てたいという固い信念を持っていて、思春期特有の反抗を大目に見ることができなかった。友人のジョン・ローリングはジャッキーから電話攻撃を受けたことを思い出して「キャロラインだって同じような目にあいたくなかったろうね」と言う。キャロラインは大過なくやっていたのだから。

　しかし、コンコード・アカデミー校の最終学年になって、母と娘の関係はにわかに緊張を帯びた。四年前にピーター・バードにライカを貸してもらってからキャロラインはいっぱしの写真家になっていた。彼女が作品をまとめていると聞きつけて、いくつかのエージェントが代理契約の名乗りを上げた。それにアンディ・ウォーホルをはじめ多くの著名人からの勧めもあって、キャロラインはマンハッタンのレキシントン・ギャラリーで初めての個展を開くことにした。さらにAP通信から写真集の出版権を一万ドルで買いたいとの申し出があって、キャロラインの気分はますます高まった。

　個展が近づくにつれて、コンコード・アカデミー校の電話は、キャロラインに対する新聞と雑誌からの問い合わせで鳴りっぱなしになった。学校当局は、取材を求めるレポーターたちをはじめ数えきれない要望に応えきれなくなり、ジャッキーに〝善処〟を求めた。

激しく抵抗するキャロラインにおかまいなく、ジャッキーは個展の中止を宣告した。「名前を利用されているのよ、キャロライン。いいこと、ケネディの名前がなかったら、あなたの写真に一万ドルの値がつくと思う？　いつかはそうなるかもしれないけれど、今のあなたは駆け出しのカメラマンでしょう。あなたの名前――あなたの父親の名前をそんなことに使ってほしくないの」

結局、規模を小さく控えめにするのならというジャッキーの意向に従って、キャロラインの個展は六か月後にレキシントン・ラボ・ギャラリーで開催された。オープニングイベントも事前の宣伝告知もなし。ギャラリーのオーナーのフィリップ・パッゾーニによれば、「オナシス夫人の要望ですべて低調に」だった。八十枚のモノクロ写真の大半はテネシー州の炭鉱労働者と家族の肖像――PBS制作のドキュメンタリー番組を手伝ったときの副産物で、スペイン旅行の折りの闘牛に動物や風景の写真もあった。家族の写真も数多く飾られてあったが、そのうちの二枚がとくに目を惹いた。一枚は、ジョンが鼻をつまんでクリスティーナ号の甲板から地中海へ飛び込む瞬間をとらえたもの、もう一枚はジプシーの衣装をまとい、手に煙草を持ち、鼻先にピアスをつけ、誘うような表情をつくったキャロライン自身の肖像写真だった。

ジャッキーにとって、ケネディ家というブランドを利用されることは許せなかったが、それよりも問題なのはキャロラインがダイエットを拒んでいることだった。キャロラインは五フィート七インチ（約百七十センチ）、体重は百四十五ポンド（六十六キロ弱）だったが、それでも母親《マミー》には太りすぎに思えた。ある週末、ジャッキーは祖母《グランメール》のローズ・ケネディとキャロラインを連れて、ボストンの老舗ホテルのリッツ・カールトンでランチを共にした。食事の最後にキャロラインがデザートのメニューを要求した。

すかさずジャッキーは言った。「デザートはだめ。そんなに太ったらお嫁さんの貰い手がなくなるわよ」。押し殺した低い声がトレードマークのジャッキーだったが、さすがにこの言葉は周囲の客の耳にも届いた。

と、すらりとした体形を維持するのに常に神経を使っているローズから、いかにも彼女らしい助言があった。「両脇から両腕を離して立つようになさい、そうすると痩せて見えるから」

太る心配のないジョンは、姉に対して、食生活がどうのではなく、イメージ重視の母親に押し付けられた減量になぜそんなに振り回されているのかと、からかった。「キャロラインとジョンは小さいころから冗談を言い合う仲だった」と二人の母方の叔父のジャミー・オーチンクロスは言う。「彼らが十代のころ、〝キモイ《グロス》〟という言葉が流行った。キャロラインが弟のしでかすキモイことをあれこれ挙げる。と、彼は笑ってごまかす、そんなやりとりをいつも楽しんでいた」

ケネディ一族の女性たちのなかで、体形を気にかけていたのはキャロラインだけではなかった。キャロラインとウマの合うマリア・シュライヴァーもそうだった。しかし、何かにつけてスタイル抜群の母親と比較されるのはキャロラインだけで、おかげで彼女の自尊心はいたく傷つけられた。あるとき訳もなく怒りが沸《わ》いてきて発作的に片方の眉を剃り落してしまい、あわてて言い訳をした。「私の顔って、あまりにも左右対称でいやなの」

六月五日、キャロラインは、コンコード・アカデミー校の卒業式で、行列聖歌に加わるのを手持ち無沙汰な風情で待っていた。翌日のアメリカ各地の新聞にＪＦＫの娘が風船ガムを大きく膨らませている写真が掲載された。ジャッキーはそれをキャロラインに見せると「チャーミングだわ」と不満げに言った。「ただチャーミングなだけね」。母親に文句をつけられものは何一つもないことをキャロラインは知っていた。なにしろ文武両道のキャロラインは、父親の母校ハーヴァードと兄妹の関係にある名門女子大ラドクリフへの進学が決まっていたからだ。

　ジャッキーは息子に「ホワイトハウス返り咲き」の夢を託すいっぽうで、キャロラインにも大きな将来図を描いていた。ほんの短期間だがワシントンでカメラマンとして働いていたことがある母親《マミー》としては、同じ仕事をジャック・ケネディの娘にさせるつもりはなかった。大切な人格形成期には〝まともなこと〟に取り組ませたかった。この目的に沿って、高校卒業の最初の夏はそれにめいっぱい打ち込ませることにした。まずキャロラインは、ＮＢＣでスカンジナビアと中東のドキュメンタリー番組制作の手伝いをさせられた。もっとも長期にわたったのは叔父テッド議員のワシントン事務所勤めだった。
　ジャッキーは、子供たちにはケネディ家の政治遺産だけでなく、政府の仕組みもしっかり学ばせたかった。当時テッド・ケネディの側近だったリチャード・Ｅ・バークによれば、キャロラインは実に勉強熱心だった。議員インターンの仕事は、郵便物の仕訳や法律をつくるための調査の手伝いなど一週間ごとに内容が変わるが、かつて父親がモットーにしたように、どんな仕事も手を抜かず熱心にこなした。

仕事先のワシントンに近かったので、その夏、キャロラインはヒッコリーヒルにある亡きボビー叔父（ロバート・ケネディ）の邸で過ごした。しかし、バークによれば、「大勢の他人に囲まれてさぞや大変だったろうが、慌てる様子はなかった。内気で控えめだったが、みんなとはすぐに打ち解け、事務所のソフトボールチームでは遊撃手《ショートストップ》を立派にこなしていた」

バークによれば、キャロラインが父親のことを口にしたことはほとんどなかった。誰かから父親をとても尊敬していたと挨拶されると、丁寧に礼を言ってすぐに話題を変えた。ある日の午後、キャロラインを車に乗せてソフトボールの試合会場へ向かっていたときだった、突然、「ここを曲がってもらえませんか」と言われた。そこはジョージタウンの北通りだった。スピードを落として三三〇七番地の古い赤煉瓦の邸にさしかかると、彼女が物静かに言った。「この家、よく覚えている。ここに父親と一緒にいたころからあったわ」

叔父テッドのワシントン事務所のスタッフたちとはうまく付き合っているように見えたキャロラインだったが、かつての同級生にこう漏らした。「ほんとうは、どこにいてもなかなか打ち解けた気になれないとよく感じたものよ」。実際、生来控えめな性格のキャロラインは、しばしば他人からはよそよそしいと見られた。「私はいやな人間だと思われている！」と友人に訴えたことがある。「お高くとまった俗物だと」。しかし事実はまったく逆だった。一九四七年に「その年の社交界の華」として衝撃デビューした母親とは違っていた。母親からは何度も十八歳の社交界デビュー・パーティをしたいと言われたが、キャロラインは頑なに断り続けた。

その代わりに、大学進学が決まった裕福なニューヨーカーがたむろするグリニッジヴィレッジのバーやロックコンサートやクラブへ出かけた。コワモテのボディガードがいないのは自由の証しだったが、いっぽうでそれはマスコミに不意打ちを食らう危険と引き換えだった。「連中は私の人生で楽しんでいるとよく感じたものだわ」とキャロラインは言った。「カメラマンにとって私はキャロライン・ケネディという名の物体なのよ。許せないわ」

一九七五年の夏のある夜、キャロラインは友達と誘い合わせてグリニッジヴィレッジのクラブの演奏を聴きに行った。黒のジーンズに白のシャツ、首にセーターを巻いたキャロラインは、壜ビールをラッパ飲みしながら聴衆の真ん中にまぎれて立っていた。と、写真を撮られている気配がした。髪の毛を下ろして顔を覆うと、下を向いたまま脇の出口から逃げ出した。

同じようなことが、ニューヨークはフォレストヒルズで行われた「ロバート・F・ケネディ杯プロ・アマ対決ゴルフトーナメント」に参加したときにも起きた。カメラマンたちが食堂用のテントにまで押しかけてきた。気の置けない友人たちと昼食を楽しんでいるところを報道陣に好奇の目で環視されるはめになって、突然キャロラインは切れた。皿を脇にのけると席を蹴って怒りを爆発させ、並んで食事の順番を待つ有名人たちを驚かせた。「私の人生って、いつもこうなの？　まるで金魚鉢の暮らしじゃないの！」。そして、その場を去りながら友人のほうを振り向いて言い残した。「世間が私に関心を持つのは仕方ないと思う。不作法な振る舞いはいけないこともわかっている。でもね、たまに我慢できなくなるときがあるのよ！」

ラドクリフ女子大に進学するにあたって、キャロラインは母親から「海外ギャップイヤー」（将来の進路を決めるためすぐに大学に進学せず海外で研修する準備期間）の約束を取り付けていた。キャロラインは母親と同じように芸術に関心があり――コンコード・アカデミー校では写真のほかに絵も描いていたが、ロンドンのサザビー・オークション会社で十か月の実務研修を受けることにしたのだ。ジャッキーがキャロラインの「海外ギャップイヤー」を認めたのには、もっと重要な裏の狙いがあった。キャロラインの従弟妹《いとこ》の問題児たちから引き離しておきたかったのだ。重しとなる父親のボビーを亡くしてからエセルの子供たちは統御不能状態だった。小さいころは、ケネディ一族の本拠地のハイアニスポートで、栈橋につながれたボートを壊すわ、空気銃で通りがかりの車を狙い撃ちするわ、隣の邸に爆竹を投げ込むわ、さらには女の子の誕生日パーティではナイフで脅してプレゼントを奪い取るわの狼藉の限りを尽くした。

大きくなるほどそれはいっそうひどくなった。いちばん上のジョー・ケネディ二世はドラッグに手を染めて大学を退学させられたが、成績ではなくもっぱらケネディ家の名前によって別の大学に転校できた。ある週末、ジョーは弟のデイヴィッドとデイヴィッドのガールフレンドのパム・ケリーをジープにしがみつかせて、ナンタケット島の狭い泥道を猛スピードで飛ばしていた。と、近づいた対向車をよけようとして、ハンドルを切り損ねて溝にはまり、三人とも車から放り出された。男二人は軽傷ですんだが、ケリーは下半身対麻痺の重症を負った。これで父の跡を受けて国会議員、あるいは一時期候補に挙がったマサチューセッツ州知事になる目はなくなった。

ボビー・ケネディ・ジュニア（JFKの弟ロバートの息子）とボビー・シュライヴァー（JFKの妹ユーニスの息子）はプレップスクールに在学中の高校生だったが、どちらもマリファナ所持で逮捕された。その後シュライヴァーは足を洗ったが、ボビー・ジュニアは弟のデイヴィッドと従弟のクリス・

ローフォード（JFKの妹パットの息子）とつるんでヘロインに手を出すようになった。

マリファナといえば、実はジャッキーもやめようとしてやめられないでいた。ジョンは母親のニコチン依存症はどうやら受け継がなかったが、そのかわりマリファナを五《フィフ》番街《アヴェニュー》一〇四〇番地の自宅のバスルームや、階段の吹き抜けや屋根で吸っていた――臭いを消すためにクレゾールの缶をつねに脇に置いて。一九七六年、アンドーヴァーのフィリップス・アカデミー高校に進んだジョンは、マリファナをやめようとはせず、学校の警備員に現場を押さえられた。シークレットサービスも、ジョンにやめさせようとせず、〝若者の通過儀礼〟と考えて、ジャッキーに報告もしなかった。しかし実際は〝通過儀礼〟どころではなかった。コカインはためしに手を出しただけだったが、マリファナはジョンの生涯の友となった。

キャロラインは非合法ドラッグには手を出さなかったものの、なんとも大胆不敵な振る舞いに出た。ハイアニスポートに母親がつくる菜園のキャベツとトマトの間にマリファナを密かに植えて、母親に気づかれずに、ジョンと一緒に〝味見〟をしたのだ。

それもそのはず、そのころジャッキーは、クリスティーナの弁護士団と、オナシスの遺産の子供たちの贈与分――とくにジョンについて係争中で、それどころではなかった。もしそれを知ったら、すべてをエセルの悪ガキどものせいにしたことだろう。

エセルからキャロラインとジョンがヒッコリーヒルに招かれて、ジャッキーがしぶったのも当然だった。テッド・ケネディの側近のリチャード・バークによれば、ジャッキーは「とんでもない」と答えたという。「ヒッコリーヒルで起きていること――とくにあの悪ガキたちがやらかしていることを考えたら、とてもキャロラインとジョンを行かせたくはなかった」

ケネディ一族の伝統ともいうべき蛮行について、ジャッキーの友人のデイヴィッド・ハルバースタムに言わせると、ジャッキーは子供たちに「受け継いでもらいたくなかった」。同じくジャッキーの親友のピーター・デューチンも同意見だ。「ジャッキーの人生最大の決断は、子供たちをハイアニスポートの乱痴気騒ぎとケネディ一族から引き離すことだった」

ケネディ家の遺産はキャロラインとジョンに引き継いでほしいが、ケネディ家の連中に欠けている自制心はしっかり持ってもらいたいとジャッキーは願った。「ジャッキーはそれをきわめて賢く実行に移した」とハルバースタムは言う。「子供たちをニューヨークで育てながら、ケネディ家の旗はしっかりと振らせたのさ」

テッド・ケネディは「ジャッキーが距離を置きたがるのも理解できる」と言う。実際、母親の意思でヒッコリーヒルから遠ざけられたのはキャロラインだけではなかった。キャロラインが従妹のマリア・シュライヴァー（JFKの妹ユーニスの娘）とシドニー・ローフォード（JFKの妹パットの娘）と話しているところをたまたま聞いたバークは言う。「あの（ボビーの子供たちの）馬鹿騒ぎはいったいなんだ。あれでは母親たちはわが子をヒッコリーヒルに近づけたがらないだろう。三人の母親――ユーニス、ジャッキー（ジーン）、パット（パトリシア）には確固たる不干渉同盟ができあがっていた」

キャロラインはケネディ一族のなかでは異色の存在だった。運動は嫌いではなかったが、従弟妹《いとこ》たちのように闘争心をむき出しにはしなかった。元同級生によれば、「負けることもしばしばあったが、くやしがらない」。テニスについて訊かれるとキャロラインは肩をすくめて、「私、あんまりうまくないのよ」と答えるのだった。

礼儀作法はハイアニスポートでは最優先事項ではなかった。家族ぐるみの友人のチャック・スポールディングによれば、「食事のマナーはなんでもありだった」。ジャッキーの元秘書のティシュ・バルドリッジも指摘しているが、それに引きかえ、キャロラインとジョンは「長年の躾が行き届いていて――まさに母親譲りだった」。他のケネディ一族とは違って、二人とも周囲の空気を読むことができた。叔母（ジャッキーの異父妹）のジャミーに言わせれば、ピクニックでケーキが残ったとしてもキャロラインは手を出さない、あのジョンでさえもそうで、こちらが勧めても、「けっこうです。どうぞ食べて」と譲る。

行儀のよさと、相手を押しのけても目的を遂げるというケネディ一族の特性をまったく引き継いでいないことで、ジャッキーの子供たちは、ハイアニスポートの従弟妹《いとこ》たちからは敬遠されていた。アリストテレス・オナシスの継子ということで、キャロラインはいまや世界でもっとも金持ちの十代《ティーンエージャー》に擬されていることも――これはゴシップ新聞のつくり話だが――好材料にはならなかった。

従弟妹《いとこ》たちは、ブーヴィエ家とオナシス家が結合したことで、「ケネディ家の正系ではない」とキャロラインを見下しているようだった。しかし、好き嫌いは別にして、キャロラインとジョンは、母親と共に間違いなくケネディ一族のスターであった。「偉大な男にならなければというジョンのプレッシャーがどんなに大変か、みんなわかっていた」とアンドーヴァーの高校時代の同級生は言う。「ジヨンはよく言っていた、キャロラインには申し訳ないと。周りの期待にはそこそこ応えられるのだが、キャロラインはつねに完璧を求めてくるので」。ローズ・ケネディの秘書のバーバラ・ギブソンも言う。「キャロラインはとても信用できる。私なら車の運転は彼女に任せるわ」

一九七五年十月、キャロラインが研修を受けるためサザビーの本社があるロンドンへ旅立つと、ジャッキーはほっと安堵した。そして、娘をもっと長期にわたって――もう害はないとわかるまで、ケネディ一族から引き離す算段を練り始めた。

キャロラインはアパートが見つかるまで保守党の重鎮のヒュー・フレイザー卿の自宅に間借りすることになった。卿はＪＦＫの長年来の友人で、著名な伝記作家のアントニアと離婚したばかりだった。たまたま十代の娘が学校の寄宿舎に入っているので、よろこんでキャロラインの面倒を見るとジャッキーに言ってよこしたのだ。二百五十ドルの家賃を払うとジャッキーは申し入れたが、断られて只になった。フレイザーの自宅は地下鉄が三車線乗り入れるカムデンヒル・スクエア駅にある四階建ての邸宅で、周囲には築二百五十年の邸が立ち並ぶロンドンでもっともお洒落なケンジントン地区にあった。

キャロラインは、平日には朝八時十五分から三十分の間に、五十七歳のフレイザー卿の運転する赤いジャガーでサザビー本社まで送ってもらっていた。十月二十三日の木曜日も、朝食をすませると卿と玄関を出ようとした。そのとき電話が鳴った――同僚の国会議員ジョナサン・アトキンから重要な案件だった。そこで出発が定時より遅れて、キャロラインは物を取りに寝室に戻った。

ちょうどそのころ、フレイザー家の隣人で著名な癌研究者のゴードン・ハミルトン・フェアリーは犬を散歩させるために玄関を出た。四人の子供を持つ子煩悩な父親だった。セントバーソロミュー病院の癌治療研究チームの責任者で、これまでに急性骨髄性白血病の特効薬を開発し、いままさに新たな画期的な抗癌剤を生み出そうとしているところだった。

フェアリーと愛犬がフレイザー卿のジャガーの前で足を止めた八時五十三分、事件は起きた。前輪の下に仕掛けられた爆弾が爆発、車は空中高く吹き飛ばされ、逆さまに地面に叩きつけられて炎上した。フェアリー医師と愛犬は即死、医師の両足は舗道を越えてフレイザー邸の庭先まで吹き飛ばされた。フレイザー卿は爆風で椅子から放り出され、割れた窓ガラスの破片で額に傷を負った。隣家の窓ガラスはことごとく割れて粉々になった。キャロラインは二階の自室にいて床に叩きつけられたが、奇跡的に怪我はなかった。家にいたキャロライン以外の七人が怪我をしたがいずれも軽く、そのときコックがいたキッチンでは爆風で食器棚から皿やグラスが吹き飛び床に散乱した。四分の一マイル（四百メートル）離れたレンタカー会社の受付嬢は、「恐ろしい爆発で、地震かと思った」という。

フレイザー卿によれば、キャロラインは「びっくりしてはいた」が、きわめて冷静沈着に、事件を知ったら卒倒するかもしれないと母親のことを心配していた。フレイザー卿の車が道路の真ん中でまだ燃えているなか、キャロラインはアメリカ大使館に電話を入れると、早急に母親に連絡を取って娘の無事を伝えるよう頼んだ。

当初はキャロラインがターゲットではないかと思われたが、フレイザー卿が、彼を不倶戴天の敵とするＩＲＡ（アイルランド独立を掲げる過激派）から二、三週間前に殺害をほのめかす脅迫を数回にわたって受けていたことを認めた。キャロラインは震えてろくに口もきけない状態で、近くに住む卿の妹のマクレーン夫人の家へ避難した。マクレーン夫人によれば、キャロラインは「ショックのあまり話もできない」まま部屋に閉じこもっていたが、翌日は気持ちを奮い立たせてサザビーへ出かけていった。レポーターには「大丈夫。私には無関係だから」と答え、スコットランドヤード（ロンドン警視庁）もそれを認めた。「間違いない」と副警視総監補のアーネスト・ボンドは断言した。「ターゲットはフレイザー氏で、キャロライン・ケネディではない」

危機一髪だったことをフレイザー卿ほど噛みしめている人物はいなかった。「いつもだったらあれが起きたときは車の中にいた。でも電話に出ていた。あの電話で私は助かった——キャロラインも。神に感謝しないと。あの電話がなければ二人とも死んでいたんだから」

癌研究者——とくにフェアリーの免疫療法の成果を評価する人たちにとっては、彼の理不尽な死は将来にわたる大打撃だった。フェアリーの研究仲間のピーター・アレクサンダー医師が言うには、「彼を失ったことは医療研究の崩壊に等しかった」。ニジェル・ケンプ医師の評価も同様だった。「いま現在、この特別な分野で、彼ほどの知識と経験を持つ研究者はいない。彼の代わりはいない——これほどの悲劇はない」

フレイザー卿は下院において「テロの悪意に怯えてはなりません」と心を込めて公衆に訴えると、フェアリー医師の功績を称えて続けた。「人々は忘れないでしょう」ここで卿は高ぶる気持ちを必死で抑えた。「今回の無辜《むこ》の犠牲者こそもっとも傑出した人物であり、わが人類の生命をこの国会にいる誰よりも、医学界の誰よりも救うことができる男でありました」

事実フェアリー医師は、ホジキンリンパ腫と非ホジキンリンパ腫の両方の治療の先駆者であった。

彼の同僚が言うように、「見方を変えると、フェアリー医師を殺した爆弾は、現在あるいは将来癌に罹って治るかもしれない患者——とくに非ホジキンリンパ腫患者も一緒に殺してしまったのだ」。くしくも二十年後のジャッキーがそうであった。

帰国するよう迫る母親に、キャロラインは大騒ぎして抗《あらが》った。ジャッキーは娘を脅かすつもりはなかったが、ターゲットは娘だと確信していた。ＩＲＡがフレイザー卿を爆殺しようとしたというなら、どうして数か月、あるいは二、三年前に実行していないのだ。卿は長年にわたって宿敵と名ざしされてきたのだから。なぜ、わざわざキャロラインがロンドンにやってくるまで待ち、なぜキャロラインと一緒に出かけるとわかっている日を狙う必要があったのか、ケネディ家が一貫してＩＲＡに同情的であったにもかかわらず。

おそらくＩＲＡではなく、世界を股にかける一匹狼の仕業で、子供たちはいまも狙われているとジャッキーは確信してやまなかった。いずれにせよ、娘を一刻たりともイギリスに滞在させておきたくなかった。

「考えすぎよ」とキャロラインは言い返した。「爆弾事件は私に関係ないわ。だから私は大丈夫よ」

「何言ってるの、キャロライン」とジャッキーは電話越しに言った。「いまロンドンは安全じゃないのよ。飛行機のチケットを取るから——」

「だめよ」とキャロラインは抵抗した。「私は大丈夫だってば。明日サザビーに行かないと。話はこれでお終い、電話を切るわよ」

しかしジャッキーは一人ではなかった。叔父のテッドが電話を替わるとキャロラインの母親に同調した。「ロンドンは危険すぎるよ、キャロライン」。続いてジョンまでが電話に出て姉の身を心配した。

結局キャロラインは自分の思いを貫き通した。ジョンにも母親の意見にも従わなかったが、爆弾事件は心の傷《トラウマ》となって消えることはなかった。事件後のおぞましいもの――炎上する車、割れたガラスの破片、血糊を至るところで目にしていた。フレイザー卿の庭先には癌研究者と愛犬の残骸がばらまかれていた。事件当日の朝に味わった恐怖はキャロラインのなかに居座り続けたが――これまで同様の惨劇に耐えたときのように――そのことを口にはしなかった。サザビーで共に実務研修を受けたアメリカ人女性によると、「何か月も悪夢にうなされたようね。でも、それに負けなかった。人はつらいことがたくさん続くと、それをどこかに棚上げする。悲しいけれど、キャロラインにとっては爆弾事件もその一つだったのね」

キャロラインがフレイザー卿の家から出るということになり、ジャッキーはとりあえず安堵した。爆破事件による家屋の損傷を修理するのに数か月かかるかららしいが、それより重要なのはキャロラインがそこから出ることだった。

キャロラインは人生で初めて自分で住むところを探すことになった。かつての義理の妹が爆弾で死にかけたことを知ったクリスティーナ・オナシスは、メイフェアの自宅アパートの一部屋をよかったら使っていいと申し出た。しかし、キャロラインはオナシスの葬式のときのオナシス家の女性たちの冷たい仕打ちがいまも忘れられず、丁重にお断りした。アパートが見つかるまで、両親の古くからの友人であるハーレフ公の邸に居候することとした。

その後、ジャッキーの強い勧めもあって、ストラス・ラズウィルのロンドンの自宅へ移った。彼は一年前にジャッキーの妹のリーとは離婚していたが、ジャッキーとはウマが合った。キャロラインも、ラズウィル家の従妹《いとこ》たちとは仲がよくストラスのことを叔父といまも思ってもいたので、それは願ったりだった。

ラズウィル家に移ったとたん、近くのイタリアレストランでＩＲＡの爆弾が炸裂した。ジャッキーは娘に今度こそ帰ってくるように電話で説得した。しかし、キャロラインはたまたま近くで爆発しただけだと思って帰るつもりはなかった。母親と電話越しにひとしきり口論した後、友達に怒りのたけをぶつけた。「ママったら頭がおかしいんじゃないの」

スコットランドヤードは引き続き、キャロラインは爆弾犯のターゲットではないとの公式見解を取った。しかし爆発装置をＩＲＡと結びつける確証はなかった。数年後、この事件の捜査班の一人は、キャロラインはヒュー・フレイザー卿共々、暗殺のターゲットになっていたとしぶしぶながら認めた。「連中はテロリストで、やつらの狙いは破壊活動によってイギリスを恐怖に陥れることだ。しかし、今回はアメリカ人が愛する人間を殺すことで、アメリカを国際的事件に引き込むことができるまたとないチャンスだった。ジャッキーとジャックの娘がテロの犠牲になるなんて、絶対にあってはならない」

いくらテロが恐ろしくても、キャロラインはせっかく手に入れた独り暮らしの自由を手放す気にはなれなかった。「生まれて初めて親からうんと離れているから自分の思いどおりにやれたわ。行きたいところへ行き、着たいものを着て、やりたいことをするの、私の意思でね」

ニューヨークでは、ジャッキーは二本目の煙草に火を点けるとワインをグラスに注いで、ストラス・

ラズウィルに電話をかけた。「母親には子供を心配する権利があるはずよ――当然でしょう。それなのに、ケネディという名を持つ娘がいたら……私は心配してはいけないというの。どうしてなの」

7 恋と破局、伴侶との出会い、母との永遠の別れ

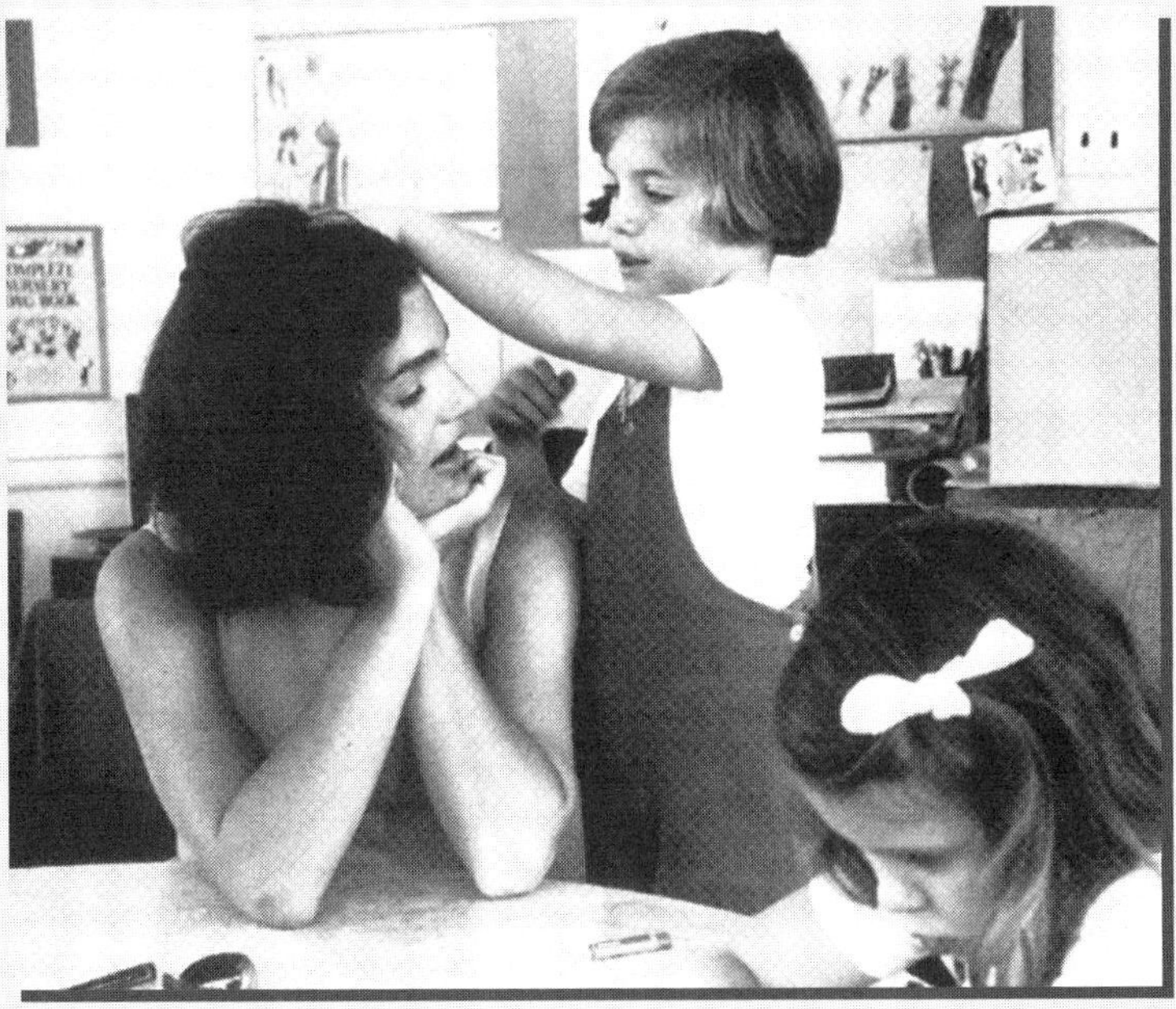

マミーとの楽しい日々はもう還ってこない（ホワイトハウスの特別学校で）

人々の記憶にあるキャロラインは、父親の葬儀でブルーのコートを羽織った可愛らしい少女だが、いまもどこかにその面影をとどめている。

――トム・カーニー（キャロラインの最初の恋人）

キャロラインとジョン・ジュニアに対するジャッキーの子育ては実に立派だった。孤立無援のなか強い抵抗にあいながらよくぞやり遂げた。

――ベティ・マクマホン（近所の友人）

いったい全体、なぜなのだろう？　著作があるわけでもない、歌がうまいわけでもない、演技がうまいわけでもない、何も実績はない、ただ名前が知られているだけ、なのに誰も私を一人にしてくれない！

――キャロライン（友人のアンディ・カルシュに）

レポーター「エド・シュロスバーグと結婚したら、名前はどうするつもりですか？」
キャロライン「キャロライン（・ケネディ）よ」

「二人とも実に美しい」とアンディ・ウォーホルはワルツを踊る若いカップルを見て、友人のボブ・コラッセロに囁いた。午前五時で、ウォーホルはラムトン公爵夫妻が主催するパーティの主賓として招かれていた。前夜からずっとソファに体を預けて、「まるでこの部屋には二人以外誰もいないかのように振る舞う」ハンサムな画商と可愛いアメリカ人画学生に見とれていた。

ウォーホルは、二十四歳のマーク・シャンドとキャロラインを似合いのカップルだと思いながら、「しかし」と言い足した。「これが新聞に抜かれたら、ジャッキーからぼろくそに怒られるだろうな」

案の定、早朝の六時にキャロラインが毛深いデート相手とラムトン公のパーティ会場を出るところを撮られた写真が、その朝のロンドンのタブロイド紙の何紙かの一面を飾った。ウォーホルがニューヨークに戻ったときには、その写真は何百という新聞を通じてアメリカ中にも知れ渡っていた。東六六丁目通りの自宅マンションに足を踏み入れたとたんに電話が鳴った。ジャッキーからだった。

「アンディ、ラムトン公の邸からマーク・シャンドとキャロラインが出るところの写真を、新聞で見たでしょう?」とジャッキーは問い質した。「ああいうパーティにキャロラインを招待しないでちょうだい」

「いや、ジャッキー、僕は誰も招待していないよ」とウォーホルは招待者を決めるのは主催者だから関係ないと言い張った。

ラムトン公爵邸の一件は、最近キャロラインが顔を出したパーティの一つにすぎなかった。あわや死にかけた爆弾事件の数日後には、ある結婚披露パーティでシャンドと夜明けまで踊り明かした。実はシャンドとは三年前から面識があった。カリブ海はバルバドスのラズウィル家の別荘で休暇を過ごしたとき、叔母のリーから紹介されたのだ。ジャッキーがキャロラインに認めたサザビーの美術品実務研修の修了者で、研修を受けたらどうかとキャロラインに話したのも彼だった。

それまでのキャロラインの恋愛体験は、せいぜい子供時代の愛慕の感情（まだよちよち歩きのときに従弟〈父ＪＦＫの妹ジーンの息子〉のステファン・スミスに、五歳のときに遊び友達のロバート〝スクビー〟バートレットに対して抱いた）か、コンコード・アカデミー校時代の数人との淡い付き合いぐらいだった。都会的でスポーツ万能の美男子のシャンドは新鮮で刺激的だった。ジャッキーはウォーホルに言った。「キャロラインがわれを忘れやしないか心配だわ」

しかし、当のシャンドは二人の間には何もない、「キャロラインは可愛いけれど若すぎる」と否定した。シャンドには彼の年齢に近い恋人がいた――「ローラーボール」に出演したバーバラ・トレンザムという二十八歳の女優で、キャロラインよりも十歳以上年上だった。

キャロラインにはそんなことはどうでもよかった。せっかく手に入れた自由をとことん楽しもうと心に決め、週末はパブで飲んで明け方まで踊ってから、そのまま郊外へ出かけて汗をかいた。シャンドが仕事で絵の買い付けに海外へ出かけている間は、若い上流階級の男どもがシャンドの代わりを務めてくれた。たとえば、ウィンストン・チャーチルの孫でチャールズ王子の親友のニコラス・ソームズ、サッカー選手のジョン・ボスウィズ、アイルランドの酒造会社の御曹司ジョナサン・ギネス、旧プロイセン王国のルーパート王子、名うてのプレイボーイのアダム・カー、恰幅のよいレーシングチームのオーナーのヘスケス卿、そして彼の弟で髭面のボビー・ファーモア・ヘスケスなどである。ちなみに気球に乗ってスカイダイビングをするのが趣味のボビー・ヘスケスは、キャロラインがロンドンにやってきてすぐに内輪のディナーパーティに誘ってくれ、十八歳の誕生日をパブに連れ出して祝ってくれた。

ジャッキーを心配させたのは、シャンドよりも二十五歳のセバスチャン・テーラーとキャロラインが付き合っていることだった。彼はかつて十三歳も年上のユーゴスラヴィアのエリザベス王妃と浮名を流し、いっぽう王妃は王妃で家族を捨てエリザベス・テーラーとの二度目の結婚生活が破綻したリチャード・バートンに走ってゴシップ記事の見出しを提供した経歴の持ち主だった。

「カクテルとシャンパンをちょっと一杯たしなむ程度だが」とキャロラインについて取り巻きの一人のアンディ・カーは言う。「飲むと明るくなって、なぜアメリカに帰らないかを話し出す。ロンドンにいると、ケネディ一族のしばりから解放されるからだと」

「キャロラインには、周囲で起きていることが何がなんだかわからないのじゃないかしら」とジャッキーは友人に不安を打ち明けた。ロンドン社交界に詳しい事情通によれば、「マーク・シャンドの周りには重度のアルコール依存、麻薬常習者、異常性愛者がわんさかいて、影響を受けやすい若い女性が悪習に染まるのは時間の問題だった」。アンディ・ウォーホルも悪習にはまっている一人だったが──キャロラインについては単なるオブザーバー参加者で巻き込むことはしなかった。ラムトン公爵邸でのパーティではキャロラインは先に引き上げたが、居残ったなかにはロック歌手のミック・ジャガーやキース・ムーンもいて、ウォーホルに言わせると「ここ数年であんなたくさんのいかれた連中を見たことなかった」

キャロラインの行状を新聞はここ数か月にわたって、やれ「パーティの女王」やれ「オールナイトパーティの常連」と大見出しで報道し続け、それがやむ気配はなかった。これ以上ロンドンにいるのはためにならないといちばん感じたのは母親のジャッキーだった。毎日のように電話をかけて帰国するように説得したが、効き目はなかった。「彼女はテコでも動く気配はなかった」とシャンドの友人でデイリー・メール紙のコラムニストのニジェール・デンプスターは言う。彼の推測では、「マークから目を離したくなかったからだ。キャロラインは彼の恋愛の対象ではなかったが、彼はキャロラインの愛情の対象だった」

一九七六年五月、ロンドン生活のツケがキャロラインを襲った。激しい胃痛を覚えて、一時帰国してニューイングランド・バプティスト病院で検査を受けた。ケネディ家の主治医のラッセル・S・ボールズ医師の診断では、ひどい食事にキャロラインの胃は音を上げたのだという。つまり、シャンパンとビールの飲みすぎと、ハンバーガーの――とくに脂身の多いソーセージとチリの――食べすぎが原因だった。キャロラインは病院を出るとその足でロンドンへ戻った。

母親としては、娘の健康と身辺の安全も心配だが、ロンドンでの娘の脱線騒動がマスコミの餌食にされることも気がかりだった。多くのタブロイド紙の記事は興味本位で、一人の母親として子供が傷つくのは見るに忍びなかった。ロンドンで新しくできた友達に言わせると、「キャロラインは未熟で世間知らず。イギリスであの年だったら、もっと進んでいる、セックス体験も」。キャロラインのファッションセンス――くるぶしまである長いスカートにケープとだぶだぶのセーター――も批評の的にされた。サザビーでの仕事仲間によると、「とにかくダサい。おそらく母親から買い与えられた服への反発でしょうけど」。デンプスターも言う。「十七歳の魅力的な女の子にはとても見えない――肉が付きすぎで、たしかにダサかった」

　こうしたコメントにさぞかし娘は傷ついているだろうとジャッキーは思った。「ジョンもキャロラインも好奇の目にさらさせたくなかった。普通の子供の生活をさせたかった。でも、とっても可哀想、ここ数年は世間のさらし者になって」

　皮肉なことに、キャロラインがロンドンで自らの翼の具合を試しているときに、ジャッキーは働くシングル女性として新たな生活を始めることになった。一九七五年九月、元秘書のティシュ・バルドリッジの勧めで、ヴァイキング社の「編集顧問」として昔の仕事に復帰。同僚には「ジャッキー」と呼んでもらい、スタッフミーティングやレイアウト会議にも出て、コピーも自分でやる覚悟はできていた。

　それは生活全般にわたる大転換を意味していた。バルドリッジに言わせると、「彼女は自立したことで、強い男に頼る必要はないと覚って、顔もきらきら輝くようになった」。ジャッキーの社交界デビュー以来の知り合いのジョージ・プリンプリンの目にも、ジャッキーは突然、「おもしろいことを見つけた子供のように元気になった」。自立するのは実に素晴らしいことに思えた。

　キャロラインのロンドン滞在期限もあと少しというとき、また悲劇が襲った。一九七六年六月二十七日、ストラス・ラズウィルが、友人の別荘でトランプ遊びを終え着替えてベッドに入ろうとしたところ、心臓発作に襲われて急死したのだ。享年六十一だった。

　ジャッキーはイギリスへ飛ぶとキャロラインに合流して葬儀に参列した。ジャッキー・オナシス夫人にはモーリス・テンペルズマンが同伴した。大金持ちのダイアモンド商で、かつて妻のリリーとホワイトハウスのケネディ家に何度も招かれたことがあった。ジャッキーより一歳下で、ベルギーはアントワープ生まれの正統派ユダヤ教徒だった。一九四〇年にナチスドイツを逃れてニューヨークへ亡命、大学を中退して父親のダイアモンド輸入の仕事を引き継ぐと、同僚弁護士のアドレー・スティーヴンソンの協力を得て、ダイアモンド採掘を牛耳るオッペンハイマー一族との間に強固な関係を築き上げ、世界中で百六十人しかいないデビアスから原石を買うことができるサイトホルダーの一人になった男だった。

このモーリス・テンペルズマンは結婚していて三人の子供がいた。それをキャロラインは知っていたが、じきに敬虔な正統派ユダヤ教徒である妻が離婚を認めないことがわかった。

頭が禿げかかってずんぐりした大人しいユダヤ人ダイアモンド商人は、どう見てもジャッキーの好みとは言えなかった。しかし、キャロラインも気づいていたが、母親に寄り添う仕種といい、イギリス滞在中片時もそばを離れないことといい、尋常ではなかった。「モーリスは完全にジャッキーに入れあげていた」とジャッキーの友人のアイリーン・メールは言う。「なんでもやったでしょうね、彼女を幸せにできるなら——彼ならそれをやれるだけのお金を持っていたわ!」

ストラス・ラズウィルの葬儀の参列者には、悲しみに縁どられたオナシス夫人の表情は、故人の前妻よりも動揺しているように見えた。故人の従妹でオルナーノ伯爵夫人のイザベルが言うには「ジャッキーはストラスを愛していて、ストラスは彼女の人生の一部だった」。

ストラスの邸に居候していただけに、キャロラインには彼の突然の死はこたえた。自宅から数千マイルも離れているのに、喪服を着て親戚のすすり泣きを聞いていると、わが家にいるような気がした。

ロンドンでのアドベンチャー生活は八か月で終わり、キャロラインはニューヨークへ戻った。わずか六週間前に葬儀で一緒だったのに、母親は別人のようだった。JFKとジャッキーの写真を数多く撮ってきたライフ誌の伝説的カメラマン、アルフレッド・アイゼンスタットも、キャロラインの母親の変貌ぶりに驚いて言った。「実際は四十七歳なのに二十二歳に見えた。ハードな仕事——世間が思っているより本人ははるかに大真面目に仕事に取り組んでいた——が彼女を若返らせたのだと思う」

一九七六年九月、キャロラインはラドクリフ女子大に入学すると、ウィンスロップ・ハウスへ入った。父親、叔父のボビー（父JFKの弟ロバートの愛称）とテッド（父JFKの末弟エドワードの愛称）、従妹（テッド叔父の長女）のキャサリンがハーヴァード大学に通っていたときに暮らした学生寮だ。あちこちにケネディ家の名前が刻まれていた。また、つい最近、ジョン・F・ケネディ行政政治スクール（大学院）が開校されたこともあって至るところ——地元の売店や居酒屋の壁や教室や講堂など——にJFKの肖像写真が掛けられていた。

「ときどき」とキャロラインは友人に漏らしたことがある。「朝起きて思うの、キャロライン・ケネディでなかったらいいのに、一日でいいから誰か他の人になれたらいいのにと」

そんな思いを胸に、キャロラインは同級生に溶け込もうと必死で努力した。たった一つの贅沢品の赤のBMWはキャンパスに置いたままほとんど乗らず、いつも自転車かバスでケンブリッジ界隈を移動した。母親の十八番のエレガントなファッションは意図的に斥《しりぞ》けて、着古しのジーンズにセーターに木製のヒールが擦りへった靴を好んで履いた。同級生によれば、「彼女もみんなと同じ店で買う。だから似たような恰好になっちゃう。なかには、カジュアルなファッションにも工夫をして、そのために金も時間もかける人もいたけれど、キャロラインときたら着るものにはまったくお構いなしだった」

浪費癖の母親に比べると、キャロラインはケネディ一族のしまり屋の血を受け継いでいた。父親も父方の叔父も叔母もいつも金に困っていて食事代や電車賃まで人に払わせていた。タクシーを使うときも、キャロラインはケネディ家のケチの親戚と同じようにチップが少ないので有名だった。ある友人によると「キャロラインはウエイトレスには嫌われていた」

そのいっぽうで、陰に隠れたところでは気前よく振る舞った。一年生なのに慈善のために巨額の小切手を切った。また、大学をドロップアウトしてハーヴァードスクエアで物乞いをしている若者がいるとクラスメイトから聞かされると、さっそく出かけて行って現金で数百ドルをポンと手渡したりもした。

十か月にわたるサザビーでの研修を生かして、キャロラインは専攻を美術にした。具体的な講義カリキュラムとしては、古典建築、美術史、人類学、人文科学、言語学、アフリカ系アメリカ人研究、哲学などだった。

やっぱりというべきだろうが、キャロラインは社会へ強い関心を持っていた——そして父親が果した歴史的役割について知りたいと熱望していた。寝室の壁に父親の写真を貼りめぐらし、父親に関連しそうな世界中の記念切手を三百枚以上も集めた少女は、いまや父親についてあらゆる方面から研究するまでに成長していた。父親の行政手腕や政治実績について書かれた何十冊もの本は——個人生活を描いたけばけばしい本をそこから慎重によりわけて——読破していた。

キャロラインは、ラドクリフ女子大に入学する前に、すでに叔父のテッドの選挙、一九七二年のジョージ・マクガヴァンの民主党大統領指名選挙、そして反戦派のジョン・ケリー下院議員候補（後に上院議員となり大統領指名候補にも擬せられる）への支援を訴える戸別訪問も体験していた。在学中は、社会的課題を掲げた学生集会や講演会に、なるだけ人に知られないようにしながら、しばしば参加した。新聞各紙がアリストテレス・オナシスの遺産のうちから二千六百万億ドルを和解金としてジャッキーが受け取ったという記事を報じたその週に、キャロラインはジョン・ケネス・ガルブレイスの「貧困の本質」と銘打った講演会に参加したりもした。

また、ハーヴァード大学に出資するアメリカ企業が南アフリカで事業を展開していることに抗議する三千五百人の集会にも加わった。「アパルトヘイト、反対！　人種差別国家を許さないぞ！」とキャロラインはキャンドルを高く掲げて叫んだ。

いっぽうでジャッキーはキャロラインと夏季休暇をどう過ごすかで悩んでいた。テンペルズマンとの関係は冷え込んで、ニューヨーク・デイリーニューズ紙のコラムニストのピート・ハミルと接近しつつあった。それは、彼と七年間生活を共にしてきた女優のシャーリー・マクレーンには大いなる衝撃だった。

ジャッキーはハミルに口を利いてもらって、デイリーニューズ紙のコピー係としてキャロラインに週休百五十六ドルでアルバイトをさせることにした。毎朝キャロラインは弁当を持って運転手付きの車で出かけ、ガードマンに新聞社のエレベーターまで見送られると、七階のオフィスへ上がって、さっそく原稿と格闘する編集者や記者にコーヒーを運び、タイプライターのインクリボンを取り換え、伝言メモを届ける仕事をこなした。ある記者によると、ベテランの記者から「明らかに彼女を意識して」金持ちの特権階級の悪口を長々とふるわれたこともあったが、「彼女はまったく動ぜずに、彼に冷ややかな目線を投げただけだった」という。

その後は木の長椅子に座って、声がかかるまで新聞を読みながら待機する。ある記者によると「彼女を呼ぶと、木製のヒールの靴をカランコロンと鳴らせてやってきた」

アルバイトの最初の一週間が終わったところで、キャロラインは法学部のアラン・タルボットとその夏の話題作「スターウォーズ」を観に行き、帰りに近くのウィリーズに寄ってハンバーガーをつまみにビールを飲んだ。ウィリーズは最近のお気に入りで、デートのたびによくここを使っていた。

しかし、今回はレポーターに見つかってしまったが、キャロラインは気にもとめずにっこり笑って言った。「私のファースト・ロマンスと書かれても構わないわ。彼とはまた会うつもりだし。ここはとてもカジュアルで気に入っているの。近所の行きつけの場所にいても大丈夫。見つけられないわ。きっと私はおしゃれなレストランかディスコに行くと思われているから――でも、ごく普通の場所でデートするのが私にはいいの」

しかし「普通の場所」はキャロラインにとって格好の隠れ蓑でもあった。

デイリーニューズ紙でアルバイト中に、ある若者とブロードウェイのショウを観に行った。タクシーが劇場に近づくとキャロラインはいらだち始めた。「つらいのよ、館内にいると。あなたにはわからないでしょうが、落ち着けないの。隣にいるのは誰か、私を知っている人がいないか、気になって」

そんなキャロラインの不安を解消するために、二人は劇場の二、三街区《ブロック》手前でタクシーを降りると、館内の明かりが落とされる時間を見計らって入場した。幕間の明かりがつくと、彼女は「次の幕が開くまでトイレに隠れているわ」と言って席を立った。

デイリーニューズ紙でのアルバイトは、国民に衝撃を与えたエルヴィス・プレスリーの四十二歳の急死で、突然中断された。ピーター・ハミルは巻頭の追悼記事の取材のためメンフィスへキャロラインを同行させたのだ。彼女はテープレコーダーを抱えてグレイスランドの会葬者たちにインタビューし——そのなかにはプレスリーの前妻のプリシラ、父親のヴァーノンもいた——蓋を開かれたエルヴィスの柩の脇にいることを許された。しかし、そのうちキャロライン自身が話題になって、一ジャーナリストとして仕事ができなくなった。おかげで、記者室の電話を他社の記者たちに先に使われて本社の報道デスクに時間内に送信できず、デイリーニューズ紙にキャロラインの記事は掲載されなかった。しかし、それはローリングストーンズ誌に次のように転載された。「部屋のいちばん奥に赤銅色に輝く柩が安置され、そこでエルヴィス・プレスリーは永遠の眠りについていた。顔は膨れあがり、自慢のもみあげは顎に届いていた。『これは本人じゃない』と傍らの女性が物静かに言った。『別の人だわ』と」

ラドクリフ女子大に戻ると、キャロラインは溶け込むのに苦労した。付き合ってくれる相手はほんの一握りで見捨てられた気分に陥った。「私のことを好きなのか、それとも私の名前に興味があるのか、わからない。誰を信じたらいいのかしら」とキャロラインは、デート相手でもあったニューヨーク・デイリーニューズ紙の新米記者のリック・リカータに打ち明けた。また、ハーヴァード大学の学生新聞「ハーヴァード・クリムズン」の編集に一緒に関わったマーク・ディレクターも同情して言った。「キャロラインは、ただただ自分を受け入れてほしかったのだ」

マスコミの狙いはなんであれ、彼らのおかげで、キャロラインもジョンもそれぞれが通う学校で孤立を深めた。キャロラインはいつも恐怖にさらされていた、ニューヨークのパパラッチたちが猜疑心と好奇心を逞しくして、機材を持ってボストン行きの飛行機に乗ろうとしているのではないかと。「連中はサメよ」とキャロラインは友人に言った。「海の中から血の臭いを嗅ぎつけるサメよ」

キャロラインが不意打ちを食らっても泰然としているのを見て、リカータは驚かされたことがある。二人で歩いていたところ、キャロラインだと認めた男が追いかけてきて、いきなり「おまえの家族は皆殺しだ！」と叫んだのだ。

リカータは恐怖を覚えたが、キャロラインは肩をすぼめると「よくあることよ」と言った。「父がどんなに素晴らしかったかを話してくれる人も大勢いるから、まあ、プラスマイナス・ゼロってとこね」

不幸なことに、ウィンスロップ・ハウスに入寮している三百人のなかで、キャロラインと知り合いになるどころか、話をしたことがある寄宿生も皆無に近かった。同窓のアリッサ・カーガーによれば、「彼女は知り合いがいない寮生で有名だった。いつも一人で周りに人がいるのを見たことがなかった」という。いくつかの講義で一緒だった別の同級生もこう言う。「寮の食堂の片隅で一人で朝食をとっているのをよく見かけたわ。彼女じゃなかったら、そばに行って『おはよう』と声をかけるんだけど、誰も尻込みしてそうしなかった」

同じ時期に寮生だったケン・ゲッツも、「彼女が入ってくるとみんな顔を向ける」と証言する。「それが彼女はいやでしょうがなかったみたいでね。彼女は僕たちに声をかけたがらなかったし、こっちからも声をかけようとは思わなかった。いつも決まった二、三人とだけ一緒だった」

「彼女は一生、ケネディ家の神話と共に生きるしかなかった」とニューヨーク・デイリーニューズ紙のリカータは言う。「世間から身を遠ざけることもできなければ——本当の親友や〝子分〟を見つけることも叶わなかった。彼女が信頼を置ける人は皆無に近かった」

大学ではキャロラインは遠く高みにいる存在だった。ある大きなキャンパス・パーティに参加すると返事をしたのに、欠席したことがあった。「もう、みんな怒っちゃって」とハーヴァードの経済学部生だったピート・レイジンは言う。「キャロラインはお高くとまっているとみんな思ったんじゃないかな。彼女が出席すればパーティがスペシャルになったのに。ハーヴァード界隈での評価は、やりたくないことはしないワガママお嬢様だったね」

二人の思いは違っていたが——キャロラインは相変わらず母親の干渉にいらだっていた——母と娘の関係は以前よりも深まっていた。ジャッキーはウィンスロップ・ハウスをしばしば訪れたが——ありがたいことに、周囲には気づかれていない、とそう本人は思っていた。二人がベンチに座って話しているところをある学生が遠くから見かけたが、とても仲睦まじく見えた。その学生によると「母親が訪ねてきたら、私も母も緊張しちゃうけれどキャロラインと母親はとてもくだけた感じで、冗談と笑いにあふれていた。ジャッキー・オナシスは威圧的な人だとばかり思っていたので、正直、驚いたわ。少なくとも、あのときは、あったかくて……いかにもお母さんって感じだった」

キャロラインの減量問題は未解決のまま続いていた。母親から厳しくダイエットを言い渡されてもわれ関せずで、大好きなジャンクフードをやめる気配はなかった。母娘とも付き合いの深いアンディ・ウォーホルは、自宅でのパーティの後、日記に記した。「(キャロラインは)顔は美形なのだが、肉付きがよすぎる、後ろ姿が迫力ありすぎだ」。そして、この間、娘が午前四時に帰宅したことをジャッキーがいたく怒っていたので、こう書き足した。「(今回は)最初に帰った。たぶん、母親に門限を守れと言われているのだろう。夜中には自宅にいるようにと」

ジャッキーはキャロラインに対してと同じように、ジョンにも〝教育猛母〟ぶりを発揮した。JFKの息子らしく逞しく育てる努力をする傍ら、夏休みは(亡きボビー叔父の邸のある)ヒッコリーヒルでは過ごさせないようにした。一九七六年の夏は地震で大きな被害を受けたグアテマラの復興支援に行かせ、翌年はメイン州の離れ小島の岩場の海岸でサバイバルのトレーニングを受けさせた。

ジョンとキャロラインはたまにニューヨークで再会を楽しんだ。有名人のイベント——たとえばアル・パチーノの「ボビー・ディアフィールド」の発表祝賀会や、スタジオ54(ディスコ)でのプライベート・パーティに出席したが、いちばんのお気に入りは、マンハッタンの通りをそぞろ歩きしながら、母親の話をすることだった。ある友人によれば、キャロラインとジョンは「いつも笑顔いっぱいで会話が絶えなかった」

姉も弟もケネディ家のスピード狂の血をしっかり引いていた。一九七七年七月四日午後八時三十五分、キャロラインはハンプトンズへ向け、助手席に髭面の正体不明の男を乗せて、制限速度時速三十一マイル(五十キロ弱)をはるかに超える五十六マイル(九十キロ弱)の猛スピードでBMWを飛ばしていた。赤色灯を点滅させサイレンを鳴らしたパトカーに四マイル（六キロほど）追いかけられて、キャロラインは車を側道に寄せて止めた。スピード違反の切符を切ったところで相手が誰かに気づいたというサフォーク郡ハイウエイパトロール隊のエドワード・ダイエトラーによると、「彼女はとても丁重で、自分が重要人物であるそぶりは見せなかった」

六か月後、キャロラインに対して、スピード違反審理の呼び出しに応じなかったとの事由で逮捕令状が出された。ケネディ家の三人の顧問弁護士はサフォーク郡の裁判所へ駆け込むと、キャロラインは叔父のテッドのアジア現地調査に同行しており、「うっかり出廷を忘れていた」と説明した。ポール・クレディター判事はその場で逮捕令状を撤回すると、改めて出廷日時を調整した上で、「たった罰金二十五ドルのために三千ドルの弁護士さんをよこすとはね」と皮肉を言った。

逮捕令状の件はさておき、ジャッキーは相変わらず子供たちの上に君臨していた。しかし、物事も人も、すべてが自分の思いどおりになるわけではなかった。ジェフリー・アーチャーの『大統領に知らせますか』が、彼女が務めるヴァイキング社から出版されることになった。テッドが一九八一年に大統領に就任して暗殺されるという筋立てのミステリー小説だが、彼女には事前になんの相談もなかった。悪評嘖々《さくさく》の評価に、ジャッキーは裏切られたと感じて、ヴァイキング社をやめてライバルの大手出版社ダブルデイに移った。

一九七〇年代後半、ジャッキーの恋愛遍歴は相も変わらずさながら浮草のようだった。フランク・シナトラからピート・ハミルへ、かと思うと次はドキュメンタリー映画プロデューサーのピーター・デイヴィス、さらに俳優のウォーレン・ビーティ、そして昔の恋人のモーリス・テンプルズマンと撚りを戻す――。ジャッキーは自分と家族について書かれたタブロイド紙の記事を読み漁ったが、キャロラインも同じ記事を読んで母親の個人生活を知る毎日だった。

いっぽうでジャッキーは、娘の結婚相手を見つけるためにせっせと世話を焼いた。一九七八年春、ジャッキーは五番街《フィフス・アヴェニュー》一〇四〇番地の自宅の夕食に、ダブルデイ社の仕事仲間でエール大学出のトム・カーニーを招いた。小説家・脚本家志願で、父親のオーティス・カーニーはハリウッドの脚本家を退《ひ》いて農場で悠悠自適の生活をしていた。父親は妻と二人で、年の半分はハンフリー・ボガートとローレン・バコール夫妻のビバリーヒルズの邸に居候、残りの半分はワイオミング州とアリゾナ州にまたがる家畜牧場で暮らしていた。

ジャッキーは初めから、トム・カーニーをケネディ家の婿候補と考えていた。彼はアイビーリーグ出身だがアイルランド系カトリックではなく（イエズス会系の高校に通ってミサの侍者を務めた）、キャロラインよりも十歳以上も年上だった。しかしジャッキーは、カップルがうまくいくのにちょうどいい年齢差だと考えていた。カーニーは年相応に見えた――すらりとした長身の体育会系で、ケネディ一族の本拠地ハイアニスポートの集まりにも、バスウィージャンズのジーンズにスポーツコートを羽織って気軽に溶け込めそうだった。

キャロラインとカーニーはすぐにウマが合って、マンハッタンのあちこち――セントラルパークのローラースケート場にスタジオ54やゼノンなどのディスコ――で一緒にいたり、ハイアニスポートの海岸で水泳をしたり、さらには五番街《フィフス・アヴェニュー》を手をつないでそぞろ歩きをしているところを、見かけるようになった。当時キャロラインともっとも親しかった友人によると、カーニーはキャロラインにとって最初の真面目な交際相手で、「トムほど親しくなった相手はそれまで見たことなかった」という。「彼はまるで家族のようで——実際ケネディ家の一員に見えた——彼女も彼といるととても落ち着くようだった。本気で彼が好きになって結婚を望んでいた」

カーニーも気持ちは同じだった。「僕はキャロラインを愛している」と彼は、後に彼女をワイオミングに連れて行って両親に会わせたときに言った。「彼女以外の結婚相手は考えられない」

両親はキャロラインに引き合わされて息を呑んだ。母親のフレドリカ・カーニーが言うには、ミス・ケネディは「まるでソフトドリンクだった——泡がたって新鮮で、生きがよくって」

八月、カーニーはジャッキーやキャロラインと共にセント・マーティンで夏休みを過ごした。正式に言われたわけではないが、キャロラインがラドクリフ女子大を卒業したらすぐに教会で結婚式を挙げるものと暗黙裡に了解していた。

いっぽうでカーニーは年齢差が気になって大学に彼女を訪ねづらかった。「大学生の彼女をキャンパスに訪ねるには年を食いすぎていると引け目を感じちゃって。私が付き合った女性ではもっとも若かった」と彼は言う。「でも、共通点はいっぱいあった。話題に事欠くこともないし、同じことを一緒に楽しんだし……とにかく結婚しているも同然なので、早く形を整えたかった」

カーニーは家庭をスタートさせたかった（「子供たちをカトリックとして育てたい」）。そして、それから先の結婚生活を明るく長もちさせたかった。「最終的にはすべてがうまくいくだろう。なにしろわれわれは控えめのカップルで、私は彼女を愛しているのだから」

キャロラインはラドクリフ女子大では浮いていたが、カーニーが現われたことで、華が咲いたようになった。ウィンスロップ・ハウスの寄宿仲間によれば、「彼がやってくると、とたんに顔が輝いた」。キャロラインが恋に落ちたことであらゆることが変わり始めた。ジャッキーがあれほどしつこく減量を迫ってものれんに腕押しだったのが、カーニーに出会ったとたんにダイエットとフィットネスに熱を上げ、四か月で三十ポンド（十三キロ強）も体重が落ち、服のサイズも小さくなった。

「キャロラインは生真面目な女の子だった」と同じころハーヴァード大学の学生で知り合いだったマイケル・デリューアは言う。「ちょっと取り澄ましてお堅いタイプで、男とベッドに飛び込むような女性ではなかった。だからカーニーと結婚しても驚かなかった」

一九七九年十月二十日、ジャッキーとキャロラインとジョンは、ボストン郊外はドーチェスターに建てられたジョン・F・ケネディ記念図書館の開館式典に出席した。イオ・ミン・ペイの設計によるガラスに覆われた純白の建物がドーチェスター湾の輝く水面を見はるかすたたずまいは、まさにJFKの永遠の若さと積極果敢さを彷彿とさせるものがあった。

式典には、叔父のテッドに叔母のエセルとユーニスとパットとジーン（いずれも父JFKの弟と妹）、そしてキャロラインの二十六人の従弟妹《いとこ》たちも列席していた。二十二歳になったキャロラインの傍らにはジョンが座っていた。彼女が席から立つと、ダイエットとエクササイズの効果が誰の目にも明らかだった。列席していた前の大統領のジミー・カーターをはじめケネディの「ニューフロンティア治世期」に活躍したお歴々は、ジャックの娘を見て、アンディ・ウォーホルの言葉を借りれば「絶世の美女」——愛らしい頬骨といい、輝く白い歯といい、栗色の巻毛といい——に変身しているのに息を呑んだ。

魅力的な変身を遂げてもキャロラインの引っ込み思案は相変わらずだった。お歴々が居並ぶ参列者を前にして、勇気を奮って、ブラウン大学の一年生になった弟を紹介した。ブーヴィエ家とケネディ家の両方の血筋を引いていまや十九歳の好男子となったジョンは、演壇へ進むと、ステファン・スペンダーの詩の一節を詠みあげた。「私はいつもいつも想う、あの偉大なる人々のことを」

キャロラインは数年にわたって、JFK記念図書館の企画について、裏方として重責を果たしてきた。十六歳のとき、マサチューセッツ州ウォルサムの連邦公文書センターに間借りをしていた同館の準備施設をジャッキーに連れられて訪れた。「まず心配したのは、父親の遺品や肖像画を見て彼女が動揺するのではないか、だった」とジャックの旧友でJFK記念図書館の学芸員を務めるデイヴ・パワーズは述懐する。「しかし、彼女は動揺するどころか、やる気を出して、企画展示プロジェクトにのめり込んでいった」。キャロラインが最初に提案したのは、「各州のトップからプレゼントされた五十一体の人形を寄贈することだった」。以来、パワーズに言わせると「利発で創造力に富んだ少女」は、同館を裏で支える主戦力となり、展示企画の会議では毎回のようにアイデアを提案したという。

一九七九年の年の瀬、ジャッキーとキャロラインは、JFKを偲ぶ思い出の品々を丁寧に充実させていった。その作業の中で、徐々にキャロラインは、母親と同じくらいに、父親の遺産の保護管理者であると自認するようになり、引き続き、切手、コイン、銅像、額、旗、本など考えられる限りのJFKの遺品を集め続けた。また、尼僧ジョアン・フレイの生徒だったときと同じように、ときおり、新聞雑誌から父親の写真を切り抜いた。そして、ジョンと一緒に父親の執務机の下に潜り込んだときの、あるいはホワイトハウスの芝生の庭からヘリコプターに乗り込む父親に手を振っているときの有名な写真にも〝再会〟して、感慨を新たにしたのだった。

しかし、ジョンはどれも記憶がないので、彼とは想いを共有することができなかった。キャロラインはジョンをつかまえては、「ほら、あったでしょう、あのとき」とか「あなたと一緒にほら……」と昔のことを思い出させようとした。

しかし、彼は決まって頭を振ってこう答えるのだった。「実は僕はあの人のことを覚えていない。ときどき思い出そうとするんだけれど、無理なんだ」

いっぽうキャロラインとトム・カーニーは結婚に向けて順調に歩んでいるように見えた。二人はクリスマス休暇をバルバドス島で一緒に過ごしたが、ニューヨークに戻ると、パパラッチたちに映画館の出口で駐車中の車の陰から不意を襲われたり、アッパーイーストサイドにあるトム・カーニーの三部屋のアパートの外で待ち伏せされたりして生活を脅かされた。キャロラインは弟と違って、環視されたり追い駆けられたりすることにいまも慣れないでいた。「なんとかやり過ごしているけれど」と彼女は言った。「ときどき叫び声を上げたくなるわ」。コーヒーショップで突然、食欲に襲われると、周囲から好奇の目で見られていることは承知していたので、「いまなら誰からも見られていないとわかったら、教えてちょうだい」と傍らの友人に不安げに頼んだものだった。

一九八〇年六月五日、ジャッキーは、ラドクリフ女子大の学位が娘に授与されるのを、トレードマークのサングラス越しに誇らしげに見守った。しかし、キャロラインの高揚感は長続きしなかった。八月に入ったある日、連れ立って散歩でもしようかと思ったとき、カーニーからいきなり別れ話を持ち出されたのだ。「マスコミのネタにされるのは、もうこれっきりにしたい。これからもずっとカメラに追い駆け回される人生なんてうんざりだ」。カーニーとしては、〝キャロライン・ケネディの夫〟というレッテルを貼られて生きるのはプライドが許さなかったのだった。

「キャロラインはまさに粉みじんにされた。彼女には寝耳に水で、驚きに打ちひしがれた」と彼女から心情を吐露された数少ない友人の一人は述懐する。さらにショックが追い打ちをかけた。なんと、それから数週間後、カーニーがモーリン・ランプレーという四十二歳のブルーネット美女と婚約したと聞かされたのだ。しかも、その女性は、叔父ボビー（ロバート）・ケネディのスタッフカメラマンとして、彼が名乗りを上げた一九六八年の大統領選挙に同行していたのだという。

夏休みが近づくと、キャロラインはマンハッタンで人気のリブステーキ屋ウィリーズで、友人に心のうちを打ち明けた。ウィリーズのオーナー店長のジェリー・ショウによれば、キャロラインはこぼれる涙を拭いながら、「なんとか立ち直ろうとしてるんだけど……」と言葉をとぎらせ、とてもつらそうだった。

「彼なしで、どうやっていけばいいの？」と友人に問いかけると、振られてショックを受けたのはこれが初めてではないと前置きしてから続けた。「でも、母親も気に入っていた相手ではカーニーが最初だった。これからどうしたらいいの？　感謝祭、クリスマス、そして新年がやってくるのよ。デートの候補ならゴマンといるけれど、正直なところ、これと思える人なんかいないわ」

キャロラインは仕事にかまけて忘れようと思い、メトロポリタン美術館で美術映画・テレビ部門の制作助手として働くことにした。しかし仕事にかまけるつもりが、はからずも未来の夫を見つけることにつながったのだった。

母親の宏大なマンションがメトロポリタン美術館から目と鼻の先にあったが、キャロラインはセントラルパーク側に下宿先を見つけた。アッパーウエストにある寝室三部屋のアパートで、月二千ドルの家賃で男友達二人と部屋をシェアした、そこから職場にはバスで通勤した。

週に二、三度は母親と会い、弟とは毎日電話をかけ合った。実は、偉大なる姉として、母親と弟の間の抜き差しならないいさかいを仲裁しなければならなかったのだ。映画俳優になりたいという弟の夢がいさかいのもとだった。ジョンは在学中のブラウン大学で、シェークスピアの「テンペスト」、デイヴィッド・レイブの「イン・ザ・ブーンブーン・ルーム」、J・M・シングの「西の国の人気者」、そしてミゲル・ピネロの「小児性愛者《ショートアイズ》」の主役を演じていた。

そんなジョンに、「サタデーナイト・フィーバー」をプロデュースしたロバート・スティグウッドから、JFKの青春時代の映画をつくるので父親の役をやらないかと誘いがあった。ジョンは母親に承諾を求めたが、ブラウン大学の同級生によると、ジャッキーはこう言ってそれを認めなかったという。「俳優はジョンにふさわしい仕事ではない。あなたは偉大な父親の息子であり、公衆のために尽くす使命を負っている。人々は生活に苦労している……私としては、尊敬される人になろうとしてほしい。そんな資質はないなんて一瞬たりとも疑ったりせずに」

キャロラインは、弟に俳優の才能を認め、彼が母親のコントロールから抜け出したいと思っていることに同情を覚えていた。しかし、ハリウッドはケネディの名前を利用しようとしているだけだという母親の考えにも同感だった。ジョンはブラウン大学を卒業すると、マンハッタンのアイリッシュ・

アート・センターで、元の恋人のクリスティーナ・ハーグと、ブライアン・フリールの「勝利者《ウィナーズ》」の不運のカップルを演じたが、キャロラインもジャッキーもそれを観に行こうとはしなかった。

同じころ、キャロラインは人生の伴侶を得た。その男はエドウィン（エド）・アーサー・シュロスバーグといい仕事を通じて知り合った。身長六フィート二インチ（約百九十センチ）で白髪まじり、文明史家兼アーティスト兼作家にしてバックミンスター・フラーの弟子を自称し、美術館向けのマルチメディア映像制作の小さな会社の創業者だった。マンハッタンの裕福なテキスタイル製造業の御曹司でユダヤ教徒、キャロラインとは、くしくもジャックとジャッキーと同じく十三歳年上であった。

シュロスバーグはニューヨークのアッパーウエストサイドで生まれ育ち、ニューヨークでも一、二を争う上流私学のバーチ・ワスン校に通い、通信簿の備考欄には「詩人・哲学者を自認」「思索肌の自信家」と記された。

キャロラインと同じくアイビーリーグの申し子だった。一九六〇年代中葉にコロンビア大学に学び、当人の言葉によれば、ニューヨークの芸術運動に引き込まれ、画家のジャスパー・ジョーンズやロバート・ローシェンバーグと一緒に暮らし、前衛作曲家のジョン・ケージとも親交を得た。

文章や詩を書いたりTシャツのデザインをした後、コンセプチュアル・アートに手を染めた。最初の作品は、本人が「具象詩《コンクリート・ポエム》」と呼ぶ、プレキシガラスに描いた文字をスクラップして一篇の詩を創るというものだった。また、竹筒に薄紙を巻いて詩を刷り込む作品も創った。

一九六八年、バックミンスター・フラーに助手として採用され南イリノイ大学で教えることになった。「バッキーからは実に多くを学んだ――プラスもマイナスもね」とエド・シュロスバーグは、未来志向のダイマクション・カーと測地線ドーム（多角形の格子を組み合わせてつくった支柱を必要としない軽量ドーム）を例に挙げて言った。「彼が書くメニューはそれは素晴らしいのだが、料理をつくることにはさっぱり関心がない……思うに、アイデアは夢と驚きと詩に満ちているんだが、形にすることが苦手でね」

一九七一年、コロンビア大学から人文科学で博士号を取得。論文のテーマは「サミュエル・ベケットとアルバート・アインシュタインの仮想対話」。それは学問的常識を逸脱した大胆な言説だったが、少なくとも彼の大学の信奉者の何人かは興味深いと感じてくれた。

学者としての該博ぶりに隠されていたが、本人にはまったくといっていいほど稼ぎがなかった。本人によれば「父親からも詩人では食えないだろうと心配されていた」。それが、ホワイトハウスの青少年審議会に呼ばれた席で、ブルックリン子供博物館の館長と出会ったことで一変する。その場で館長から、ＭＩＴ（マサチューセッツ工科大）の人工知能専門家を使って、博物館来館者に向けたインタラクティブな実体験プログラムを開発する仕事をもらったのだ。

その仕事をもとに、コンピュータゲームの本を何冊か書いて金を稼ぐと、一九七七年、ＥＳＩ（エドウィン・シュロスバーグ・インコーポレイテッド）というマルチメディア・デザイン会社を興す。すぐに、ダラス郊外の「セサミプレイス」でインタラクティブ体験ができる展示ゲームを企画設計する仕事と、マサチューセッツ州フラミンガムに「動物教育園」を開園する仕事をＡＳＰＣＡ（アメリカ動物愛護協会）から受注した。

キャロラインと出会ったときは、彼の会社は離陸するのにあがいているところだったが、一族の財産を考えれば、悩むことなどなかった。借金に腐心する心配もなかった。キャロラインは彼の風変わりな魅力にたちまち惹かれた。「彼にはケネディ家の気質に通じるものがあった」と彼の友人マーク・ローズマンは言う。「野心的な世界観を持っていた」。他にもあった。「彼もキャロラインも群れるのが嫌いだった」。彼のソーホーのアパートでも、バークシャーの週末の別荘でも、二人はわざわざ野外で寝た。

ポップアートの申し子と恋に落ちたとキャロラインから告げられてもアンディ・ウォーホルは驚かなかった。「キャロラインは変わった連中が好みだから。おそらく、やつの知の泉のようなところに惹かれたんだろう。やつの口をついて出る珍説奇説に」

不幸なことに、キャロラインが出会った奇人変人はエド・シュロスバーグだけではなかった。一九八一年八月、彼女はメトロポリタン美術館のレストランで一人で昼食をとっていると、こざっぱりしたなりの男がいきなり隣の椅子を引いて腰を下ろした。

「キャロライン・ケネディだよね」と男は訊ねた。

「そうですけど」と彼女はためらいがちに答えた。

「僕はケヴィン・キング。以前、サンフランシスコで会ったことがある」

「あのう。私はサンフランシスコにいたことないわ」

キングはお構いなく「いや、間違いなく会っている。大きな力が僕には働いている」と言い募ると、メトロポリタン美術館の案内パンフレットを引っ張り出した。その隅にはキャロラインの自宅の住所が殴り書きしてあった。

キャロラインは恐怖を覚え、その夜はウエストサイドのアパートには帰らず、母親の家で寝た。キャロラインの心配には理由があった。つい一年前、ジョン・レノンが自宅アパートでマーク・デイヴィッド・チャップマンに撃ち殺されたのは数街区《ブロック》先のダコタ街だった。またこの年の初めには、ジョディ・フォスターのファンのジョン・ヒンクレー・ジュニアが彼女に注目されたくてロナルド・レーガン大統領を狙撃した。

ケヴィン・キングに出会った翌日、キャロラインはかつて警護をしてもらっていたシークレットサービスに電話を入れると、タクシーで自宅アパートへ送ってもらった。と、玄関口にキングが座り込んでいた。慌ててシークレットサービスと共に、五番街《フィフス・アヴェニュー》一〇四〇番地の母親のもとへと戻った。

後に警察の取り調べでわかったところによると、キングはカリフォルニア州パルアルト大学法学部出の三十五歳。キャロライン・ケネディと結婚する運命にあるという妄想に取りつかれ、ＹＭＣＡに宿泊して、夜になるとキャロラインのアパートの外で待ち伏せしていた。ある夜などは、隣りのウィリアム・モリス家の呼び鈴を鳴らして、「キャロライン・ケネディに会いに来た。彼女を愛している。彼女と結婚するんだ」と叫んだり、別の夜は、旅行鞄を玄関前に持ち込んでそのまま一晩明かしたりした。

ジャッキーは娘のボディガードをさらに三人増やしたが、キャロラインが顔を出すコンサートやひいきにしているレストランをキングにかぎつけられるのを防ぐことはできなかった。さらにキングはキャロラインの職場に手紙を送ってよこし、そこには「なぜ僕と結婚しないのか」とか「母親の結婚式のときの（花嫁に投げる）米がまだ余っているはずだ」「僕と結婚しないと家族がひどい目にあうぞ」

などと書かれていた。

当初キャロラインには告発する気はなかったが、ジャッキーは最終的に告訴に踏み切った。警察はYMCAに踏み込んでキングをつきまとい罪《ハラスメント》で逮捕したが、警察によると、押収した物件のなかには、キャロラインの行動を詳細に調べたメモ、キャロラインと母親の行きつけのリスト、ニューヨーク誌のジョン・レノン殺害事件を掲載した号、「（ボビーことロバート・ケネディを暗殺した）サーハンは正しい。（妻の）エセルも殺《や》るべきだった」と書かれたメモがあった。

「ジョン・レノンを殺《や》ったチャプマンやレーガン大統領を殺《や》ったヒンクレーにはしてやられた」とキングを逮捕した三人の警官の一人、ジョン・ヴェネツッティは言う。「でも今回は事前に芽を摘み取った。いわば爆弾の信管を事前に抜くことができたのだ」。もう一人のジェイ・コサック刑事も言う。

「われわれは殺人事件を予防できた」

キャロラインがキングと顔を合わせたのはこれが最後ではなかった。ジョン・ブラッドリー判事のもとマンハッタン刑事法廷で行なわれた「一日裁判《ワンデイ・トライアル》」で、キングが自身を弁護人に指名したため、キャロラインは屈辱的な反対尋問を受けるはめになったからだ。しかし州検事補アラン・ブオンパストアの配慮のおかげで、キャロラインは思いのたけを述べることができた。

「お答えください」と検事補はキングが彼女に書き送った文書をかざして訊いた。「この手紙で恐怖を覚えませんでしたか？」

「はい」とキャロラインは涙をこらえながら答えた。「昔、起きたことを思い出して……不安で不安で……」

ブラッドリー判事が八つの罪状を有罪と認定しても、キングは表情を変えなかった。「彼女が私に関心があるかぎり、私は結婚をあきらめない」と彼は判事に言って憚《はばか》らなかった。ライカーズ島の刑務所に送られると、キャロラインの職場にさかんに連絡を取り始めた。そして独房からあるレポーターにこう訴えた。「彼女を自分の物にするまでは心が収まらない。彼女は私が面倒を見なければならない人なんだ。私となら キャロラインは立派な妻になれる。彼女を支え、守ってやりたい」。さらに、キャロラインに宛てた手紙にはこんなことが記されていた。「君にふさわしい愛を捧げるチャンスを僕にくれ……お願いだから判決に立ち会ってほしい——そうすれば僕は獄中から君にプロポーズする」

それから二週間後、判決を聞いたキングは、床を蹴って喚くなかを法廷から連行された。「心に誓ったことを断じて変えるもんか！——僕には心惹かれた人を愛する権利があるんだから！」

キャロラインが付きまとわれたのはキングが最後ではなかった。二年後、ハーヴァード・ランドール・ゲフヴァートという男が似たような付きまとい《ハラスメント》をエスカレートさせ、一九八四年、メトロポリタン美術館に爆弾を仕掛けてキャロラインを殺すと脅すに及んで、ついに逮捕された。ゲフヴァートは精神病院の入退院を繰り返す躁鬱病患者で、キャロラインに対する支離滅裂な電話のなかには、「二十人の殺し屋《ヒットマン》が彼女を狙っている」という脅しもあった。

しかし少なくとも当面ケヴィン・キングが保護観察処分になったため、キャロラインは安堵に胸を撫で下ろした。恋に落ちた男と心おきなく過ごすことができるようになった。一九八一年十二月、二人で参加したアスペンでのパーティの後、ウォーホルの日記にはこう記された。「見たぞ見たぞ、キャロラインとシュロスバーグ坊や。この二人は恋に夢中だ」

それからしばらくしてキャロラインはシュロスバーグの百万ドルのソーホーのロフトでほとんどの夜を過ごすようになった。キャロラインの衣装も変わった。二十七歳の誕生パーティには、柔らかな黄色と黒のシルクのパジャマ姿で現れて招待客を仰天させた。友人によれば、「シュロスバーグの見立てで、彼女の着るものはほとんど彼が選んでいた」

二人の仲は熱くなるいっぽうで、ジャッキーがマーサズ・ヴィニヤード島に買ったばかりの農場別荘レッド・ゲート・ファームで夜を共にした。そこは、一九七八年、ホーンブロワー一族から百十万ドルで購入した三百五十六エーカー（約百四十四平方キロ）（後に四百七十四エーカー〈約百九十二平方キロ〉にまで買い増した）の邸で、ヴィニヤード湾の突端にあるスクイブノッカー池に接していた。沼や池が点在するなかに灌木やアカマツが茂り、四千六百二十フィート（約一・四キロ）のビーチを持つ自然の園だった。

キャロラインの母親は、さらに三百万ドルをつぎ込んで新築した、本人は「私の小さなお家」と呼ぶ——十九の部屋、五つの暖炉、別棟のゲストハウス、そして当然ながら息を呑むような大西洋の眺望を持つ邸宅——に住んでいた。キャロラインが乱れた白髪の中年男と砂浜を歩いている姿をよく見かけるようになった。母親の邸に隣接するほんの数ヤード先の浜辺では、法律的に公認されたヌーディストたちが裸で戯れていた。

一九八一年の労働の日《レイバー・デイ》（九月の第一月曜日）、母親の邸からさほど離れていないところで、思いもかけない——あまり嬉しくない人物と出くわした。友人のデイヴィス・ミカエリスと、ヴィニヤード島のくねくねと曲がる狭い道を自転車で走っているときだった。砂をかぶった彼女の肩すれすれのところで車が止まると、窓越しに数人のカメラマンからシャッターを押されたのである。

「やあ、キャロライン！」とあのロン・ガレッラが十八インチ（四十五センチ強）の近くから叫んだ。「元気かい。僕だよ！」

と、車は発進、近くの空き地へ駐車すると、カメラマンたちがわらわらと降りてきた。キャロラインとミカエリスは自転車の向きを変えたが、車に追いかけられて行く手を阻まれた。

キャロラインは車と正面衝突するのも覚悟の上で、とっさに自転車を対向車線へ乗り入れて、なんとかカメラマンを振り切った。後で事の顛末をエド・シュロスバーグに語るなかで、彼女は言った。「本当にパニック状態だったわ」

この長年来の〝復讐鬼〟とはジャッキーもひと悶着あった。五、六週間前の午後、ある映画館から出たところで待ち伏せを受けたのである。そしてキャロラインと同じ労働の日《レイバー・デイ》に、愛人のダイアモンド商・モーリス・テンプルズマンとパワーボートに乗ろうとしたところを襲われた。ジャッキーによれば、「ガレッラが突然現れて二人を驚かせ、ボートのエンジンもかけられず、身動きが取れなくなった」という。さらにそれから三週間後、ガレッラは執拗にもまたまた襲ってきた――今度は、テンプルズマンとトワイラ・サープの舞踏ショウを観終わってニューヨークのウィンターガーデン劇場を出たときだった。

ジャッキーはテンプルズマンの車で警察署へ行き、そこでガレッラに対して告発の手続きを取った。ジャッキーと子供たちに近づくことを禁じた一九七二年の判決に違反したというのが告発の趣旨だった。判事のマーヴィン・ミッチェルソンによる反対尋問に対して、キャロラインはヴィニヤード島で襲われたときの心境をこう申し立てた。「怖くて怯えました。心臓がどきどき高鳴るのが自分でもわかりました。ミスター・ガレッラには、その昔に怖い思いをさせられましたから。彼の狙いが何かはわかりませんでしたが」

「自転車に乗っているときは、心臓はどきどきしなかったのですか?」とミッチェルソンは訊いた。

「その場から逃げようとしたときだけです」とキャロラインはきっぱり言い返した。

「なぜ、あなたは、そんなに怯えたのですか?」

「自転車から落ちるんじゃないかと。砂地の道のぎりぎり端にいましたから」

「頭にきてたんじゃないですか?」とミッチェルソンは薄笑いを浮かべて訊いた。

キャロラインは身を乗り出すと瞳に力を込めて言った。「いいえ、私は怯えていたのです」

判事は女性陣の告発を受け入れ、ガレッラに対して、ジャッキーに一万ドルの損害賠償を支払い、ジャッキーとキャロラインの撮影は今後一切禁じることを申し渡した。

この試練の間、エド・シュロスバーグはキャロラインにしっかりと寄り添ってくれた。しかし、彼をキャロラインの夫とすることには、一族の屈辱だとする見方が母方の祖母と一部の親類縁者の間に根強くあり、それを拭うことはむずかしかった。祖母のジャネットは、夫のヒュー・D・オーチンクロスが亡くなって三年後に、幼馴染みでまずまずの資産家で超上流階級出の投資銀行家ビンガム・モリスと再婚、敬虔なるカトリックのジャネット・リー・ブーヴィエ・オーチンクロス・モリス夫人と呼ばれていた——ところが娘はモーリス・テンプルズマンに入れあげ、孫娘はエド・シュロスバーグと恋仲、どちらもなんと正統派ユダヤ教徒の男だったのである。

キャロラインの母方・父方の両家系には反ユダヤの血脈が流れていた。スコットランド系アメリカ人である祖父ヒュー・オーチンクロスは、継子のゴア・ヴィダルによれば、「投げれば反ユダヤの言葉が返ってくる人で、ユダヤ人のことを黒人と同じように語った」という。いっぽう父方の祖父ジョゼフ・ケネディは、第二次世界大戦前にイギリス大使を務めたときに、ヒトラーに心酔していることを隠さなかったために、フランクリン・ルーズベルト大統領の怒りを買って召喚されたいわくつきの人物だった。

ダラスの悲劇の後、ボビーは、キャロラインには父親代わりであり、ジャッキーには心の友だった。一九六八年の大統領予備選挙では公民権運動の旗頭であったが、彼もまた父親から反ユダヤの血を引いていた。彼自身や家族に対して裏切りを働いた人物に対して、「このユダ野郎」と罵る場面が目撃されたのは一度や二度ではなかった。

ヴァージニアとアメリカ北東部の二つの高貴な血統に乗っているキャロラインの母親は、上流社会というより反ユダヤ社会の住人であった。そのことを彼女が問題にしたのを聞いた人はいなかった。友人で動物愛護運動家のクリーヴランド・エイモリーによれば、「ユダヤ教徒への揶揄や罵詈は日常茶飯事で、彼女もそれに付き合っていたけれど、それは彼らの掟に従っていただけだった」

ジャッキー自身も友人のヴィヴィアン・クレスピに語っているが、オナシスと結婚してそうした狭い了見からは解放されたという。しかし、キャロラインが青春を送ったアイヴィーリーグ的世界では、二十世紀がそろそろ終わろうというのに、反ユダヤ主義の気風が色濃く残っていた。セイクレッドハート校、コンコード・アカデミー校、そしてハーヴァードからメトロポリタン美術館まで、キャロラインは反ユダヤ主義の環境にどっぷり浸かって暮らしてきた。

しかし、野卑な異邦人オナシスは、アイルランド系アメリカ人の継娘の視野を広げてくれた。テンプルズマンも同様で、キャロラインは彼をいい人だと思うようになった。ジャッキーは一九八一年のクリスマスパーティーにエド・シュロスバーグを招くと、いつもの少女のような囁き声でゲストたちに言った。「ご紹介します。娘の新しい友人のエド・シュロスバーグです。これを機会にお付き合いを深めていただければ幸いです」

ジャッキーも付き合いを深めるなかで、エドの幅広い才気に惹かれるようになった。気分転換にはもってこいとジャッキーも認めるケネディ一族のスポーツ好き、一対一の格闘技好きの体質は、彼は持ち合わせていなかった。ジャッキーの友人のスリム・キースに言わせれば、もっとも重要なことは「エド・シュロスバーグはキャロラインを幸せにしたことだった——まさにモーリス・テンプルズマンがジャッキーを幸せにしているのと同じように」

一九八三年末には、キャロラインとエド・シュロスバーグとの結婚話があちこちで囁かれるようになった。実際、二人は同棲していた。しかし、キャロラインもエドも挙式を急ぐ必要を感じていなかった。キャロラインはメトロポリタン美術館の映画テレビ部門で働いていたが、ロースクール（法律系大学院）に入学したいと言い出していた。かたやエドはデザイン事務所を設立し、仕事の引き合いもいくつか来ており、すでに常勤のデザイナーを三十五人も雇い入れていた。「彼にはやることが山とあって、同棲で問題がなかった」とジョンはある友人に言った。「二人は穏やかな生活——キャロラインがずっと望んでいたものだ——を楽しんでいた。それを正式な結婚でぶち壊してどうなる？」

しかし、ジャッキーは〝永遠の同棲〟をよしとしなかった。テンプルズマンと五番街《フィフス・アヴェニュー》一〇四〇番地の自宅で同棲している自分のことは棚に上げて、娘にはエド・シュロスバーグと結婚して家庭を築くことを強く促した。タブロイド紙は結婚前の同意書について生まれながらの大金持のエドはキャロラインの資産に関する権利は放棄したとか、また彼には別に女性がいるなどと書き立てたが、キャロラインにはキャロラインで結婚話を断わる理由があった。それは「サーカスのショウになるとわかっていたからだ」とメトロポリタン美術館の仕事仲間は言う。「彼女は内向きの人間で、チャールズ・アンド・ディ・サーカスのような結婚式はいやがっていた」

問題は母親だった。叔父（母ジャッキーの異父弟）のジャミー・オーチンクロスに言わせると「キャロラインとジャッキーはとっても仲がよかった。でも、二十代の女性というのは母親からあれこれ言われるのをいやがる。キャロラインの場合は、ジャッキーがなんでもショウにしたがるから、とくにそうだった」。キャロライン自身もいつも文句を言っていた。「ママときたら、医者や歯医者に行くときも、服を選ぶときも大事《おおごと》にしちゃうのよ」

いっぽうでジャッキーはジョンのことで手がいっぱいだった。電話をチェックしてはふさわしくないと思われる女友達は弾き、かたや俳優になりたいという夢をくじくのに精を出した。

ジャッキーは息子の監視にかまけていて、責任感があり信頼がおけるキャロラインがまさかボビーの向こう見ずな遺児たちと親しくしているとは知らなかった。とくにデイヴィッドとは仲がよく、彼はまだ年端もいかない子供のころに父親が殺されるところをテレビで見て以来、トラウマに囚われ続けていた。一九八〇年に入ってからは絶望の果てにヘロインに溺れ、麻薬を求めてハーレムを徘徊していた。

一九八四年四月二十五日、パームビーチのブラジリアン・コート・ホテルでデイヴィッドが死体で発見された。鎮痛剤デメロールと精神安定剤メラリルとコカインの注射による死亡だった。部屋にはほんの少量のコカインが残されトイレにその痕跡があるのみで、警察が到着する前に誰かが薬を持ち出したに違いないと推察された。

前の夜、キャロラインは従妹（父JFKの妹パットの娘）のシドニー・ローフォードに、叔母のユーニス・シュライヴァーとジーン・スミス（共に父JFKの妹）と共にパームビーチにあるケネディ一族の夏の別邸にいた。デイヴィッドの麻薬依存はみんな知って心配していた。

運命の朝、キャロラインとシドニーはブラジリアン・コート・ホテルへデイヴィッドに会いに行った。ロビーや食堂を探してもいないので部屋に電話をかけたが返事がない。そこでキャロラインは、電話をくれるようフロントにメモを残した。ケネディ一族の邸に戻るとデイヴィドのガールフレンドのポーラ・スカリーから、ホテルに医師団が来ているという連絡を受けた。ホテルに取って返すと、警官がいた。キャロラインによると、「駆け寄ると、こう言われたわ。『大丈夫、お嬢さん。やつは死んだ』と」

キャロラインもシドニーも信じられない報せに後退《あとじさ》った。シドニーは涙にくれたが、キャロラインはなぜか動じなかった（「ほんとうに誇らしく思うわ」とジャッキーは言ったものだ。「あの子は危機にあうといつも自制が働くのよ」）。警官の話では、デイヴィッドは二つのベッドの間の床にうつ伏せに倒れ、首をナイトスタンドに向けていた。キャロラインは叔母のジーンとユーニスに電話で悲報を伝えると、遺体安置所へ赴いてデイヴィッドの遺体を確認するというつらい仕事をこなした。彼は二十九歳になったばかりだった。

しかしパームビーチ警察は、デイヴィッドの遺体が発見された日にキャロラインがホテルで何をしたかの説明に納得しなかった。彼の遺体を発見した案内係《コンシェルジュ》の宣誓証言と食い違いがあったからだった。案内係は彼の前にデイヴィッドの部屋に入った可能性がある人物はいるかと訊かれて、こう答えたのだ。「あるとすればキャロライン・ケネディでしょう。彼女は部屋へ電話したが、返事がなかった。そこで部屋に行ってノックをした。その音を私は聞いています。そして、南側の出口から出て行く姿を見ています」

キャロラインは部屋には行かなかったと否認した。警察は証言の食い違いを不問に付したが、それはあるフロリダの判事が彼女を公開の法廷で宣誓証言させないようにと検察に働きかけた結果だった。ジョン・ボーン判事に言わせれば、当局は「ケネディ一族の意向に逆らうことはできないからだった」。キャロラインがいわゆるケネディスキャンダルに当事者として巻き込まれたのはこのときだけだった。

すでにキャロラインは、普通の人が一生に経験するよりもはるかに多く法廷でわが身をさらしていた。回数よりも感嘆すべきは、プライバシーも身辺の安全も斟酌《しんしゃく》されない事件にさらされてこれまで生きてきたことだった。以前から政治と公共政策に強い関心があったキャロラインは、大学に戻って合衆国憲法とその運用について学び直したいと決意した。一九八五年秋、キャロラインがコロンビア大学のロースクール（法律系大学院）に合格したことを知って、ジャッキーはダブルデイ出版社の同僚に「こんな興奮したことはないわ」と語った。

一九八六年三月二日、ジャッキーは思いもよらず、娘とエド・シュロスバーグとの結婚を正式に発表することになった。キャロラインについに結婚を決断させたのは、ジャッキーではなくローズだった。キャロラインの愛する祖母は寝たきりのまま九十六歳を迎えようとしていたが、最愛の孫娘の結婚を心待ちにしていた。孫娘がカトリック信者でない相手と一緒になることに反対しているとの噂が流れていたが、ローズの元秘書のバーバラ・ギブソンに言わせれば、「事実無根《ナンセンス》」で、「キャロラインの幸せがローズの最大の関心事」だったという。

キャロラインに結婚を決断させたもう一つの理由は、〝みんなでやれば怖くない〟であった。キャロラインはメディアの関心が自分に集中することを恐れていたが、ここ数か月の間にケネディ一族の結婚が三組続くことになった――すなわち四月が従妹（父JFKの妹ユーニスの娘）でテレビキャスターのマリア・シュライヴァーとアーノルド・シュワルツェネッガー、六月がその弟のティモシー・シュライヴァーと弁護士のリンダ・ポッター、そして七月がキャロラインの結婚式だった。これにイギリス王室のおめでたが加わってケネディ家の狂騒をさらに薄めてくれるかもしれなかった――アンドリュー王子とサラ・ファーガソンの挙式がケネディ―シュロスバーグ両家の結婚のちょうど一週間後にロンドンはウエストミンスター寺院で予定されていた。

一九八六年四月二十六日、キャロラインは従妹のマリアの花嫁付き添い役として、式典の余興に一役買った。元ミスター・ユニバースで国際ボディビル界の最高峰とされるミスター・オリンピアに二度も輝いているフランコ・コロンボばりの筋骨隆々男とペアを組むことになって、キャロラインは少々当惑気味だった。「彼のことを共和党と見ないで」と親族のなかから政治的立場が違うとの批判があったのを受けて、マリアは叔父のテッドに言った。「私の愛する人と見てちょうだい。でないと、叔父さん、あの人にひねりつぶされるかもしれないわよ」

キャロラインの挙式日の一九八六年七月十九日は、たまたまエド・シュロスバーグの四十一歳の誕生日――そしてケネディ一族ゆかりの人々にとってはあまり思い出したくないチャパキディック事件が起きてちょうど十七年目にあたっていた。しかし、式は予定どおり執り行われた。二千人を超える参列者のうち数百人はマスコミ関係者で、ハイアニスポートの通りと式場の聖母の勝利《アワ・レイディ・オブ・ヴィクトリー》教会があるセンターヴィル界隈は、人であふれ返った。

花嫁の母親は裏方の総監督として、メニューのチェック――えんどう豆の冷製スープ、エビとチキンのレモンマスタードソース和え、サーロインステーキにアイスクリーム――、ケープコッドの夏の花選び、満艦飾の旗をはためかす白いレセプションテントのデザイン、そして招待状の発送と、下準備に大わらわだった（両家の関係者以外にも数百人が招待されたが、ジャッキー自身の出であるブーヴィエ家の縁者は誰も呼ばれなかった。ジャッキーのいちばん年長の従弟であるジョン・デイヴィスがブーヴィエ家とケネディ家について本を書いて以来、ジャッキーは彼と、実父のブラック・ジャックが溺愛した双子の妹のミシェルとモードとも義絶していた）。

キャロラインの服選びについてはジャッキーは賢明にも本人に任せた。デザイナーのキャロライン・ヘリーナによれば、「オナシス夫人は、他の母親とは違って、娘の結婚衣装に口は出さなかった」。ジャッキーはヘリーナにこう言ったという。「口出しするつもりはないわ。自分の着るものは自分で決める子だから。私の願いは、世界でいちばん幸せになってほしいだけよ」

花婿のエド・シュロスバーグはジョンに付き添いを依頼した。この夏、ジョンはその役を三度引き受けていた。「手慣れたものさ」と彼はウインクしてみせた。かたやキャロラインはシュワルツェネッガー夫人に花嫁の付き添いを引き受けてもらった。

結婚式前夜の晩餐会は大いに盛り上がった。ピープル誌に「アメリカ女性がいまもっとも結婚したい独身」と評されたジョンが立ち上がると、杯を高々と掲げてこう音頭を取った。「われわれ三人——わが母とキャロラインと私の人生のために——そして新たなる」とジョンはエドに杯を向けると続けた。「四人の人生のために、乾杯！」

結婚式当日は、招待客のジョン・ケネス・ガルブレイスに言わせると、「目を見張るばかりだった」。まず列席者の目を奪ったのはキャロラインの4サイズ（いまやジャッキーよりスリムになっていた）の白いオーガンザのガウンだった。それにはチュールのペチコートとアイルランド国花三つ葉のクローバーのアップリケと二十五フィート（七メートル七十センチ）もある長い裾が付いていた。そして、ガウンも含めてエドお気に入りのデザイナーのウィリー・スミスが手掛けた衣装一式はどれも素晴らしかった。式が執り行なわれた教会の中は、ＪＦＫの側近を長く務めたデイヴ・パワーズに言わせると「イワシの群れ状態だった」

「ニューフロンティア！」とパワーズは教会に入ると思わず叫んだ。ケネディ統治時代の面々——テッド・ソレンセン、アーサー・シュレジンジャー・ジュニア、ピエール・サリンジャー、マクジョージ・バンディの懐かしい顔を認めたからだ。「実に楽しい寄合だった」と後にパワーズは述懐している。

「ケネディ一族はさんざん不幸な目に見舞われたが、あのときは皆が集まっていい時代の思い出に浸れて楽しかった。ジャックの強烈な存在を実感したよ」

花嫁の母親は、ヘリーナがデザインした6サイズのピスタチオ色のクレープ織りスーツに身を包み、ハンドバッグを抱えて、手袋をはめた手を見物人たちに振りながら、一人で教会の中へ入って行った。どこか落ち着きのない花婿は見物人と二回もハイタッチを交わした。キャロラインは白のリムジン(一週間前にコメディアンのジョージ・バーンズから借りたもので、葉巻で汚れていたシートは新品に張り替えられていた)から叔父のテッドと共に降り立つと、彼女を祝福する人々に手を振って応えた。テッドはキャロラインのドレスの長い裾を持ち支えると、彼女の肩を叩いて教会へと促した。二人は入口に着くと、後ろを振り向いて唇に指を当てて静かにするように合図を送った。見物人たちはそれに従った。

式は二人の司祭によって執り行なわれた。エド・シュロスバーグはカトリックの流儀で式を挙げ、子供ができたらカトリック教徒として育てることを承諾していた。花婿の母親はキャロラインとキャロラインの母親を気に入っていたが、結婚式自体には乗りきれていないようだった。母親メイ・シュロスバーグは溜息まじりに言った。「私たちはユダヤ教徒ですから」

式はいよいよ神聖な場面にさしかかったが、結婚の宣誓で「はい、従います」と言わなければならないところをキャロラインは飛ばしてしまい、花嫁も介添役も笑いを押し殺すことができなかった。「ほんとうに嬉しそうだった」と家族ぐるみの付き合いのアート・バックワルドは言う。「結婚式にはたくさん出たが、私の知る限りキャロラインがいちばん幸せな花嫁だった」

花嫁の母親は感情を押し殺す達人で知られていたが、このときばかりは式の間じゅう泣いていた。外で待ち受けていた公衆から歓呼で迎えられて感極まる新郎新婦の傍らで、目を赤く泣きはらし頬に涙の筋をつくって教会の出口の階段で立ち止まると、しばし口元に笑みを浮かべて隣りのテッドの肩に頭を預けた。と、新郎の母親が階段でよろめいて足首をくじいた。

そして披露宴は大団円を迎えた。ハイアニスポートのエメラルドグリーンの芝に設《しつら》えられたテントの中で、テッドがグラスを掲げて乾杯の第一声を発した。「まずもって、わが兄ジャックのために盃を捧げたいと思います」と日本の提灯をつるしたテントの晩餐の席に招待された四百七十五人のゲストを前にして言った。「次いでわれらが母親のために」とテッドは新郎の両親を歓迎する前にまずローズに敬意を払い、やがて新郎新婦へ杯を向けた。「いまわれわれは兄ジャックのことを思わずにはいられません。彼がいかにキャロラインとジャッキーを愛していたか……キャロライン、君を彼はとてもとても愛していた」テッドは込み上げる思いをなんとか押さえ込むと、花嫁の母親に盃を捧げた。「ジャックがたった一人愛したこの素晴らしい女性を、いまなお彼は誇りに思っているはずです」

キャロラインとジャッキーは涙にくれ――それは他の列席者にも伝染したようだった。デザイナーのキャロリーナ・ヘリーナによれば、「上院議員の話を誰もが涙なくして聞けなかった。実に感動的な一日だった」

新郎新婦を擬した二体のゴジラを頂上に戴いた四段の白のウェディングケーキをカットしてから、キャロラインとエドは、マーサズ・ヴィニャード島に住むジャッキーの知り合いのカーリー・サイモンが歌う「愛の教会《チャペル・オブ・ラブ》」「愛は正義《ラビイング・ユーズ・ザ・ライトシング・トゥ・ドゥ》」に合わせてダンスを踊った。しかし、本人にとって特別な日であるのにもかかわらず、キャロラインは主役を二人の出席者に譲ってしまった。ジャッキーが息子とダンスを始めたのだ。コラムニストのアイリーン・メールによると、「すべてが止まってしまい、みんなその場に釘付けになった。二人が踊り終えると会場から万雷の拍手が沸いた」

グランドフィナーレはキャロラインの旧友ジョージ・プリンプトンによる花火ショウだった。プリンプトンは花火と共に煙を発生させたくて、あらかじめサイモンのマネージャーにお伺いを立てた。すると、「カーリー・サイモンは花火で調子を外したりしない」と言われ、「それならばと彼女には歌ってもらい、歌い終わったところで煙がもうもうと湧き上がって、さながらドーバー海峡の白い断崖を出現させた」のだった。そして、花火の音と共に、そこに列席者に敬意を表して十五のディスプレイ——ローズ・ケネディにはバラを、アーサー・シュレジンジャーには蝶ネクタイ——を展示して、プリンプトン自身がナレーションをしてみせた。

やがて煙がうねりながら展示物を覆い隠すと、花火が大音響と共にはじけて、すべてが消え失せた。「そして、これが」とプリンプトンは言った。「エド・シュロスバーグの生業なのであります」

この解説にエドの新しい義母は笑い転げた。「ジャッキーにはいたく気に入ってもらえた」とプリンプトンは満足げに言った。「全体をつかんだ説明になっていると。暗闇の中にいた参列者たちに、これで彼が実際何者なのかわかってもらえたんじゃないか」

もはや関係者で、キャロラインの選択を疑問に思う人はいなかった。シュレジンジャーに言わせると、「キャロラインはあの男といると幸せいっぱい」だった。エド・シュロスバーグの友人でニューヨークで画廊を営むロナルド・フェルドマンによれば、キャロラインとエドは「相性がとてもいい。

二人とも静かな暮らしを望んでいて、彼は彼で王子様、彼女は彼女で王女様になりたいとはまったく思っていなかった」

彼女は自らのプライバシー、そして夫のプライバシーを犠牲にするような仕事はする気はなかった。結婚式からほどなく、一九八八年の民主党全国大会の女性議長の依頼が舞い込んだが、あっさりと断わってケネディ一族を驚かせた。テッドの側近のリチャード・バークに言わせると「ケネディ一族には劣化が起きていた。こんなに政治的に価値があり権力も行使できる話をなんで断わるのか、彼らには理解できなかった。でも、キャロラインは、それが理解できないところにケネディ一族の劣化の根っこがあるとわかっていたのだ」

そのいっぽうでシュロスバーグ夫人は、以前に増して家事に関心を持つようになった。マウイと日本で新婚旅行を終えた後、アッパーイーストサイドのアパートに落ち着いて、ロースクール生に戻った。

キャロラインが片づいたことで、ジャッキーの主たる関心は、さっぱり腰が落ち着かない一人息子へ向けられた。ある友人にわが子を比較して語ったところによると、「キャロラインは物事に集中するのに、ジョンときたら……気があちこちに散ってしまう」。救いは、そのジョンが、キャロラインの結婚式の六週間後から、ニューヨーク大学のロースクールに通い出したことだった。

もう一つ朗報があった。一九八七年も押し詰まったある日、キャロラインから電話があり、「なんの話かわかる?」と五十九歳になった母親に問い掛けると言った。「赤ちゃんができたのよ!」

翌日、ジャッキーは、五十を超えるキャロライン関連の連絡リストから——叔母、叔父、従弟妹《いとこ》、友人たちに、数時間かけて電話をかけまくった。いまは亡きJFKとボビーの後を受けて父親代わりを務めているテッドにだけは特別のメッセージを添えた。「ねえ、アンクル・テッド。あなたお祖父ちゃんになるのよ！」

テッド・ケネディは手放しで喜んだが、ジャッキーには自らの出産の苦難の歴史が思い出されて不安がよぎった――流産、死産、そしてキャロラインの弟パトリックの生まれてすぐの死――この先こうした苦難に娘も見舞われるかもしれないのだ。

妻が妊娠したと知って、エド・シュロスバーグが漏らしたセリフがふるっていた。「お見事お見事。一日たりとも病気もせず、毎日元気に暮らし、ロースクールも一日も休まずにやってのけるとは」。一月のみならず二月もニューヨークは冬の嵐に何度も襲われた。クラスメートによると、「キャロラインはすべてのクラス、すべての講義、すべてのゼミに出席し、朝の九時から夕方の五時まで大学に居続けた」

結婚式の招待客の何人かから、キャロラインがダイエットのために煙草を吸いエクササイズをしすぎて前よりも痩せたのではないかと心配する声が寄せられた。「ジャッキーよりも痩せちゃって。あれじゃ問題だわ」とハイアニスポートの隣人のラリー・ニューマンも言った。とてもお腹に赤子がいる体には見えなかった。

ケープコッド紙の記者アン・ブルナンによると、「結婚したときはガリガリだった」が、それから七か月後は「肉が付いてきて若くて美人になった。顔もふっくらしてきたが、妊婦に見られる横腹が出た醜い体形ではなく、格好よかった」

「冬の間は痩せていた」とコロンビアの同級生は言う。「ゆったりした服を着ているのでそれとは気づかなかった。唯一の兆候は、四月になって顔がぽっちゃりとしてきて可愛くなったことだった」
一九八八年五月十七日、コロンビア大学ロースクールの卒業式には、エド、ジャッキー、ジョン、叔父のテッド、ジャッキーの元秘書のナンシー・タッカーマン、そして元教育係のマルタ・スグビンが出席した。キャンパスに設営されたテントを雨が激しく叩くなか、キャロラインの名前が読み上げられると、ケネディとシュロスバーグ両家の参列者は喜びを共にした。モーリス・テンプルズマンも、キャロラインの人生にとってこのハレの瞬間に立ち会っていたが、ジャッキーと一緒の写真を撮られないように、一行からは離れたところに座っていた。
キャロラインは夫と一緒にラマーズ法の出産教室に通うかたわら、寸暇を惜しんで七月末に行われる司法試験の勉強に励んだ。まだ三十歳で、出産前の羊水検査を考えなければならない高齢出産にはまだ五年あったが、一族の病歴を考えて検査を受けることにした。(父親ジャックの妹のローズマリーは知的障害者で、人生のほとんどを精神病院で送っていた。おそらく自律的な生活ができないため、祖父のジョゼフの一方的な判断でロボトミー手術を施された。ローズマリーのことがきっかけになってケネディ一族はスペシャル・オリンピックに取り組むようになった)
検査の結果で子供の性別を知ることもできたが、キャロラインもエドもそれを望まなかった。「そのときびっくりしたいから」が彼女の理由だった。六月二十四日、キャロラインは夫に「ちょっと変なの」と静かに訴えた。主治医のフレデリック・W・マーテンズ・ジュニア産科医師は、子宮収縮の時間を計り、数週間前から夫と一緒に練習してきた呼吸エクササイズを始めるよう促した。その夜、ある友人がキャロラインからの電話に出るとジーンという音がした。正体を訊ねると「ゆで卵タイマーよ」とキャロラインは答えた。「子宮収縮の時間を計らなければいけないんだけれど、時計が見つからないの」

次の日の午後、ジャッキーは自家用のリムジンを差し向けると、キャロラインをニューヨークホスピタルー・コーネルメディカルセンターへ入院させた。そこはケネディ家が「ミセス・シルヴァ」の匿名でしばしば入院している病院で、二人の警備員付きで一泊七百二十ドルだった。

ジャッキーは、〈信じられる？　この私がお祖母ちゃんなるなんて〉と内心で呟くと、煙草の代わりにチューイングガムと爪を嚙みながら病院の待合室へ入った。先にジョンが来ていて、隠し持ったバブルガム葉巻で母親を落ち着かせようとしたが、うまくいかなかった。「わかっているわ。万事うまくいくわよね」とジャッキーは言いながら、不安げに手を揉んだ。「ただ、ちょっと……」

「ママったら」とジョンは片腕を〝祖母の卵〟の肩にそっとかけると言った。「お願いだから、落ち着いて」

しかし、エド・シュロスバーグに比べればジャッキーはまだ沈着といえた。病院の職員によれば、キャロラインは分娩室で落ち着いていたが、「ご主人はもう取り乱して、彼女のほうが一生懸命なだめすかすありさまだった」

六月二十五日午前三時三十分、キャロラインは七ポンド十二オンス（三千百七十五グラム）の女児を無事出産、女児はローズ・ケネディ・シュロスバーグと名付けられた。キャロラインは母親とは違って帝王切開を受けることもなく——無痛分娩のための硬膜外麻酔は受けたが——グリーンの病院服を着た夫に付き添われて、スムーズに出産できた。キャロラインは日常生活と同様、終始冷静沈着だったが、父親になった夫のほうは看護師から赤ん坊を手渡されると、涙をこらえきれずに言った。「素晴らしい。なんて可愛い子だろう」

ジャッキーは安堵の溜息をつき、ジョンは動転する義理の兄にバブルガム葉巻を勧めた。キャロラインに促されてエドが叔父のテッドに報告の電話を入れると、テッドは「喜びのあまり言葉が出なかった」という。朗報はテッドからたちまち世界中にいるキャロラインの叔母、叔父、二十六人の従弟妹《いとこ》——そして祖母のローズに伝えられた。九十八歳で二十四時間介護の施設にいるケネディ家の女族長は認知症を発症していて、息子のジャックとボビーが死んでいるのを思い出せないこともよくあった。しかし、キャロラインに子供ができ自分の名前が付けられたと聞かされると、介護スタッフによれば、偉大な祖母《グランマ》の顔に「輝きがさし、突然、事情が理解できたらしく、しわがれ声で『素晴らしい、素晴らしい』を繰り返した」という。信じられないことに、キャロラインの妊娠はずっと秘密のカーテンで隠され、「ジャックとジャッキー・ケネディ家に初孫誕生」のビッグニュースが世界中に流れるのは出産三日後のことであった。

ローズと両親の新居はパーク街《アヴェニュー》七八丁目通りにある共同住宅《コープ》の十一階で、部屋数は十二、四か月前にシュロスバーグ家が二百六十五万ドルで購入したものだった。キャロラインが育ち、母ジャッキーがいまも住んでいるアパートは北西方向に十街区《ブロック》ほど行った先、叔母のユーニス・シュライヴァーとジーン・ケネディ・スミス（ともに父ＪＦＫの妹）が住むアパートはもっと近かった。そして、父親のＪＦＫが定宿にし、父の暗殺後に家族が一時逗留していたカーライルホテルはわずか二街区《ブロック》先だった。

　ローズの部屋は、深夜でもすぐに授乳やおむつ替えができるようにと両親の部屋と隣り合わせにされ、ピンク色に塗り替えられた。赤ちゃん部屋らしく動物のぬいぐるみやおもちゃであふれていたが、なかには太陽電池で暗闇でも光りながらベビーサークルを乗り越えて動くエド特製の変わり種もあった。キャロラインは、ローズの人生にＪＦＫの存在を焼き付けようとでもするかのように、バッジ、写真、ポスター、マグカップなどＪＦＫゆかりのコレクションで赤ちゃん部屋を飾った。

　キャロラインはジャッキーと違って母乳による子育てを選んだ。実際は母親同様、住み込みの乳母や世話係の助けを借りたが、それでも自らの手で育児をしようとした。

　育児に忙殺され、直前の司法試験は見送ったが、次の翌年二月の試験には、初回の挑戦で見事合格することになる。いっぽう弟のジョンはニューヨーク大学ロースクールの二年の課程を修了したものの姉のように結果を出せないでいた。ところが、いきなり全国デビューを果たして、周囲を――もちろん偉大なる姉も――あっと驚かせた。

　アトランタで開催された一九八八年度民主党全国大会の司会進行役として、叔父のテッドを紹介する大役に抜擢されたのである。それはハリウッドの映画デビューよりも画期的なことだった。ウォルター・イザクソンはタイム誌に、「数千もの聴衆が思わず息を呑んだことでホールの気圧が下がり、屋根が落ちるのではないかと思われた」と記したが、ジョンの演説はこんな出だしだった。

「四半世紀前、わが父は、みなさんの前でアメリカ合衆国大統領候補の指名を受けました。そして、かくも多くのみなさんが父のために、いや実際はみなさん自身のために公共に身を捧げられました。

それはいまも父がわれわれと共にあるということであります」

キャロラインはテレビでジョンの演説を見て、その完璧なことに驚かされた。しゃかりきになってジョンに俳優の道をあきらめさせた母親にとっては、喜びはひとしおだった。当面はロサンゼルスのマナット・フェルプス・ローゼンバーグ共同法律事務所で夏季研修をしていたが、やはり一族の職業である政治が適任と思われた。

しかし事態は予期せぬ展開を遂げる。ピープル誌一九八八年九月十二日号の表紙に、「いまもっともセクシーな男」の惹句と共にジョンが掲載されたのだ。本文の書き出しはこんな調子だった。「さて、レディたちよ、ご覧あれ。ただし、この男の胸板は見つめすぎないように！　彼はすこぶる真面目な男で……アメリカ政界最大のカリスマの御曹司にして、もっとも知られた名門の継承者である」

案の定、友人たちから冷やかしを浴びせられた。キャロラインもジョンの黒いヘルメットをかぶった髪型と筋肉むきむきをからかって、ロースクールがだめならモデルにでもなったらと勧めた。

キャロラインは三か月になったローズを〝名前の元〟に会わせるために、ハイアニスポートへ連れて行った。先代ローズは車椅子に乗って、シュロスバーグ一家を玄関口で待ち受けていた。ケネディ家側の従弟ジョー・ガーガンの妻のベティによると、「ローズはこれ以上ない笑顔で出迎えた。ひ孫たちがひっきりなしにやってきて、彼女の人生の頂点だった」

ケネディ一族――とくにジャッキーとキャロラインとジョンにとってつらいのは、ＪＦＫが暗殺された記念日だった。二十五回目の節目ということもあって、国のあちこちで行事が行なわれ、エッセイや回顧録が書かれた。ジャッキーはいずれにも関わらず、キャロラインとジョンを伴って、ここ数年来一家の行きつけで百年の歴史を誇る石造りのセントトマスモア教会で催される内輪のモーニングミサに出席した。

それから三週間後、ローズ・ケネディ・シュロスバーグの洗礼式のためにふたたび同じセントトマスモア教会で顔を合わせた。列席者は叔父のテッドを筆頭にケネディ一族の叔母、叔父、従弟妹《いとこ》などいつもの面々だった。しばらくしてローズはさかんにしゃっくりをするようになった。父親のエドはそれに着想を得て『しゃっくり物語』という童話を創作した。賢い小人一族のブルブロレネオ家に語り継がれている、スケブリーン一族とその宿敵の恐ろしく醜いグロスススッツファファファススとの闘いの物語という仕立てで、グロスススッツファファファススが世界中のクリスマスツリーを持ち逃げしようとするのを、最後に小人のしゃっくりが無事取り戻すという内容だった。

ローズが一歳の誕生日を迎えると、父親のエドはこんな冗談を飛ばした。「もう歩いて話もできるし、これだとコンピュータのプログラムをつくっちゃうかも。なんでもできる。ものすごく賢い赤ちゃんで、可愛くてしかたがない」。キャロラインと同じような育て方をしているのかと問われて、「僕はその場にはいなかったから」とエドは肩をすくめた。「比べようがない。でも、これだけは言える。キャロラインも僕も最善を尽くして子育てをしている、と」

いっぽうキャロラインは自らの人生設計を修正し始めた。家族法を専門にした仕事をしよう考えていたが、ローズを授かってからは、毎日事務所へ通うことに魅力を覚えなくなった。ローズをブルーのベビーカーに乗せて二街区《ブロック》先のセントラルパークまで散歩に出かけ、娘をぶらんこに乗せて過ごすほうが楽しかった。マーサズ・ヴィニヤードの別荘やハイアニスポートのケネディ一族の本宅、バークシャーにある夫エドの田舎の隠れ家、そしてもちろんパームビーチのケネディ一族の夏の別邸にも出かけ、ローズに大西洋に足をつける初体験をさせた。「いい母親であれと常々考えていたが」とキャロラインは近所の母親に語ったという。「実際に母親になって、それがこんなにも素晴らしいことは思わなかった」

そのいっぽうでキャロラインは、ケネディの娘として、ケネディ一族の同世代と同じように、世の中のために奉仕しなければならないという使命感を抱いていた。「間違いなくキャロラインは意義深いことをしたいと思っていた」とジャッキーの友人のダニエル・パトリック・モイニハンは言う。「彼女はケネディ一族であることの意味を深く考えていた。それは体内を流れる血のなせるわざだった」

意義深いことをしたいが、どうやればいいのか。ケネディの名を冠したプロジェクトには、キャロラインとジョンは責任を分担し合った。ちなみにキャロラインはケネディ記念図書館支援財団の常任理事を、ジョンはハーヴァード大学ジョン・F・ケネディ行政政治スクール（大学院）のケネディ家側の代表理事を引き受けた。さらにキャロラインは、ボストンの州議事堂の表に父親の銅像を建てるにあたって審議委員として中心的な役割を果たし、また彼女の提案によってケネディ基金が創設され、一九五六年にピューリッツアー賞を受賞した父親の著作『勇気ある人々』に描かれているような無私のリーダーたちを毎年顕彰することを始めた。

自分は何をなすべきかを思案するなか、キャロラインは一九八九年七月二十二日に亡くなったジャッキーの母親の葬儀に、母親と弟と共に参列した。ニューポートのトリニティー教会で執り行なわれた簡素な葬儀の間じゅう、母方の叔母のリーは静かに泣いていたが、ジャッキーと子供たちは感情を露わにすることはなかった。祖母《グランメール》のジャネット・オーチンクロスは一九八三年にアルツハイマー症と診断され、二年前からは自分の子供たちはもちろん、孫のキャロラインやジョンも認識できなくなっていた。

二週間後、ジャッキーはフランス革命二百年祭に沸くパリに飛び、女王陛下御用達のリネン屋「デポルトー」で孫のローズのために、子ウサギを花綱状にあしらい貝殻で縁取りされた白むくのコットンシーツを買い求めた。

一九八九年秋、第二子を妊娠したキャロラインは、母親に本を書いてみたいと相談した。思えば、父親は『勇気ある人々』の前に、（ハーヴァード大学の卒論をベースにした）『英国はなぜ眠ったか』というベストセラーを書き、政界に華々しくデビューする前に、ジャーナリストとしても才能があることを示してみせた。かたや母親のジャッキーは自らの回顧録は書くつもりはないと宣言し（いわく「人生は楽しむもので、記録するためのものではない」）、すでにダブルデイ出版社で辣腕《らつわん》編集者として勇名を馳せていた。

社交界デビュー以来の友人のジョージ・プリンプトンからは、「当代一の編集者の一人」、ライフ誌のセオドア（テッド）・ホワイトからは「一人で十人分の仕事ができる豊かな想像力の持ち主」、ジャッキーが担当した著者の一人ギータ・メータからは「十九世紀的な昔気質の編集者」、結婚して義理の従弟同士の関係になった小説家のルイス・オーチンクロスからは「物書きには理想の編集者」と評されていた。

キャロラインにはぜひとも書きたいことがあった。かねてからロースクール時代の友人エレン・オルダーマンと共に、人権を侵害されている人々の問題に強い関心があった。合衆国憲法の「権利章典」（市民の基本的人権に関する規定）に関わる「自由の問題」について、当初はドキュメンタリー映画で扱おうとも思ったが、活字にしたほうがよりよく伝えられると心に決めた。折しもアメリカ合衆国建国の基である人権宣言から二百年にあたり、父親の著作『勇気ある人々』に匹敵する本になるかもしれなかった。

翌年、キャロラインとオルダーマンはアメリカ全土の基本的人権侵害の現場を取材して回った。水素爆弾をめぐる秘密を暴いたアリゾナの雑誌編集者（報道の自由）、ケーブルテレビ番組に関わるミズリーの白人優位主義団体ＫＫＫ《クー・クラックス・クラン》（言論の自由）、神聖なる墓地に建設された道路を封鎖して抗議するアメリカ先住民（宗教の自由）、子供の居場所を明かすことを拒否する幼児虐待容疑に問われたボルチモアの母親（自身に不利な証言を拒否する自由）、そしてキャロラインがもっとも関心を惹かれたアリゾナ刑務所の死刑囚監房に収監されている二人の兄弟（残虐な刑罰から身を守る自由）。兄弟は、父親の脱獄を手助けしただけだが、父親が脱獄後にアリゾナのある一家全員を殺害して逮捕されたため殺人罪で死刑執行を待っているのだった。

キャロラインの第二子タチアナ・セリア・ケネディ・シュロスバーグ（名前はエドのお気に入りの美術家タチアナ・グロスマンからとられた）が生まれた一九九〇年五月五日には、彼女とオルダーマンは原稿を書き上げ、『人権を守るために～権利章典の活用法（In Our Defense：The Bill of Rights in Action）』のタイトルでウィリアム・モロウから刊行された。評価も高く売り上げも上々だった。ケネディの名前の効果もあって——彼女も計算を働かせて自分の著者名からシュロスバーグは外した——同書はニューヨークタイムズ紙のベストセラーリストに加えられた。

　キャロラインにとって何よりも嬉しかったのはジョンが喜んでくれたことだった。掛け値なしのベストセラーになったと知って彼はさっそくお祝いの電話をよこした。元教育係のスグビンに言わせると「彼にはいつも自慢の姉だった。子供のころは、なんでも彼女に先に持っていかれてしまうと愚痴を言っていたけれど、実際は生涯姉を誇りに思っていた」

　しかし、キャロラインの栄光はジョンの欠点をより浮き彫りにすることになった。一発で合格したキャロラインとは違って、彼は司法試験に二度とも失敗していた——メディアに「イケメンまたまた落っこちメン《ハンク・フランクス》」と囃《はや》し立てられるのは耐えがたい（そして忘れがたい）屈辱だった。三度目の試験を前に、ジャッキーとキャロラインは千七十五ドルで家庭教師を雇うことを勧めた。

　一九九〇年七月二十二日、キャロラインとジョンは従弟妹《いとこ》たちと共に、祖母ローズの百歳の誕生日を祝う一族の行事に参加した。その二日後に司法試験があり——それから数か月してやっと合格が判明した。ジョンが二番目に報告の電話を入れたのは、「子持ちおばさん《オールド・マリード・レイディ》」——最近彼がキャロラインに付けたニックネームで、もちろん一番目は「ママ」だった。

　司法試験の試練はなんとか乗り越えたものの、ジョンはマンハッタンの地方検察庁で六十四人いる新人検事補として働かなければならなかった。仕事の感想を訊かれて彼は答えた。「やってられないよ。一族の期待に応えるためにしばらくはやるしかない。でも、いつかは他のことをやるつもりだ」

　キャリアを積むためのプレッシャーもさることながら、キャロラインがジョンについて心配していたのは、女優のダリル・ハンナとの愛のもつれによる心労だった。ハンナは気まぐれなロック歌手ジャクソン・ブラウンと愛憎の修羅を重ねるなかで、ブラウンとジョンとの間で気持ちが揺れ動き、それにジョンも振り回されていた。そんな折り、ハンナが「アット・プレイ・イン・ザ・フィールド・オブ・ザ・ロード」の撮影中に原因不明の高熱に襲われて緊急入院し、ジョンは心配のあまり医者に電話をかけまくった。一週間ほどして意識混濁状態から覚めたハンナは、自らの部屋が千本のバラで埋め尽くされているのに気づいた——それは「アメリカ美人《アメリカン・ビューティ》」という茎の長い品種で、ジョンの愛の証だった。

時を同じくしてケネディ一族はまたまた試練にさらされることになった。一族の従弟妹《いとこ》たちの間ではジョンともっとも親しくキャロラインとも仲がよい医学生のウィリアム・ケネディ・スミスが、二十九歳のパトリシア・ボウマンから、パームビーチのケネディ家の邸の芝生でレイプされたと訴えられたのだ。叔父のテッドと息子のパトリックがしたたかに酔っぱらった夜に起きた出来事だった。

以前からウィリアムの母親のジーンは、ケネディ家の義妹のなかでは、ジャッキーともっとも気心が通じていた。ジーンとの絆から、キャロラインとジョンは、ハイアニスポートで催されるケネディ一族恒例の労働の祝日《レイバー・デイ》のピクニックに参加した。ケネディ一族全員が——ジャッキーの二人の子供を含んで——ウィリアムの背後に立ち並んでいる集合写真が一族の意思を物語っていた（数日後、広く知られることはなかったが奇妙な事件が起きた。超高級で知られるイーストハンプトンのメイドストーン・クラブで催された結婚式でのことだった。キャロラインが会場から百人の招待客と共に出てバスに乗ろうとしたところ、「爆弾が仕掛けられた」と誰かが言った。幸い爆弾は発見されず事なきを得た）。

一九九一年十二月、ケネディ一族のほとんど――エセル、パット、ユーニス（いずれも父ＪＦＫの妹）とその子供たちはウィリアムの裁判の傍聴席に集まると、彼の無実を信じてやまない決意のほどを表明した。ジョンは弁護団の一員に加わり丸々五日間、裁判に張り付いたが、レポーターに対して弁護人となった理由を「一緒に育ったから」と答えた。しかし、同じように一緒に育ったキャロラインは、そこまでの気持ちにはなれなかった。母親のジャッキーと同じく、裁判を傍聴するのには抵抗を感じた。「キャロラインはケネディ一族に忠誠心はあったが、それは無制限ではなかった」とジャッキーの親友は言う。「母親とどこか似ていて、本人がしたくないことを無理やりやらせることはできないタイプだった。キャロラインは下品な出来事には関係したくなかったのだ」。結局、ウィリアムは無実を勝ち取り、晴れて医者となった。

他にも意思に反して舞台の中央に押し出されたことがあった。オリヴァー・ストーン監督の問題作「ＪＦＫ」が公開され、ケネディを殺害したのは誰かをめぐってまたぞろアメリカ中に論争が巻き起こされた。キャロラインもジョンも映画を観ることを頑として拒否したが、狂ったように襲ってくるマスコミを避けることはできなかった。「姿をくらますしかない」とジョンはあるジャーナリストに言い、いっぽうキャロラインはケネディ・シュロスバーグ家の第三子をつくる計画に着手して母親を喜ばせた。

一九九二年三月、キャロラインは第一回となる「勇気ある人々賞」授賞式に臨むために弟と共にボストンへ出かけたが、そのときにはお腹に第三子を宿していた。それから六週間後、マジソン・スクエア・ガーデンで民主党全国大会が開催され、キャロラインもその会場にいた。代議員たちから叔父のボビーに追悼が捧げられた後、アーカンソー州知事が大統領候補に指名されると、キャロラインとエドはクリントンと描かれたプラカードを振って声援を送った。キャロラインの目には、母親がホワイトハウスに創ったバラ園で瞳を輝かせてJFKと握手を交わす十六歳のクリントン少年を映した映像が焼き付いて離れなかった。同じ映像がジャッキーにも好感を抱かせたと叔父のテッドは見ていた。

実際、ジャッキーの好感度は半端ではなく、彼女はヒラリー・クリントンを五番街《フィフス・アヴェニュー》一〇四〇番地の自宅のランチに招いた。二人の母親、ジャッキーとヒラリーの最大の話題は、どうすればビルとヒラリーがワシントンのマスコミの猛襲から娘のチェルシーを守れるかだった。

元大統領夫人のほうは、息子はとっくに大人になりハリウッド女優とのごたごたでマスコミの猛襲をかわせないでいた。一九九二年九月、ダリル・ハンナがロスアンゼルスの病院に担ぎ込まれると、ジョンは枕元に駆けつけ、ニューヨークへ連れて帰ると看病に努めて健康に復させた。ピープル誌は二人を表紙に取り上げて「名声と資産と伝説を兼ね備えた魅惑のカップル」と書き立てた。

この見出しとそれが事実らしいことは、キャロラインとジャッキーにとってはありがた迷惑だった。「ジョンがマスコミに取り上げられるとそれを茶化すのがキャロラインのやり方だった」とジョンの友人は言う。「ユーモアをきかせてからかわずにいられなかった。しかし、この時ばかりは真顔で、彼の振る舞いは感心できないと忠告した。彼女は弟がお人好しだとわかっていて、自分のことをよく考えて相手に利用されないようにしろと事あるごとに諭していた。ジョンは母親の言うことには耳を傾けなかったが、キャロラインのアドバイスはたいてい聞いていた。でもこの時だけはそうしなかった」

一九九三年一月十九日、キャロラインは第三子のジョン・ブーヴィエ・ケネディ・シュロスバーグを出産するが、それ以前からジャッキーはローズとタチアナに「ジャッキーばあば」と呼ばれて祖母馬鹿ぶりを発揮していた。しばしば自宅から十分ほどかけてシュロスバーグ家まで歩いてくると、孫たちをセントラルパークへと連れ出した。いつしか、マンハッタンの親や祖父母たちと同じように、人ごみを縫ってベビーカーを押し、店の回転ドアをすり抜ける達人になり（怪しい人物や危ない犬を避けながら）、チビちゃんたちの手をしっかりと握りながら片手でタクシーを止める技も身に付けた。

ローズのために綿あめを買い求め、公園のベンチでタチアナとコーン入りアイスクリームを分け合い、七六丁目通りの遊び場で二人の孫をぶらんこに乗せて揺らすジャッキーばあばの姿が、一週間に五、六回は見かけられた。キャロラインも乳母の一人に手を貸してもらって、週に一回は子供たちを母親の一〇四〇番地のアパートへ連れて行った。ジャッキーの友人のローズ・スタイロンによれば、ジャッキーは「とても楽しそうで、孫たちがこけつまろびつしながら遊んでいるのを目を細めて眺めていた」

ジャッキーの秘書役だったナンシー・タッカーマンによると、孫たちの関心を何時間も引きつけるために、ジャッキーばあばはこんな工夫をこらしたという。大きな赤い木箱にしまっておいたさまざまな宝物——海賊の戦利品やらジプシーの装飾品やらビーズのネックレスやら色とりどりの石の指輪などを寝室のフロアにばらまく。孫たちに好きな宝物を拾わせ、わが身を飾らせると、ジャッキーはおとぎ話の世界へと誘い込む。おもしろい話をしながら、暗い家の中を連れて回り、押し入れを開けて、幽霊や不思議な生き物を探すのだ。そんな遊びをし終えると、孫たちをリビングルームのフロアに座らせて、昔ながらの午後のティーパーティを楽しんだという。

キャロラインは、マーサズ・ヴィニヤード島にある母親の別荘レッド・ゲート・ファームにも子供たちを連れて行った。ジャッキーばあばはそこで終日、孫たちと釣りやボート遊びや水泳をして楽しんだ。キャロラインが赤ん坊のジャックをあやしている間、ローズとタチアナを菜園へ連れ出してトマトやズッキーニを植えたりもした。ジャッキーが室内の塗り替えをしながら孫たちと遊んでいるとき、インドから取り寄せた古い絨毯にローズとタチアナがペンキをこぼして、キャロラインをひやりとさせたことがあった。でもジャッキーは食事と家事を任せているスグビンにこう言っただけだった。

「別に大したことないわ。ただの古い絨毯だから」

しかし一九九三年の戦没者追悼記念日《メモリアル・デイ》（五月の最終月曜日）にレッド・ゲート・ファームに友達を呼んで乱痴気騒ぎをしたジョンに対しては、ジャッキーは孫ほど甘くはなかった。彼女の清純なる島が酒瓶と吸いかけのマリファナで汚されたと家政婦から報告を受けて、きつく説教した。「あなたのお友達は育ちが悪いようね。気をつけなさい」

いっぽうのキャロラインは三人の子供がいても模範的なゲストだった。「キャロラインは無理していい母親のふりをしているのではなかった」と家政婦のスグビンは言う。「子供たちには後始末はするように、お祖母《ばあ》さんに尻拭いをしてもらうようなことはしないように躾《しつ》けていた。子供たちもお祖母さん思いのいい子たちだった」

一九九三年八月一日、ジャッキーが愛人のモーリス・テンプルズマンが所有する七十フィート（二十一メートル強）のヨット、リレマー号（彼の三人の子供のリーナ、レオン、マーシーの頭文字を取って命名された）にクリントン大統領夫妻を招待してマーサズ・ヴィニヤード島をクルーズするというので、キャロラインも同行した。上甲板で待ち受けていると、大統領一家が到着したので、キャロラインが挨拶をしに下りて行こうとすると、ジャッキーは制して言った。「私たちは行かなくていいの。テッドが行って大統領に挨拶してきなさい」。テンプルズマンがすでに下で挨拶しているのを指さすと、ジャッキーはテッドへ顔を向けて言った。「あなたがやらなくてどうするの。彼は再選をめざしている議員さんじゃないのよ」。このやりとりにキャロラインは思わず笑い声を上げた。

やがてリレマー号は小さな無人島に錨を下ろすと、みんな泳ぎにかかった。キャロラインは弟ほど向こう見ずではなかったが、高い甲板から飛び込むのはオナシスのクリスティーナ号で何度も体験ずみだった。そこで、大統領の娘のチェルシーと一緒に鼻をつまむと、リレマー号の高さ三十フィート（九メートル強）の飛び込み板から、ダイビングした。ヒラリーは夫から二人に続けと促されて、恐ろしげに海面を見下ろした。夫だけでなく他の連中――キャロラインとチェルシーも囃《はや》したてた。「怖がるな、ヒラリー」と大統領は妻を促した。「飛べ！　飛ぶんだ！」

突然ジャッキーが海から顔を出して叫んだ。「無理しなくていいのよ、ヒラリー！　みんなのけしかけに乗ることはないわ」。ヒラリーはジャッキーの助け船にありがたく従って、怖くない下の甲板まで下りて行って、そこから海へ入った。

キャロラインとジャッキーは、いつもの年のように、労働の日《レイバー・デイ》に家族と友人たちと海浜ピクニックに出かけてマーサズ・ヴィニヤード島の農園別荘での夏休暇を打ち上げると――その足でケネディ一族の本拠地であるハイアニスポートのどんちゃん騒ぎに加わった。歌手のカーリー・サイモンと音痴のジャッキーばあばが浜辺に座ってジャック・シュロスバーグに「静かな湖畔の森のかげから」を歌唱指導するところをたまたまキャロラインは見かけた。

実に微笑ましい光景だった。キャロラインに言わせると、「子供たちとあれほど楽しそうにしている母親は見たことがなかった」。ジャッキーもそんな家族のなかの新しい役どころをキャロラインに知られることを隠そうとせず、「子供たちといると気持ちが高揚するの」と言って憚《はばか》らなかった。

孫と遊んでいると、ジャッキーはいっとき息子の心配事を忘れることができた。夏の初め、キャロラインはカリフォルニアのジョンから電話で、ダリル・ハンナとの結婚届を出してサンタモニカで式を挙げる予定だと告げられた。それはご破算になったが、それから数か月後、またカリフォルニアのジョンから電話があり、二日後にハンナとの結婚式をヴィニヤード島の母親の別荘で内輪だけで挙げると言ってきた。しかし、それを真に受けたキャロラインが仕度を始める前に、やっぱり取りやめたとの電話が入った。

キャロラインも母親もほっとした。二人ともハンナが嫌いだったわけではない。ジャクソン・ブラウンとのごたごたの実情を知って彼女に同情的だった。資産面ではジャッキーの厳しいめがねにもかなっていた。「スプラッシュ」「愛しのロクサーヌ」「マグノリアの花たち」の主役を演じた女優は、シカゴの大金融資産家ジェリー・ウェクスラーの継娘だったからだ。

それでも、ジャッキーから見ると、セクシーブロンド女優はケネディ王朝の居城キャメロン城の先導者《トーチベアラー》には向かないと思われた。陽気でぶっ飛びすぎた性格も息子には合わないと。友人のエド・

クラインも言っているが、「ジョンにとってもっとも相応しくない相手だとジャッキーは感じていた」。
当初キャロラインは、誰を好きになろうと誰と結婚しようとそれは当人の自由だと弟をかばっていた。しかし、二人のローラーコースターのような関係がタブロイド紙の餌食になるにつれて、母親の意見に賛成するようになった。弟からミス・ハンナとの結婚の是非を訊ねられて、「子持ちおばさん《オールド・マリード・レディ》」としてはこう単刀直入に答えた。「いいこと坊や、あの子はとても素敵だけど、あなた向きじゃないわ」。プライバシーをことごとく暴かれた経験を持つキャロラインからすると、ハンナのようなスターと結婚すると弟は「一瞬たりとも平和な生活はできない」と心配でならなかった。

一九九三年の十一月二十二日がめぐってきた。三十年前のこの日、父親が殺害されたという報せを受けたキャロラインは、テディベアを抱きしめながらシークレットサービスの車の後部座席に体を預け、ホワイトハウスへと戻った。そして、ジャックの未亡人と子供たちにはスポットライトが当たらぬよう、また喪失感がいや増さないようにあらゆる配慮がなされたが、あれから三十年が経《た》っても、それはなお消えることはなかった。

キャロラインはもっぱら家事にいそしんだ。ジャックを公園に連れ出し、ローズの宿題を手伝ってやる傍ら、自身は近くのジムでエクササイズをし（母親をまねてセントラルパークの池の周囲をジョギングもし）、クリスマスのプレゼントリストの作成にかかった。「キャロラインはこの数年が本領を存分に発揮している感じだった」と詩人のローズと作家のウィリアム・スタイロン夫妻の娘で友人でもあるアレクサンドラ・スタイロンは言う。「この時がいちばん幸せそうだった。きれいでほっそり痩せていて、肌もつやつやしていた。エドともとてもうまくいっていた」

いっぽうジョンには新しい女性ができた。ダリル・ハンナによく似たキャロリン・ベセットといい、身長五フィート十一インチ（百八十センチ）、体重百三十五ポンド（六十一キロ）のすらりとしたブロンド美人だった。ハンナはか弱く癖があったのに対して、ベセットはカルバン・クライン好みの物静かでシックなタイプだった。

さっそくキャロラインは「あなたの新しいガールフレンドだけど」と歯に衣着せずに弟を質問攻めにした。子供たちを遊びに連れて行った先のジャッキーばあばと盛り上がるのもダリル・ハンナの後釜の女の話だった。

母親もキャロラインも、ジョンのことでつねに心配していたのは、身体面の危険よりも精神情緒面のもろさだった。だから、キャロラインの記憶では、そもそもジョンを甘やかしていた母親は、彼が生まれながら持っている冒険好きを煽ることさえあった。ロッククライミングにしろ、スキューバダイビングにしろ、スキーにしろ、ローラーブレードにしろ、マンハッタンの渋滞の中をバイクで縫うように疾走するにせよ、ジャッキーはわが息子の恐れを知らない運動神経を誇りに感じていた。数日間、無人の原野に消えると言われても反対しなかった。

弟に比べれば慎重居士のキャロラインだったが、彼の冒険趣味については、母親と同じく「自由放任」だった。ジョンが野生の世界へカヤックで乗り出し、やがて水平線の彼方へ姿を消すと、数日後に岸辺から数フィートの海中からいきなり姿を現わしたという話を聞かされたことがあった。おかげで彼の友人たちからは〝お騒がせ屋《マスター・オブ・ディザスター》〟のニックネームを頂戴していた。キャロラインからすると気をつけろと言いたい反面、彼には危険から無傷で生還できる不思議な能力が備わっているという確信があった。実際、彼は何度もそれを証明してみせた。

しかし、ジャッキーもキャロラインも、飛行機の操縦だけは例外だった。一九八九年、ジョンはこっそりマーサズ・ヴィニヤード島で飛行機操縦の訓練を受け始めた。やがて母親に打ち明けるはめになると、待ったをかけられた。ジャッキーが反対した一番の理由は、息子には言わなかったが、愛人のモーリス・テンプルズマンに告白したところによると、ジョンが自家用機を操縦中に事故死するという予感を覚えていたからだという。キャロラインの反対はもっとありふれた理由からだった。そもそも弟は忘れ物が多く、よく問題を起こしていた。自宅の鍵をしょっちゅうなくすので、ズボンにチェインでつないでいた。ジョンは母親の気持ちに配慮して、当面はパイロットの免許を取る夢はお預けにすることにした。

十一月二十二日当日、キャロラインは例年のように、子供たちと自宅にいて、家事にかまけることで父親の死を思い出さないようにしていたが、そこへ病院から電話が入った。ジャッキーがヴァージニアのピエモント・ハント・クラブで、孫たちと遊ぶのに次いで大好きな乗馬を楽しんでいたところ、障害を飛越しようとして鞍上から投げ出されたというのだ。

そばにいた人の話では、ジャッキーは「壊れた人形」のようで、救急車が到着するまでの三十分間は意識がまったくなかった。ミドルバーグ警察のデイヴ・シンプソン署長が後に安堵の溜息をついて言ったところでは、「地元の一大事だった」

幸いなことに、近くのロウドン医療センターへ搬送され、三十四時間経過観察下に置かれた。電話で母親の容態について矢継ぎ早に質問をしたキャロラインは、二つの理由から動揺することはなかった。一つは、この種の危機に対処するのにキャロライン・ケネディ以上の人物はいなかったからだ。もう一つは、落馬というと大事件のように思われるが、キャロラインもジャッキーも過去何年もの間に数多く経験しており、今回はその一つにすぎない。もし上手な落馬法を知っている人物がいるとしたら、ジャクリーン・ブーヴィエ・ケネディ・オナシスをおいて他にいなかったからだ。

しかし、キャロライン自身は何も知らないマスコミから追いかけ回され、母親は夫JFKの暗殺三十周年を病床で迎えるなか、武器を持った浮浪者がニュージャージー州でジャッキーの週末の別荘を探していて警察に逮捕されたと知って、キャロラインはショックを受けた。ダブルデイ出版社でジャッキーと机を並べる同僚に言わせると、「キャロラインもジャッキーも変質者がたくさんいることは知っていたが、ついにそれが自分たちの島にまでやってきた」のだった。「姪はいつ襲ってくるかわからない危ない連中がいることを知って育った」と叔父（母の異父弟）のジェイミー・オーチンクロスも言う。「でも、連中にいいなりにやられてしまうやわではない。その強さはジャッキーからしっかり受け継いでいた」

母も娘もどれほどのプレッシャーに耐えてきたかわからない。それなのにジャッキーの歳を感じさせない美貌は、キャロラインはもちろん――他の誰の目にも驚きだった。

とくにキャロラインは母親の若さを自慢に感じていた――その代償として母親に禁煙させるのにさんざん苦労させられたが。母親には、このクリスマス休暇を愛人のモーリス・テンプルズマンとリレマー号でカリブ海クルーズを楽しんでもらうことにした。ところがクルーズの最中にジャッキーは腹部に刺すような痛みを訴え、咳も止まらなくなった。インフルエンザを疑って、休暇を打ち切り、ニューヨーク病院・コーネル医療センターに駆け込んだ。

連絡を受けて、脳脊髄外科の主任のキャイン・アグレスティが診察にあたった。リンパ腺の生体検査を行なった結果、悪性の癌である非ホジキンリンパ腫と判明。助かるためには、免疫化学療法を受けなければならなかった。

母親から五番街《フィフス・アヴェニュー》一〇四〇番地の自宅アパートに弟と共に呼び出されて、キャロラインは何事が起こったのかと訝った。母親は最後の最後に秘密を明かすというドラマ仕立てが大好きだった。しかし、一緒に過ごしたことがある親子でありながら、キャロラインもジョンも母親から何を告げられるか予測がつかなかった。「私、癌なの」とジャッキーはあっさりと告げたが、子供たちが駆け寄ってくると、二人を抱きとめて泣き出した。

ジャッキーは涙を拭うと気持ちを立て直した。逆境から立ち直ってみせると言って子供たちを安心させた。信じられないことに、公衆には巧みに隠し続けていた毎日二箱の喫煙をやめた。

ジャッキーはぐだぐだと生き永らえるつもりはなかった。治療を受け入れると、死が避けられないときは延命治療を拒否する「尊厳死遺言書」を弁護士に作成させた。

生き残るためにすべてを賭けることにしたジャッキーは、子供たちとモーリス・テンプルズマンと謀って病気を外には秘すことにした。ケネディ一族では、ただ一人叔父のテッドだけには打ち明けた。

ジャッキーはいつもサングラスをかけることで無表情を装っていたが、キャロラインもケネディスマイルで感情を読み取られない術を身に着けるようになった。自宅では子供たちを守るために勇猛ぶりを発揮していたが、ジャッキーの家政婦マルタ・スグビンがたまにシュロスバーグ家を訪れると、キャロラインが目を赤く泣きはらしているのを見かけることがあったという。「キャロラインは強い人だけど、とてもつらかったはずよ。母親を失うかもしれないと思うと……」

免疫化学療法を続けるなかで、ジャッキーの病気を隠すのはますます難しくなってきた。副作用で体がむくみ髪が抜ける――それをかつらやターバンやダブダブのセーターで隠しても限界があった。しかし、ジャッキーの容態が思わしくないとしても、それを公にするいわれはないとキャロラインは思った。ジャッキーの娘としてはケネディ家のプライバシーは断固として守らなければならなかった。「母親には引き続き世間に対する壁のままでいてもらいたかった」と家族ぐるみの友人は言う。「彼女は、ケネディ一族の病歴はプライバシー保護の対象になると確信していた――正直いって他人にそれを覗く権利などあるはずがなかった」

しかし、年が改まった一九九四年一月早々、ジャッキーはなんらかの声明を発表する時が来たと判断した――タブロイド紙にジャッキーは死の淵にいるとの噂を流させないためにはそうするしかないと。一月十一日、ジャッキーはナンシー・タッカーマンにニューヨークタイムズのロバート・D・マクファデンに話してほしいと頼んだ。タッカーマンは彼に、ジャッキーは非ホジキンリンパ腫の治療を受けていると告げてから、こう付け加えた。「医療陣はとても、とても楽観的よ」

そのニュースは大きな見出しで同紙の一面を飾り、世界中に広まった。キャロラインはまたしても世界中の人々の前にプライバシーをさらす苦痛に耐えなければならなかった。かつてジャッキーがライフ誌のテディ・ホワイトに言ったことだが、「こちらの苦悩を世界中が共有すればこちらの苦悩は和らぐと世間は思い込んでいるけど、それはこちらの苦悩をますます大きくするだけよ」

ジャッキーは相変わらず前向きだったので（「あと五年の命だとしても、へいちゃらよ。もう存分に走ってきたんだから」）、キャロラインはちょっとでも不安を与えないように心掛けた。三月に入ってアメリカ北西部は大雪に襲われ、キャロラインが企画立案した「ファンタジーアドベンチャー」にジャッキーばあばは大喜びした。毎日午後にローズ、タチアナ、ジョンを五番街《フィフス・アヴェニュー》一〇四〇番地のばあばのアパートへ連れて行くと、そこで何時間も遊ばせた。週末には、ジャッキーばあばはキャロラインとシュロスバーグ一家を引き連れてセントラルパークへ出かけて雪合戦に加わり、そりのロープを取ってローズとタチアナを乗せ雪上を引っ張った。

キャロラインのメトロポリタン美術館時代の同僚でいまも付き合いのある知人によると、「キャロラインはやるべきことを山ほど抱えていた。母親のことを深く心配していたが、家族のことも考えなければならなかった」。したがって、弟のジョンから政治と社交界を中心テーマにした新雑誌を立ち上げたいと聞かされたときは寝耳に水だった。

「敵側のチームに入るのはなぜなの？」とキャロラインは冗談まじりに弟に訊いた。「この裏切り者！」。ケネディ家は出版業界に人脈を築き上げていた――父親ジャックはピューリッツァー賞受賞、母親ジャッキーはフォトジャーナリストからいまや編集者、そして姉キャロラインは作家として。しかし、ジョンが描いている世界は――要するにピープル誌の政治版で、ケネディ家の出版人脈とはずれていた。

さらにモーリス・テンプルズマンに言わせると、新雑誌が成功する可能性はきわめて薄いという単純明快な事実があった。ジョンはジャッキーとキャロラインには耳を貸そうとしなかったが、テンプルズマンの意見だったら聞くとわかっていたので、彼にやめるよう説得してもらうことにした。

三月の中頃までは、ジャッキーの医師団からの経過報告にキャロラインは気をよくしていた。母親の顔色はひどくなるばかりだったが、医師団に言わせれば、それは攻撃的な免疫化学治療が効いてきて癌が撲滅されつつある証しらしかった。しかし、ある日の午後、ジャッキーは突然方向感覚を失い、自分が誰でどこにいるかわからなくなった。MRIで調べてみると、たしかに腹部と頸部と胸部の癌は消えてなくなっていたが、脳と脊髄に新しい癌が見つかった。

キャロラインは衝撃を受けた。今度は母親は免疫化学療法に加えて、頭蓋骨に穴をあけて直接患部に放射線を当てる治療を受けなければならなかった。ジョンとキャロラインは、母親の耳には届かない場所で肩を抱き合って泣いた。「ママのために強くなろう」が二人の呪文《マントラ》になった。

ジャッキーばあばは、イースター（復活祭）休暇をバーナーズヴィルの別荘で、キャロラインやシュロスバーグ家の子供たちと一緒に過ごした。キャロラインは子供時代にホワイトハウスでやった家族恒例の儀式を忠実になぞって、キッチンに集いみんなで卵の色づけをした。キャロラインの母親は免疫化学治療の副作用を隠すために明るいターバンを頭に巻いて、ローズとタチアナが庭の芝生で追いかけっこをし、その後ろをジャックがよちよち歩きで追うさまを手を叩き笑いながら眺めた。

この時期のジャッキーを身近で見ていた友人の一人ピーター・デューチンによれば、「彼女は周りの期待どおりに振る舞ってみせた――こんなことに負けてなるものかと赤ん坊のように泣きわめきたくなる」のを必死で抑えなければならないようなときでも、母親が実に明るく元気に見せていることに、キャロラインは驚嘆させせられた。

　四月、世界中から親族、友人が集められ、病状が芳しくないことが告げられた。デューチンやカーリー・サイモンなど何人かはジャッキーに直接会って行ったが、残りの人たちは回復を祈っていると本人に伝えてほしいとキャロラインに言い残しただけだった。ジャッキーのたった一人の妹はいつものことだが、ついに顔を見せなかった。

　キャロラインは母親と叔母のリー・ラズウィルが義絶状態なのは承知していた。ずいぶん前から二人の間の亀裂は深まるばかりで、叔母から名前の一部をもらい、その子供のトニーとティナとも仲のよいキャロラインは困り果てていたが、今回母を襲った悲劇で、叔母が唯一人の姉と会おうとしてくれるのではないかと期待していた。カーリー・サイモンの店でジャッキーとランチを共にした友人によると、妹とはどれくらい会っているかと訊ねたところ、こんな答えが返ってきたという。「今年に入ってからは一度だけ。リーが私をあんなにも目の敵にしているのが理解できないわ」

　その翌日、家政婦のマルタ・スグビンからジャッキーが倒れたとの報せが入った。ニューヨーク病院へ担ぎ込まれると、胃潰瘍の手術を受けた——免疫化学治療の副作用だった。キャロラインが病院に駆け付けたとき、くしくもリチャード・ニクソンが心臓発作で倒れたと知って驚いた。そしてニクソンは、ジャッキーが入院して八日後の一九九四年四月二十二日に亡くなった。

　退院したジャッキーは、トレードマークの淡青の便箋を取り出すと、子供たちへの遺言を認《したた》め始めた——それは彼女の死後に開封されることになっていた。本人がモーリス・テンプルズマンに語ったところでは、頭がはっきりしている今しか書くときはないと思ったからだった。

ジョンにはこう書き残した。「ケネディ家の一員となることがどれほどのプレッシャーの重みに永遠に耐えなければならないか、私にもよくわかっています。でも、あなたは私たちの無垢の命としてこの世に生を享け、歴史にしかるべき地位を記すことになったのです。あなたがこの先どのような人生を選択しようとも、私の願いはただ一つです。キャロラインと力を合わせ、私とケネディ家とそしてあなた自身をつねに誇り高く思えるようにしてくれることです」

キャロラインは学業に優れ弁護士にして作家であり慈善活動も主宰しているにもかかわらず、ジャッキーからすると基本は主婦兼母親でしかなかった。「子供たちは私への素晴らしい贈り物でした」とキャロラインには書き残した。「子供たちの目線からこの時代をいま一度見直すことができたのはまたとない幸せでした。彼らは私の信念をケネディ家の未来に継承してくれることでしょう。あなたとエドには、子供たちを私に付き合わせてくれた鷹揚な心に深謝するばかりです」

母親の容態が驚くほどの速さで悪化するのを、キャロラインは絶望の思いでただ見ているしかなかった。それでもジャッキーは孫たちを見ると——少なくとも週に五、六回は——元気になるのだが、さすがに宝探しや探検ごっこ《ファンタジー・アドベンチャー》はできず、キャロラインと家政婦のスグビンがお守を務めて子供たちとおしゃべりやゲームをするのをリビングルームのソファに座って眺めていた。

ときたま、わけもなく元気が湧いてきて、モーリス・テンプルズマンの腕をつかむとセントラルパークへ出かけることがあった。「あらまあ、なんて素敵なの」と五月の初め、五番街《フィフス・アヴェニュー》を下っているとき彼女はつぶやいた。「私の知る最高の春だわ——厳しい冬の後にはやってくるのよ!」

それから数日して母親の苦痛は耐えがたいものになった。キャロラインは絶望と無力感に打ちひしがれた。ジョンの友人のスティーヴン・スタイルズによると、ジャッキーは息子に電話してきて「もう我慢できない」と訴えて泣いたという。キャロラインも母親から同様の訴えを受けていた。

一九九四年五月十五日の日曜日、ジャッキーはモーリス・テンプルズマンの腕にすがってお気に入りのセントラルパークへ散歩に出かけた。本人にはこれが最後の外出になるという予感があった。キャロラインは、ジーンズに白とブルーのストライプのTシャツにスニーカーといういで立ちで、片腕でジャックを抱いて片腕でベビーカーを押しながら、五、六フィート（二メートルほど）先を歩いていた。後ろを振り向くと、母親が苦痛に顔を歪めるのがわかった。歩を進めようとしたがこらえ切れずに自宅へ戻るしかなかった。

翌日、ジャッキーは気分が優れず方向感覚も定まらないのでニューヨーク病院へ再入院した。キャロラインは肺炎を発症しているため抗生物質を投与したと告げられた。また癌が肝臓に転移しており治療の手立てはないとも告げられた。医師団からは肺炎が収まるまでこのまま入院することを勧められた。

キャロラインは驚かなかったが母親は医師の提案をはねつけた。解決できない問題の先送りは彼女の身上ではなかった。肺炎の治療は打ち切るよう医者に告げると、月曜日に勝手に退院してしまった。

五月十八日、歌手のカーリー・サイモンはジャッキーの家政婦のマルタ・スグビンから聞きたくない電話を受け取った。「キャロラインがすぐ来てほしいと言っています」。ニューポートで緊急連絡を受けたジャッキーの異父弟のユシャ・オーチンクロスも、なんとか臨終に間に合うようにと祈りながらニューヨークへ車を猛スピードで飛ばした。

サイモンとオーチンクロス以外にも、ジャッキーの枕元で最期のお別れをするために大勢の親族友人が呼ばれていた。そこで彼らが出会ったのは、数百人もの群衆――レポーター、カメラマン、回復を祈る一般市民、興味本位の野次馬――で、五番街《フィフス・アヴェニュー》一〇四〇番地の歩道に警察が警備用に据えたブルーのバリケードをさかんに押していた。

ジョンは母親のアパートの控室に集まった人々へ挨拶をする役を引き受けた。かたやキャロラインは事の次第に取り乱して玄関ホールの椅子に座ってさめざめと泣き、その妻を傍らでエド・シュロスバーグが両腕で抱きしめて慰めていた。

それから二十四時間、キャロラインとジョンとモーリス・テンプルズマンが交代でジャッキーの枕元に付き添った。ナンシー・タッカーマンに言わせれば、それは「すべての人たちにとって感動的な時間だった」。キャロラインとジョンはジャッキーが好んだ文学作品――イサク・ディーネセンとコレットの作品の一節にロバート・フロストとエミリー・ディキンソンとエドナ・セント・ヴィンセント・ミレイの詩を枕元で読んで聞かせた。

叔母のリーが、叔父のテッドと彼の再婚相手のヴィクトリア・レッジーと共に到着した。数時間後、リーは姉の寝室から涙を浮かべて出てきた。ジャッキーに別れを告げに来たある友人によれば、「キャロラインは明らかに表情を失っていた」という。

ジャッキーとの面会が延々と続き、付き添いのジョンとキャロラインもさすがに疲れ果てた。「もう遅いから」とジャッキーは小声でつぶやいた。「家へ帰っておやすみ……」。テッドも二人に帰るように促したが、数時間でまた戻ることになった。

五月十九日の午後ほどなく、セントトマス・モア教会のジョルジュ・バルデ大司教《モンシニョール》が臨終の儀式を執り行うためにアパートへやってきた。ボビー叔父がロスアンゼルスで亡くなったときは、たった二人しか立ち会うことが許されなかったが、今回はペアで臨席することができた——叔母のエセルとパットト、叔母のユーニスと叔父のサージェント、カーリー・サイモンとバニー・メロンが順次ベッドの傍らに座り、ジャッキーの手を取り、おもしろおかしなことも含めて思い出を語り合った。

午後九時十五分、ジャッキーはついに昏睡状態に陥った。隣の部屋で慰め合っていたキャロラインとジョンは、母親の枕元に付き添っていたモーリス・テンプルズマンに加わった。一時間後ジャッキーの心臓は鼓動を停止した。キャロラインは悲しみをこらえ切れなかった。堰を切った嗚咽がリビングルームに控える親族たちの耳にもはっきりと聞こえ、一同のもらい泣きを誘った。不意をつかれた親友のナンシー・タッカーマンによれば、「彼女は悲しみのあまりその場から消えてなくなりそうだった」

外の世界では、ジャッキーの容態についてのニュースを——どんなものであれ待ち望んでいた。叔父のテッドから、何か声明を発表するか、以前のようにタッカーマンが秘書役として家族に代わって話したほうがいいのではないかとの提案があった。キャロラインとしては、母親がプライバシーを守るのに躍起になっていたことをいやというほど知っていたので、どんな内容であれ声明を出す必要なと認めなかった。この時の彼女は、母親の家の外でいつ死ぬかを窺《うかが》っている報道関係者に憤りしか覚えず、「あんな連中に何か応える義務なんてないわ」と弟に言って憚《はばか》らなかった。

しかし、メディアはじきに悲報を知るに決まっていた。一族の誰かが記者会見をして静かに喪に服させてほしいと訴えるのが最善の方法だとジョンは発案し、翌朝、五番街《フィフス・アヴェニュー》一〇四〇番地の前に据えられたマイクの海の前に歩み出た。

「昨夜の十時半ごろ母は旅立ちました」と切り出した。「友人、親族、本、彼女が愛した人々と物に囲まれて、彼女らしい最期を遂げたことに、私たち一同、満足しております。いま彼女は神の御手の中にいます。ここニューヨークだけでなく、それ以外の地域のすべてのみなさんから心優しい哀悼のお気持ちが寄せられております。わが一族を代表して衷心から深く深く感謝を申し上げますと共に、なにとぞ私ども一同、一両日は静かに喪に服させていただきたくお願い申し上げます」

ジョンの願いは裏切られた。キャロラインが予想したとおり、メディアは前よりも無慈悲かつ強引になるばかりだった。テッドは、キャロラインが主張する内輪の葬儀ではなく、もっと大きな公的な葬儀を提案した。生前ジャッキーは、葬儀は幼児洗礼と堅信礼を受けたニューヨーク・アッパーイーストサイドの聖《セント》イグナチオロヨラ教会で行ない、アーリントン墓地のＪＦＫの隣に埋葬してほしいと指示、それ以外の細かいことについては子供たちに任せると言い残していた。

キャロラインは母親の遺志を頑として譲らなかった。ただし、葬儀を聞きつけて訪れる一般の弔問者のために、教会の外にスピーカーを設置することは認めた。弔問客のリストを集めて整理する余裕がなかったので、その作業はジョンにふった。

もう一つキャロラインがテッドに譲ったものがあった。ケネディ家の伝統に従って、通夜をジャッキーの自宅アパートで行なうことにしたのである。百名を超える弔問客たちは五番街《フィフス・アヴェニュー》一〇四〇番地の前で整然と待機していた。そのなかにはリムジンを連ねてやってきた有名人たちもいた。しかし、ジョンとキャロラインが姿を見せたところでその場は騒然となった。キャロラインはサングラスで涙を隠して弟に寄り添い、弟は片腕で姉を庇うようにしてアパートへ入ろうとした。その時だった。群衆の中にいた女がキャロラインの腕をつかんで連れ去ろうとし、ぎりぎりのところで警官に引きはがされた。

翌朝、ジャッキーの重厚なマホガニーの柩は、八人の担ぎ手——ジャック・ケネディの七人の甥たちとキャロラインの父親役だったシークレットサービスのジョン・ウォルシュ——によって教会の中へ担ぎ込まれた。それを見守る数百人の会葬者のなかには、芸術家、作家、実業家、名士、芸能人、政治家がおり、二人のファーストレディ——バード・ジョンソンとヒラリー・ロツダム・クリントンの顔もあった。

ジョンは葬儀の準備のなかで「三つのことが繰り返し繰り返し頭に浮かんできて、それを文字に書き取った」という。すなわち「母親の文章への愛着、家族の絆、冒険精神」。ジョンに言わせれば、「母親のエッセンスをとらえる」のにこれほどぴったりの言葉はなかった。

葬儀に関して関係者が一様に了解していたことがある。それは、母の妹のリー・ラズウィルに口出しはさせないことだった。とくにキャロラインはこの叔母が臨終の姉とほとんど時間を共にしなかったことで、とても許す気分にはなれないでいた。しかし、彼女の娘のティナには会葬御礼を朗読する係、ジャッキーのお気に入りだった息子のトニーには柩の担ぎ役を頼んだ。

母の葬儀でキャロラインに割り当てられた役目は、母も娘も詩をどれほど愛していたかを披露することだった。ジェシー・ノーマンが見事なソプラノで「アヴェマリア」を絶唱した後、キャロラインは立ち上がると、エドナ・セント・ヴィンセント・ミレイの詩を朗読した。それは、母親がミス・ポーター女学校を卒業するときに、創設者の名を冠した文学賞を授与されその副賞としてもらった詩集から選んだものだった。キャロラインはそのなかで母親が大好きだった「ケープコッドの思い出」の次の一節を詠みあげた。

耳をそばだててごらん。燃え殻の中から風が立つ。
ほら、聞こえてくる。浜辺の波の音が。

テッドは弔辞でジャッキーをこう称えた。「彼女のキャロラインとジョンへの愛は言い表わしようがないほど深いものでした。二人の業績に心を震わせ、二人の悲しみに心を痛め、彼らと過ごすのが至上の喜びでした。二人の名前を聞くだけで、ジャッキーの目は輝き、口には大きな笑みが浮かんだものです」

キャロラインとジョンはラガーディア空港まで母親の柩に付き添うと、柩がチャーターされたボーイング737機に積み込まれるのを見届けた。ワシントン国際空港に着くと、滑走路脇のタールマック舗装の特別エプロンでクリントン大統領から出迎えを受け、そのまま自動車行列を仕立ててアーリントン墓地へと向かった。キャロラインとジョンが寄り添うなか、シダと十字に組んだ白ユリを載せた母の柩は、ジャックの柩の隣りへ安置された。その片端には、死産したキャロラインの姉と、幼少時にキャロラインがその誕生を心待ちにした弟のパトリックが眠っていた。

キャロラインは、三十一年前母親がここで〝永遠の灯〟を点《とも》すのを見守っていたのを思い出しながら、クリントン大統領の弔辞を聞いていた。「彼女は尊厳と優雅と常識離れした良識《アンコモン・コモンセンス》の持ち主でした。最後までもっとも願っていたのは子供たちのよき母親であることでしたが、キャロラインもジョンも間違いなく彼女の願い以上の人生を送るでありましょう」

当の子供たち――キャロラインとジョンはそれぞれ簡単に会葬御礼を返した。やがて六十四の鐘の音が、母親の目覚ましい一年一年をそれに託して、ワシントン大聖堂から打ち鳴らされた。キャロラインとジョンはぬかずくと母親の柩にキスをした。キャロラインにとっては、六歳のとき父親の柩に同じことをして以来のことだった。キャロラインは引き下がったが、ジョンは歩を進めてＪＦＫの墓石に手を触れた。ここ数日間、キャロラインの顔には苦悩が刻まれていたが、ジョンは公衆の面前では苦悩の色をなんとか抑え込んでいた。そのジョンがいま両親の墓をじっと見つめているうちに涙をはらはらとこぼした。後ろを振り返ったジョンをキャロラインは手を伸ばして抱き寄せた。

その夜、一家はニューヨークへ飛行機で戻った。キャロラインを乗せたリムジンがパーク街《アヴェニュー》の自宅へと向かっていた。赤信号で車が止まったので、何気なく窓越しに目をやった。と、交差点で男がニューヨーク・デイリーニューズ紙を広げて読んでいて、一面には母親の写真と共に大見出しが躍っていた。

「彼女はもういない《ミッシング・ハー》」

8

母の後を継ぎ、キャメロット城の女王に

よみがえれ、懐かしの一家団欒の日々

キャロラインは岩のような頼もしい存在だ。弟ジョンの期待に応えて、気持ちを取り直して命がけで前へ進もうと思っている。

——キャロラインの従弟のジョー・ガーガン

キャロラインは責任感が人一倍強い。重要な任務を負っていると自覚している。その意味でケネディ一族であることを彼女ほどひしひしと感じている者はいない。

——ディヴィッド・マクロウ（歴史学者、友人）

この母親にしてこの娘あり。

——レッティシア（テッシュ）・バルドリッジ

ジョンとキャロラインは親友だった。

二人は真の愛で結ばれていた。

——リチャード・ウィーゼ（ジョンの友人）

「マミーはずっと泣いているの。マミーはずっと泣いているの」。三十年前、キャロラインは尼僧ジョアン・フレイにこう言って、母親の苦しみを――なんでもいいから癒してほしいと哀願した。母ジャッキーは持って生まれた優雅で威厳のある振る舞いで、世間や国民に対してはなんとか平静を装った。しかし、その悲しみはあまりにも深く大きく、身近にいる娘には隠しおおせるものではなかった。今回キャロラインが受けたのは並みの悲しみではなかった。一生背負わされるであろう心の重荷だった。

夫であるＪＦＫの死後に激しく落ち込み、幼い娘にそれを隠しきれなかった母親を責めることはできなかった。いま自分も同じような状況にあるからだ。キャロラインは自分がかつて味わった心の痛みを子供たちには味わせまいと胸に誓った。

ジャッキーの死に対してキャロライン自身も心の準備がほとんどできていなかったのだから、子供たちにはもっとなかった。キャロラインは五歳のローズと四歳のタチアナ（ジャックは生まれてまだ十六か月だった）を座らせて、ジャッキーばあばが天国へ召されたと説明した。しかし、それから数か月経《た》っても、タチアナから、今度ばあばがアパートで探検ごっこをしてくれるのはいつなのかと何度も訊かれた。

キャロラインの子供たちにとって、ジョン叔父さんは、以前から父親代わりを務める身近で大切な存在だったが、ジャッキーが亡くなってからは、前にも増して彼らと遊んでくれるようになった――ジャックをベビーカーに乗せて西七八丁目通りを散歩し、セントラルパークでタチアナをぶらんこに乗せて揺すり、街なかの自動販売機でローズのために綿あめを買ってくれたりした。

キャロラインには子供たちよりも心配な存在があった。それは、キャロラインには継父（子供たちには代理祖父）も同然のモーリス・テンプルズマンだった。彼は二十年近くも愛してきた女性を失って落ち込んでいた。一九八八年に重篤な心臓発作に襲われており、キャロラインは、母親の死は彼の健康に悪影響を与えるのではないかと心配した。テンプルズマンの友人によると、「キャロラインとジョンは毎日のように電話をして彼を元気づけてくれた。二人は彼に対して家族だと言っていた。それは二人の母親も望んでいたことだった」

キャロラインにとってもっと心配なのは弟のジョンだった。母親亡きいま、ケネディ王朝の居城キャメロン城の王子様の面倒を見る——とくに彼自身から彼を守る——責任は〝偉大な姉貴《ビッグ・シスター》〟の肩に負わされることになった。「ねえ、坊や」とキャロラインは弟をからかった。「やってられない腐った仕事だけど、誰かがやらなきゃならないのよ」。確かにその任に耐えられるのはキャロライン以外になかった。子供のころから彼女を見てきた元乳母のナンシー・モード・ショウによれば、「キャロラインはジョンを怒らせずに従わせるコツを知っていた」

キャロラインが心配するネタには事欠かなかった。ジョンはキャロリン・ベセットに気持ちが惹かれていたが、ダリル・ハンナとも関係を引きずっていた。母親の葬儀から二週間しか経っていないのに、ハンナがケネディ一族の本拠地ハイアニスポートでジョンとケネディの従弟妹《いとこ》たちと戯れているのを目撃していた。

どう見てもハンナはジョンと結婚する気だったが、キャロラインはそれは厄介を抱えることになると弟に釘をさした。モーリス・テンプルズマンによると、母親の蓄財は一億五千万ドルとされた。母親は遺言執行人にテンプルズマンと弁護士のアレクサンダー・フォルジャーを指名していたが、子供たちからすると、母親の遺志が実行されて結果オーライだった。

彼女の家屋敷の大半はキャロラインとジョンで折半された。その上で、元秘書のナンシー・タッカーマンに二十五万ドル、姪と甥のティナとトニー・ラズウィルにそれぞれ五十万ドル（ただし彼らの母親でジャッキーの妹のリーには「生前に十分してあげたので」、一ドルも遺さなかった）、長い間メイドを務めたプロヴィ・パレデスに五万ドル、そしてもう一人の姪――異父妹ジャネット・オーチンクロス・ラザフォードの娘のアレクサンドリアに十万ドルが遺贈された。

ジャッキーが言い遺したのは遺産の目録だけではなかった。ジャッキーのボディガードを務めた元シークレットサービスのジョン・ヴィッジアーノによる、キャロラインとジョンの警護に関わる身の毛もよだつ調査報告もその一つだった。ヴィッジアーノによると、キャロラインを危険にさらすストーカーはケヴィン・キング以外にも三人いた。一人はブルックリンの住人で、その男はエド・シュロスバーグでなく自分がキャロラインの本当の夫だと思い込み、自分のオフィスからエドに何度もそう電話してきた。もう一人は、二人の子供は自分の実子でかどわかされていじめにあっていると信じきっていた。もっとも厄介と思われるのは、ジャッキーのアパートの玄関口にやってきて、ジャッキーと子供たちを愛しているから心中しようという男だった。

ヴィッジアーノの報告書はこう結ばれていた。「こうした著しく精神の安定を欠き、相手に付きまとう気質の持ち主たちは、オナシス夫人の遺族たちにとって、身の安全に関わる脅威となるだろう」

キャロラインにとって、マスコミに居所を暴かれないようにする以外、こうした脅威に対処する方法はほぼなかった。かたやジョンはこの警告にほとんど関心を払わなかった。そんなことよりも新しい政治雑誌を創刊する構想で頭がいっぱいだった。それに疑問を抱いていたキャロラインが雑誌の名を訊ねると、ジョンは「ジョージ」と胸を張って答えた。

「何から取ったの？」

「ジョージとくれば――ワシントンだろう」とジョンは返すと、困惑気味のキャロラインを見つめた。

「われらが建国の父さ」

キャロラインとしては、ジョンの雑誌創刊の野望は収まらなかったが、ダリル・ハンナがロスアンゼルスへ――ジャクソン・ブラウンの腕へ再び戻ったことで一安心した。これで焦点は、一九九三年の秋以来ジョンが何度か逢瀬を重ねている謎の女――キャロリン・ベセットに移った。

いっぽう世間はいまだジャッキーに別れのセレモニーを続けていた。それは、ジャッキーの死が驚くほどの速さ――彼女の病気が公表されてからわずか四か月――だったために、多くの人々にはすぐには忘れがたかったからだ。とくにキャロラインを感動させたのは、その夏、ニューヨーク市がセントラルパークの貯水池にジャッキーの名を冠して彼女の功績を称えたことだった。ジャッキーが一・五七マイル（二・五一キロ）のジョギングコースを走るのを見かけたことがある公園職員に言わせれば、「彼女はこの池の水と同じぐらい公園の主だった」。さらに、四六丁目通りにある舞台芸術高校は、ジャクリーン・ケネディ・オナシス高校と改名され、一九八〇年に大ヒットを飛ばした映画「フェーム」と同名のテレビシリーズの舞台となった。

二人の子供とも母親の五番街《フィフス・アヴェニュー》のアパートに住みたいとは思わなかった。思い出がいっぱい詰まりすぎているからだったが、それに加えて、モーリス・テンプルズマンから、巨額の税金がかかるので、使うつもりのない不動産は手放したほうが賢明だと忠告されたからでもあった。そこで、一九九五年一月、石油王のデイヴィッド・コッチに九千五百万ドルで売却することにした。キャロラインは引越し業者が母親の遺品を運び出すところを見届けには行かなかったが、ジョンは向いのビルの玄関口に腰掛けて、それをじっと見守った。「いかにもあいつらしかった」とジョン・ペリー・バーロウは、すでにニューヨークで一番トレンディな、ノースモア通りのトライベッカ地区のペントハウスに引っ越していた友人について言った。「とてもセンチでいいやつなんだ」

一九九五年一月二十二日、ローズ・ケネディが百四歳で他界した。キャロラインは母親が亡くなって八か月後の悲報に、ジョンよりも大きな喪失感を覚えた。それには理由があった。長年ローズの秘書を務めたバーバラ・ギブソンによれば、ジャッキーが「ジョンをローズから遠ざけた」からだという。「彼女は息子を〝いかにもケネディ家風〟にはしたくなかった。そこで、祖母に近づけないように相当気を遣っていたように思う。その反作用で、キャロラインとローズは親しくなった――お互いに手紙をやりとりして。ローズはジョンにはほとんど関わることはなかった」

しかし、ジョンは明らかにケネディ一族が持つ政治的才覚を備えており――少なくとも政党の幹部はそう信じていた。ブラウン大学を卒業すると、ジョンには、ニューヨーク州とマサチューセッツ州からの国政出馬要請が相次いだ。キャロラインにも同様の要請があったが、選挙になれば彼女自身と家族のプライバシーが詮索されることを嫌って受けなかった。弟に対しても、「ケネディ一族の誰かを出馬させたがっているだけよ」と言って断念させた。

キャロラインは新雑誌「ジョージ」についても否定的で、弟には、雑誌ビジネスはリスキーだというテンプルズマンの警告を伝えた。一九九五年三月、実用誌「道路とトラック」から女性誌「エル」まで二十二の雑誌を発行するアシェット・フィリパッキ社から、五年間で二億ドルもの大枚をはたいてもいいとの提案があった。しかし、キャロラインは、弟に求められているのは単にケネディ家の一員というスター性だけだと忠告した。「姉はとても賢い女性だ」とジョンは友人に言った。「僕は、誰よりも彼女の意見を高く買う」

もちろんジョージ誌に投資しようという連中には、ジョンがもたらしてくれるだろう広告や購読者だけでなく、有力インタビュー対象者も魅力だった。米国アシェット社の社長デイヴィッド・ペッカーに言わせると、「彼はほとんど誰とでもつながる仲介役」だった。その点で、ジョージ誌の出資者を失望させることはなかった。ジョンの雑誌の後ろには有名人が山と控えていたからだ。

しかし、ジョージ誌の創刊が近づいた九月、キャロラインの目に弟はげっそりやつれて見えた。原因は不明だが、三週間で体重が十五ポンド（六・八キロ）も落ちた。キャロラインは、父親のアジソン病（その真因は致命的な免疫不全にあった）と母親の非ホジキンリンパ腫が頭に浮かんで、弟に医者に行かせた。さっそく一家の掛かりつけのニューヨーク・ホスピタル―コーネルメディカルセンターで検査してもらった本人から、結果が電話で知らされた。それによると、たんに張り切りすぎによる甲状腺の亢進によるものだった。

新雑誌の発刊発表のきっかり一週間前、ジョンはベセットの指にエメラルドとダイヤをちりばめた小ぶりの指輪をはめて、結婚を申し込んだ。彼女の返事は「考えてみる」だった。

煙にまかれたジョンは、姉に、かなり傷ついたと訴えた。そもそもキャロラインはわざとつれないふりをして煙にまくタイプだったから、彼女のコメントは女に追いかけられることになれている男には説得力があった。キャロラインはこれまでも弟の心の支えとなってきたが、彼の選んだ道を黙って認めたわけではない。この二年間、ベセットが元のボーイフレンドのマイケル・バージンをだしに使ってジョンに焼き餅をやかせているのを、離れたところからしっかり観察していた。このバージンをめぐって弟とはよく口論になったが、この男はジョンより十歳以上は若く、一時カルバン・クラインのパンツ一枚の格好でタイムズスクエアの屋外広告を飾ったことがあった。

ベセットはニューヨークのナイトクラブでもさかんに浮名を流していた。ブッダ・バー、メルク・バー、MKなどの常連で、若い業界系《ファッショニスタ》の連中と一緒に、コカインを楽しんでいた。友人たちによれば、彼女はドラッグを気分転換にたしなむ程度で溺れることはないようだったが、キャロラインとしては、弟がダウンタウンのドラッグカルチャーに引き込まれることを怖れていた。

ジョンには、友人のジョン・ペリー・バーロウに言わせると〝ボヘミアン癖〟があり、それには麻薬を嗜むことも含まれていた。「ジョンは麻薬にははまってなかったが、人生を好きなように生きたいやつだった。政界デビューから遠ざかったのもその癖が関係していた。政治に関わるとすべてを外にさらすことになり、それでわが身と家族の名誉を危険にさらすのはまっぴらだったからだ」

ジョンは、もしベセットが結婚を受け入れてくれたら、婚前同意書をモーリス・テンプルズマンにチェックしてもらうと約束した。姉としては、「あなたたちは何事も彼に意見を求めなさい」という母親の遺言をわざわざ弟に思い起こさせる必要はなかった。

ジョンは体調の不良と恋愛の不調を乗り越え、一九九五年九月八日、百六十人を超える報道陣を前にジョージ誌創刊の記者会見に自信満々で臨んだ。キャロラインは夕方のテレビニュースで会見の模様を見たが、弟のこんな当意即妙なやりとりに思わず笑い声を上げた。「これほど多くのみなさんを前にするのは、私が初めて受けた司法試験の結果が出たとき以来です」。そして、「指揮官として出版業界の一大ベンチャーを成功に導きたい」と宣言した後、私生活に関わる厄介な問題に対して巧みな受け答えで機先を制した。「たしかにそうです。でもね、単なる親しい友人の関係ですよ。それは、下種《げす》の勘ぐりってやつじゃないですか。これほんとうですが、彼女はロードアイランド出の私の従妹です。お互いちゃんと衣服は着用してました。はい、たぶんいつかはね。でも、ニュージャージーではないですよ」。キャロラインは魅力的で巧まざるウイットに富んだ会見に感心して、弟に祝福の電話をかけた。しかし、モーリス・テンプルズマンと同じく、ジョージ誌がうまく軌道に乗るとはどうしても思えなかった。

ジョンを鳴り物入りの表看板にしたジョージ誌の出だしは大成功だった――しかし人件費が莫大にかかった。ジョンはベセットとは時間を共にできなくなった。パパラッチに追いかけ回されるので彼女が公の場に出かけられなくなったこともあり、二人の関係は崖っぷちに立たされた。キャロラインはベセットの置かれている状況に理解を示して、ジョンに我慢を求めた。「この生活に彼女を一晩中付き合わせるなんて無理でしょ。公平になりなさい――もっと大人になって。あなたならやれるわ」

ジョンはいつもいつも姉に従うわけではなかったが、誰よりも彼女の意見を尊重していたのは間違いなかった。その逆もまたしかりだった。ハーヴァード大学ケネディ行政政治スクールの理事の一人によれば、「姉と弟のどちらかの了解がなければ、ほとんど何も決まらなかった」「ある案件について二人の意見が異なると、それぞれの流儀で侃々諤々の議論が延々と始まる」と二人に共通する数少ない友人の一人は言う。「でも、喧嘩別れにはならないし、問題の先送りもない。互いを認め合って――とにかくいつも一緒にいたい二人だった。そんな家族ってめったにない」

友人によれば、母親が死んでからは、キャロラインが「弟の目安箱であり、告解を聞く司祭役」をもっぱら引き受けることになった。毎日電話をかけ合い、行きつけの人目につかない店でランチを共にした。なかでもお気に入りはセントラルパークの南側の「サン・ドメニコ」で、いつもいちばん奥に席を取った。同店のマネージャーのマリサ・メイによれば、「二人は何時間も過ごして、よく笑っていた。彼はいつも別れ際に彼女にさよならを言ってキスをした」

シュロスバーグ家のアパートから近くの騒がしいイタリアレストラン「ココ・パッツォ」にも二人はよく立ち寄った。「キャロラインはよくジョンを笑わせた」とジョン・ペリー・バーロウは言う。「彼女はとても洗練されていて、ブラックユーモアの名手だった。人が持っている愛嬌のある欠点を見つけてそれを痛烈に批評する。野卑ではないが、それを笑い飛ばせる器量がない人は、キャロラインのジョークの対象にはなりたくないだろう。とにかく外科医のように単刀直入だから」。長年来の友人のジョージ・クリンプトンによれば「キャロラインは、友達や家族の間では笑いを生む泉のような存在だった」

いっぽうバーロウは、キャロラインの鋭いウイットを「長年耐えなければならなかった理不尽なことへの防衛行動」と見る。キャロラインは母親と同様、政治家、芸能人、名士などの物真似がうまかった。もっとも得意としたのは叔父のテッド・ケネディと母親のジャッキーだった。ジョンの友人によると、「ジャッキーをまねて、威風辺りを払う態度をしてみせると、ゆっくりと息継ぎなしに話し出す。でも、母親を馬鹿にしたところはまったくなかった。物真似とはその人に対する形を変えた賞賛である。ジャッキーもそれをわきまえていて、ホワイトハウス時代、リンドン・ジョンソンからネルーまで物真似をしてみせた。そして、娘に真似された自分については、本心では、ちょっとやりすぎだと感じていた」

ジョンは生活を「公」と「私」にきちんと分けようとするいっぽうで、キャロラインは両親の遺業をしっかりと引き継ぐ決意を固めた。ケネディ記念図書館支援財団の理事長に続いて、母親のバレエと景観保全への高い関心に敬意を払って全米バレエ・シアター協会とニューヨーク市民委員会の理事を引き受けた。キャロラインはどちらの仕事もよく知られたケネディ家の猛烈ぶりでこなした。ケネディ記念図書館の上席スタッフに言わせると、「彼女はふだんはとても剽軽《ひょうきん》で気さくだが、いったん仕事になると、ひたすら集中する。話しかけるときは、こちらの目をじっと見つめて、母親のように息継ぎなしでだらだらしゃべることもない。使命に燃える人という印象を与える反面、ジョンと一緒のときはとたんにお気楽モードになってしまう」のだという。

キャロラインは個人的な体験を生かして『プライバシー権』という二冊目の著作をエレン・アルダーマンと共同執筆して出版した。ロースクール（法律系大学院）で同期の彼女と手分けして、プライバシーの侵害を体験した普通の人々を取材してまとめたものだった。そのなかには、ホテルでマジックミラーが仕掛けられているのを発見した若いカップル、ボーイフレンドに彼との性交渉をビデオで隠し撮られて彼の仲間に回覧された女子高生、許可なく写真を使われた人、インターネットで個人情報を盗み取られた人などがいた。キャロラインは補足取材のために、ビバリーヒルズに飛んでラリー・フリントにインタビューした。一九七三年にジャッキーのヌードを掲載しそれで部数を大幅に伸ばしたハスラー誌の発行人で、一九八二年にはシック誌にダイビングするブタの写真を勝手に掲載して持ち主の動物訓練士から訴えられて敗訴していた。「腕のいい弁護士事務所に依頼すればよかったという問題ではないわ」とキャロラインはセックスをする男女の裸体の銅像に囲まれるなかで言った。「要するに、他人の写真を許可なく使っただけの話でしょう。よその人はいざ知らず、私には論外よ」

これまで金魚鉢の人生を強いられてきたキャロラインには、どんぴしゃりの話題だった。彼女は人並みでありたいと――付きまといをなんとかやりすごしながらジョンと一緒に地下鉄に乗ったりもしていた。そのキャロラインがまたぞろ出版で外に打って出たのでメディアは驚いた。「ケネディ、いよいよ表舞台に登場か、本の宣伝販促のため」とタイムズ誌のエリザベス・グリークは書き立てた。「私の人生にとって大きな出来事だったわ」とキャロラインは認めたそばから慌てて付け足した。「ほとんどは仕事で外出しただけよ。ときどきカメラで狙われたり、追いかけられたりもするけれど……いつもいつもというわけではないわ。信じてもらえないでしょうけれど、私の生活のほとんどは普通の人以上に人目につかないものよ」

キャロラインとアルダーマンが本を書くなかで、キャロラインが有名人であることが障害になったことはなかった。もっとも厄介な目にあったのは、駐車料金を払い忘れてシカゴ警察から服を脱がされる身体検査を受けるはめになったことだ。幸い、キャロラインが有名人であるために検査を見逃してもらえた。後に彼女も言っているが、「あれには救われた」。かくして（シュロスバーグの名は外して）キャロライン・ケネディの著者名で刊行された『プライバシー権』は、たちまちニューヨークタイムズ紙のベストセラーリストに躍り出た。

一九九六年一月末、まだキャロラインが出版した著書のサインやインタビューに応じているころ、ジョンと恋人がニューヨークはワシントンスクエア・パークで声を荒げて押し合いの喧嘩をしているところをビデオに撮られた。これを観たキャロラインは、普通の人々と同じように、かつてジョンとダリル・ハンナが公衆の面前で何度も繰り広げたいさかいを思い出した。

「ジョンの取り乱しようといったらなかった」とジョン・ペリー・バーロウは言う。「およそジョンらしくなかった」。かたやキャロラインは「またか」という程度で、ジョンとベセットの乱痴気騒ぎに対するケネディ家の反応を訊ねられると、「プライベートなことだから」と鼻であしらった。「別に話すことはないわ。ジョンがうまくやるでしょう」

ジョンは自分が起こしたみっともない事件を気に病んで、一族を世間のさらしものにしたことをキャロラインに繰り返し謝った。二人とも思いは同じだったが、もし母親が生きていたら烈火のごとく怒っただろう。キャロラインは弟の気質をよくわかっていたが――彼は大学時代に母親と口論になってその腹いせに壁に拳骨を食らわしたことがあった。しかし、キャロラインにとってもっと気がかりだったのは、あの気まぐれなミズ・ベセットが弟に与える心理的な影響だった。ブラウン大学でジョンと同窓だった男に言わせると、「キャロラインはジョンが女に振り回されるのを見たくなかった。その点では彼女は母親と瓜二つだった」

キャロラインとジョンは、ケネディ家の一員である以上はたとえ死んだとしても、しばらくはスポットライトから逃れることはできないことを思い知ることになった。一九九六年四月、死んだはずのジャッキーが舞台の中央に躍り出た——ニューヨークで彼女の遺品千百九十五点がサザビーのオークションにかけられたのである。この歴史的なオークションはジャッキーが生前に認めていたもので、三千四百四十六万千四百九十五ドルがキャロラインとジョンのもとに転がり込んだ。

ジャクリーン・ケネディ・オナシスの財産目録づくりの前に、キャロラインは数か月かけてすべての仕訳を行なった。彼女とジョンがこれだけはとっておきたいと思ったもの以外は、ケネディ記念図書館に寄贈展示することにした。最終的に、四千五百枚の写真、三万八千ページの文書、二百点の美術工芸品——母親がジョン・フィッツジェラルド・ケネディとの結婚式に着用したウエディングドレスも——を寄贈した。

JFK愛用のゴルフクラブ、ロッキングチェア、葉巻入れに加え、背もたれ椅子やジャッキーの衣装や宝石類までも売りに出すことを冒涜だと見る人たちもいた。しかし母親の遺品をオークションで処分しないと税金ですべてをなくしてしまうことになるというモーリス・テンプルズマンの助言を入れて、そうした批判をする人たちには、「母親の遺志ですから」で押し通した。ジャッキーも大いに喜ぶ結果になったことは誰の目にも明らかだった。ジャッキーの友人のダイナ・メリルも言った。「なに言ってるの。いちばん胸が躍ったのはジャッキーに決まっているわ」

しかし、ジョンのジョージ誌についてはジャッキーの胸は躍るどころではなかったろう。マリリン・モンローがＪＦＫに「ハッピーバースデー、ミスター・プレジデント」と歌いかけるあの有名なポーズをドリュー・バリモアが真似た写真が一九九六年の九月号の表紙を飾って、売れはしたが顰蹙《ひんしゅく》も買ったのである。「僕にはさっぱりわからない」とジョンは批判にやり返した。「これを薄っぺらだという人がいるのが、アメリカ政治シーンで人々の頭に焼き付いて離れない歴史的な画像じゃないか」。友人の一人に言わせれば、キャロラインはこれについて公的には一言も発しなかったが、「弟はなんとみっともないことをするんだとひどく失望し動揺もしていた。母親が生きていたらどう思うかを気づかせようとしたが、ジョンは頑として言うことをきかなかった。でも、本人は失敗したと自覚していたと思う」

キャロラインはドリュー・バリモアのこの愚かな一件にいつまでも気を取られてはいなかった。それが鎮まる前に、弟の超内輪《トップシークレット》の結婚式に着て行くドレス選びに気持ちを切り替えていた。これをやりおおせるのは超難度のスタント並みよと弟をからかったが、一九九六年九月二十一日、ジョン・ケネディとキャロリン・ベセットは報道陣と野次馬をまんまと出し抜いて極秘結婚式を挙げたのだった。

プライバシーに人一倍敏感なキャロラインには、ジョンと共に結婚式を企画立案から当日の運営まで見事に仕切ることができて、喜びはまた格別だった。四十人の招待客がジョージア州の大西洋岸の沖合に浮かぶカンバーランド島で四日間を過ごすために、極秘裏に自家用機かヨットでやってきた。招待客たちは島でたった一軒のグレイフィールド・インに逗留した。「みなさんには窮屈な生活を我慢してもらった」と宴会担当のジョディー・サドウスキーは言う。「部屋にはバスタブだけ。シャワーは全部で一本。しかもホテルの外。だから毎朝、その前に長蛇の列ができる。あのマリア・シュライヴァーが毛羽立ったスリッパを履いて私のすぐ後ろに並んでいました」

キャロラインはホテルの広いキッチンを司令本部にすると、そこから指示を飛ばし始めた。「どこで何があっても責任と指揮は私が取るからとキャロラインには言われていた」とサドウスキーは往時を振り返る。「そして、たしかにここぞというところに彼女はいつもいた」。エド・シュロスバーグが妻の邪魔にならないようにと子供たちの面倒を見るいっぽうで、彼女は叔父のテッドとすべてをてきぱきとこなしていった。サドウスキーによれば、「テッドとキャロラインはいつも一心同体で、互いに話し合い、食事を共にして、密議をこらしていた」

結婚式はファースト・アフリカン・バプテスト教会の小さな礼拝堂で、親族だけで執り行なわれた。母方の従弟のトニー・ラズウィルが花婿の介添え役、キャロラインが花嫁の介添え役、娘のローズとタチアナが花嫁の付き添い少女、そして三歳の息子ジャック・ケネディ・シュロスバーグが結婚指輪を運ぶ役を務めた。花嫁のキャロリンが床まで届く四万ドルのシルクのクレープガウン姿で現われると、ジャックは「なんであんな服を着ているの」と叫び、キャロラインは目を丸くして笑い声を上げた。親族以外で結婚式に出席していた友人の一人、ジョン・ペリー・バーロウによれば、「教会に入ってきたときのキャロリンは、さながら美人の幽霊のようだった」。髪を後ろで束ねていて、それはジャッキーから譲られたジャッキーの形見の櫛で留められていた。

結婚式の晩餐の席で、叔父のテッドはまたしても感動的な乾杯の挨拶をして出席者の涙を誘った。「ジャックとジャッキーは新郎新婦をきっと誇りに思うことでしょう。そして、その深い愛を受けて、彼らは共に手を携え未来に向かって歩むことでしょう」

信じられないことに、この〝事件〟をマスコミが報じたのは二日後のことだった。結婚式の最中に、ナショナルエンクワイアラー誌のカメラマンが小型機に乗って礼拝堂の上空へやってきた。参列者たちは芝生に立って空を見上げて一斉に飛行機を指さした。サドウスキーによると、「もちろん、誰も大したことだとは思わなかった」

マルタ・スグビンによると、キャロラインは「とてもご機嫌だった。ジョンが幸せそうなので。私たちもそうだった」。しかし、すでにマスコミから「キャメロット城の新しい女王」との称号を与えられてキャロラインはまんざらではなかったが、そのマスコミに神経質なミセス・ベセット・ケネディが生活をめちゃくちゃにされないかと心配だった。

ジョンとキャロリンが新婚旅行――トルコに三泊したあとアテナ号で十日間エーゲ海のクルーズ――から帰ってきた数日後、キャロラインはシュロスバーグ家のアパートで義理の妹のために結婚式後初のパーティを催した。彼女はアパートに着くなり、カメラマンに襲いかかられた。「お願いだから」とキャロリンはフラッシュから目をふさぐと哀願した。「目が見えないじゃないの」

キャロリンがキャロラインに打ち明けた話では、不意をつかれて、パパラッチから狩りの対象にされる動物という感じだった。キャロラインはこう慰めと励ましの言葉をかけたという。「時が経《た》てばプレッシャーも薄れてきて、うまく応対できるようになる。当初はジョンも私もレポーターとカメラマンには全力であたったものよ。あなたはまだ初心者、そのうち慣れてくるわ」

しかし、そうはならなかった。ジョンの友人のリロイド・ハワードは言う。「キャロリンに言わせると、カメラマンに生活をめちゃくちゃにされた——自分の家の玄関から外へ出ようとしたら、いきなりカメラを顔に向けられるなんて普通の人には理解できないだろう。彼女はジョンの対応に感心して、彼にはいろいろ教えられたと言っていたが、つらい試練であったことは間違いなかった」

ジョン・ペリー・バーロウに言わせると「キャロリンは激しやすくて、なんにでも反応してしまう人間だった」。彼女はストレスで心が折れ、別の友人によれば、「つねにジョンと一緒にいて頼りきっていた」。そんな折りも折り、ジョンは車を停めて待ち伏せしていた女性カメラマンを見つけて怒りを爆発させた。ボンネットに飛び乗ると、フロントガラスに顔を押し付けてわめいた。「いいか、お前が誰かはわかっている。ここからつまみ出してやる。俺たちのじゃまをするな!」。びっくりしたカメラマンが窓ガラスを開けると、ジョンは車の中へ腕を伸ばして彼女の襟をつかんだ。

キャロラインは弟に跡継ぎの可能性についてそれとなく探りを入れたが、妻のキャロリンには、少なくとも当面はその気がないことがわかった。バーロウによると、「二人が望んでいたのは、まず身辺が落ち着くことだった」。それでも息子の名前だけは、「フリン」と決めていた。

ジョン夫婦が早々と子づくりをあきらめたのも無理はなかった。不妊治療を受けながらも何度か流産を繰り返すなかで、二人は一緒のベッドに寝ないようになっていた。これに根も葉もない噂話が加わって、ジョンの妻が絶望のどん底へ突き落とされるのを、キャロラインはつらい思いで眺めていた。

妻の鬱《うつ》症状が外目にもわかり始めたころ、ジョンは政治に打って出る決断をした。ニューヨーク州選出の現職上院議員ダニエル・パトリック・モイニハンが二〇〇〇年の選挙には再出馬する意思がないと知り、一九九七年一月、民主党ニューヨーク委員会の委員長ジュディス・ホープにモイニハンの後継として出馬したいむねを相談した。それを知ったキャロラインは、出馬が決まればもちろん応援するつもりで弟に熟考を促した。公職につけば私生活の犠牲は避けられないがその覚悟と準備はできているのか？　妻のキャロリンに覚悟と準備はできているのか？　結局、ジョンは妻の精神衰弱があまりにひどいので出馬を断念、政治的野心は当面封印することにした。

キャロラインは、弟の結婚生活に心を痛めていたが、空を飛びたいという弟の関心が再燃していることのほうがもっと気がかりだった。猛反対したに決まっている母親がいないのをいいことに、彼はパイロットのライセンスを取ろうと決め、その第一歩として一九九六年八月に超軽量機のバックアイを購入していた。この動力付きパラシュート機には操縦ライセンスは不要なので、二日間のレッスンを受けて、すぐさま大空へと飛び出した。それから二年間というもの、この動力付きパラシュート機のことは、所詮はおもちゃの飛行機だと思って、キャロラインも妻のキャロリンも問題にしなかった。たしかにそれは、ジョンも繰り返し言っていたように、操縦するのにライセンスもいらないような代物だった。

キャロラインには、なぜ弟がどんな形のものであれ空飛ぶ機械を操縦することにこだわるのか、見当はついていた。弟が子供のころ、大統領専用機《エアフォースワン》は自分のものではないことを諭してやったものだが、長じてからの彼にとって、カメラマンとマイクと好奇の視線から解放される数少ない場所の一つは、自家用機の操縦席にいるときだからだった。

落陽に向かって飛行するというジョンの夢は、ケネディ一族の従弟妹《いとこ》たちの何人かには受けたかもしれないが、それが実現する前の一九九七年夏、一族は二件のスキャンダルに見舞われてたじろいだ。ボビー叔父の次男で下院議員だったジョー・ケネディ二世が任期途中でマサチューセッツ州知事選挙に出馬のさなか、十二年間連れ添った妻のシーラ・ローチから離婚訴訟を突き付けられ醜く激越ないさかいになった。さらにジョーの弟マイケルの事件はもっと破廉恥で年下のベビーシッターと関係を持ったことで訴えられたのである。

ジョンはこの事件に乗じて、ドリュー・バリモアにマリリン・モンローの真似をさせた表紙と同工異曲のアイデアで、落ち目の雑誌の挽回を図ろうとした。一九九七年九月号の表紙をジョーとマイケルの写真で飾って「悪ガキ兄弟の見本」との烙印を押そうという編集者のアイデアに乗って、ケネディ一族の従弟妹《いとこ》たちの結束にひびを入れたのだった。「一方は後ろに恐妻、かたや若い女と無分別な火遊び」に加えて、ジョン自らも裸のシルエットで表紙に登場、「リンゴの木の下に座ってはならない！」の見出しのもと、地面に座って禁断の果実を見上げるポーズをとった。

マイケルは、背中から闇討ちを食らって深く傷つきながらも、ジョンのことを「従弟ではないが友達だ」とかばった。しかしジョーは彼ほど寛容にはなれなかった。「僕がまず思ったのは、従弟のことをあれこれいう前に、自分の雑誌のことを考えろ、だね」。ジョーはそれから間もなく知事選から下りてしまった。

キャロラインは、弟による一族への理由なき攻撃に驚いた。たしかに母親はヒッコリーヒルに邸がある故ボビー叔父の悪ガキたちを困り者だと嫌ってはいたが、世間に対しては彼らと〝統一戦線〟が組めると信じていた。キャロラインも母親と同じ考えだった。キャロラインの友人によれば、雑誌の売り上げのために一族を利用するというジョンのアイデアは、「彼女には許せなかった。なぜそんなことをするのかとジョンをなじった。彼女にしてみれば、世間の多くの人々と同じように、あれはやってはいけないことだった」

その週のジョージ誌は、予想どおり、ニューススタンドで飛ぶように売れた。ジョンはそれを祝って友達三人とアイスランドで八日間、カヤックに興じた。ジョンは帰国するや、その足で妻のキャロリンを伴ってマーサズ・ヴィニヤード島へ飛んだ。八月二十日、キャロラインとエドと合流して、ビルとヒラリー・クリントン夫妻をディナーで接待するためだった――ちなみにそれからきっかり一週間後、大統領はモニカ・ルインスキーと性的関係を持ったことを妻に打ち明けることになった。

クリントン夫妻に親近感を抱いていたキャロラインは、ディナーの前に、彼らを誘って叔父テッド・ケネディのヨット「マヤ号」でセーリングを楽しんだ。四十歳を超えたばかりのキャロラインは女盛りのころの母親と同じくすらりとしていて――一九八〇年代に母親がよく着ていた黒のツーピース姿でそれを証明してみせた。ジャッキーの友人たちは同じスーツではないかと信じたほどだった。

しかしのどかなセーリングとはいかなかった。当初はジョンとジョンに息子たちを狙い撃ちにされたテッドとの軋轢に、わが身を引き裂かれる思いがした。キャロラインは弟の側に立ちながらも、弟ときちんと話をつけると約束をした。

いっぽうでキャロリン・ベセット・ケネディの精神状態も、同じように気がかりでならなかった。ジョンは雑誌にかまけて相手をしてくれないわ、パパラッチにはニューヨークの通りを追いかけられるわで、彼女は見捨てられた気分を募らせた。それから数週間、キャロラインは、通りで、混み合った飛行機の中で――さらには部屋に閉じこもって弟と妻がやり合うのを絶望的な思いでじっと見守っていた。

この時期のジョン夫妻をよく知るカメラマンのデイヴィッド・マッガウに言わせると、「怒りを爆発させるのは、明らかにキャロリンの側だった。彼女はそれを隠そうとはしなかった」。ジョンがなぜか手の神経を切断する怪我を負って病院に駆け込んで緊急手術を受けたときも、原因は「キッチンでの単なる事故」とされたが、どう見ても説得力に欠けていた。二人の別の友人によれば、「どちらも気まぐれで、荒っぽかった、そのことをキャロラインは知っていて、このままでは手に負えなくなると心配していた」

結婚生活が砕け散ろうとしていても、ジョンはそれを誰にも――キャロラインにも相談しようとはしなかった。数日後ジョンは、「キッチンでの単なる事故」で怪我をしたとされる片手と上腕に添木を当てたまま、キューバへ飛んで独裁者フィデル・カストロと歴史的な会見を果たした。ジョンは、カストロとの五時間にわたるディナーの様子と、カストロが尊敬してやまない彼らの父親について語ったことを話して聞かせて、姉を大いに喜ばせた。それによると、カストロは、その翌月ダラスで起きた事件を考えると、一九六三年十月にリー・オズワルドが申請したキューバへの渡航ヴィザを拒否したことをジョンとキャロラインに詫びたという。

夏季休暇が近づくほどに報道陣の取材攻勢も加熱した。あるときジョンは付きまとう連中にヴィデオカメラを向けると、これを裁判の物証Aに使うぞと言い放った。いっぽう妻のキャロリンはその後で女性カメラマンを追いかけて顔につばを吐きかけた。

ジョンは雲隠れしたほうがいいとキャロラインは思ったが、だからといって、またジョンが密かに飛行操縦の訓練を受けている——今度はフロリダ州はヴェロビーチの「フライト・セフティ・アカデミー」で——と知ってどんなに心配しているかを伝えないわけにはいかなかった。

それから五日後のことだった。キャロラインはテレビを観ていて茫然自失した。父JFKの弟ボビーの四男マイケル・ケネディがアスペンでスキー中にモミの木に激突して死亡したというのだ。ケネディ一族伝統の肝試しフットボールの蛮行をスキーでやった結果だった。マイケルの妹のロリーは血だらけの兄の頭をかき抱くと生き返らそうと優しく揺すり、その傍らでは彼の子供たちが跪いて涙にくれた。享年三十九だった。

キャロラインは、この悲劇が繊細な弟にどれほどの衝撃を与えたかはわかっていた。わずか五か月前にジョージ誌の表紙でマイケルをさらし者にしたとあってはなおさらだった。マサチューセッツ州センターヴィルで行なわれた葬儀に出席したジョンは、それまでの葬式のどれよりも感情を抑えることができなかった。頬から涙を流しながらマイケルの弟のダグラスと固く抱き合ったが、許してもらえる気配はなかった。マイケルとセットで「悪ガキ兄弟」呼ばわりされた長兄のジョーにいたっては、ジョンに冷たく背中を向けた。

会葬者の一人によれば、「キャロラインは弟のやったことを問題だと感じていた。マイケルの無意味な死に心を痛めながら、弟も内心で悔やんでいるはずだと思っていた。彼女は涙を流していたが、それは弟がおかした罪に自分も大いに関係していると感じていたからではないか」

キャロラインもキャロリンも、マイケルの死をケネディ一族の男たちの中に流れている衝動的気質のなせるわざだと見ていた。キャロラインは叔父のテッドに妻のキャロリンも巻き込んで、ジョンに飛行操縦訓練をやめさせようとした——何よりも精神的に追い詰められた妻のこと、さらにキャロラインは死んだ母親の願いを弟に思い起こさせることによって。ジョンはしぶしぶ受け入れて、インストラクターに「家庭のごたごた」を理由に訓練をやめることを告げた。

数週間後、ジョンたちはホワイトハウスを公式訪問し、催事や舞踏会やブラックタイ着用の晩餐会などのもてなしを受けたが、外見からは彼らの結婚生活は順調にいっているように見えた。ジョンはキャロラインに、妻は元気になってつねにライトを浴びる生活にも慣れつつあり、結婚生活に一定の「安定」が訪れたと語り、こう付け加えた。妻の精神状態が落ち着いたので、飛行操縦訓練を再開することを相談できるようになったと。

ある友人も証言しているが、「キャロラインは、二人がなお問題を抱えていることを知っていて、弟に同情していた。ジョンは、妻が姉に楯突くことがないよう気を付けていたが、もちろんキャロラインは二人の不和を見通していた。だから、キャロリンがスポットライトを浴びる暮らしに慣れたように見えたときは、正直びっくりした」

そんななか、四月にジョンからパイロットのライセンスを取得したと告げられたキャロラインは、手放しで喜ぶことはできなかった。以前から愛する弟のことを「頭がよくて才能がある」と思っていたが、重度の〝うっかり症〟なのはいかんともしがたかった。彼を知っている人なら誰も——もちろん飛行操縦のインストラクターもそれは承知していた。物事に集中し同時にいくつもの作業をこなす能力——すなわちパイロットにとって必要不可欠な資質に欠けていたのである。

親友も家族も、誰一人としてジョンの操縦する飛行機には誘われても乗ろうとしなかった。キャロラインもお断わりだった。叔父のテッドも同様で、ケネディの親族のなかでいちばん親しかったウィリー・スミス（父JFKの妹ジーンの次男）も断わった。

一九九八年の秋、弟ジョンからさらに集中力を奪う出来事が次々に生じた。なかでも厄介だったのはジョージ誌の売上げの急降下だった。ジョンは夜遅くまでオフィスで働き、週末は妻のキャロリン抜きで海外出張へ出かけた。いっぽう彼女は、ファッション業界の友人や姉のローレンと一緒に過ごす時間が増えた。姉は香港に一年いて、ジョン夫妻の自宅があるノースモア通りから二街区《ブロック》先のアパートのペントハウスへ引っ越してきたところだった。

弟と気まぐれな妻との間から沸き立つゴシップは、キャロラインからするとすべてお見通しだった。二人の間には不倫とセックスレス疑惑、妻のほうには薬物疑惑（コカインと抗鬱剤《こううつざい》の乱用）があった。弟からは、妻が予備のベッドルームで寝るようになったと聞かされていた。それでも二人は、グランドセントラル駅の改修式典に、キャロラインとエドの後ろに付き従って、いかにも仲睦まじげに連れ立って現われた。十二月には、ディスコの「ターヴァン・オン・ザ・グリーン」に姿を見せ、水面下でたぎるトラブルなどおくびにも覗かせなかった。しかし、現状では、向こう三か月以内に結婚カウンセラーのもとを訪ねることは必至だった。

状況は悪くなるばかりで、キャロラインは義理の妹をますます厳しく見るようになった。とくに、ファッション業界の連中と付き合う時間が増えていることは許せなかった。ジョンの地方検察庁勤務時代の同僚に言わせると、「キャロリンは弟に不必要な苦痛ばかり与えて、正直なところキャロラインには厄介者だった」

しかし、キャロラインとジョンとの毎日の電話では、弟の結婚生活は話題にもならなくなった。一九九八年の年末、二人はシェルダン・ストライサンドとの訴訟沙汰にどっぷりはまってしまったからだ。シェルダンはあの大女優バーブラ・ストライサンドの兄で民主党の資金調達の重鎮だった。二十年前、ジャッキーは信託受託者をキャロラインとジョンにして、シェルダンとパートナーを組んで不動産投資に乗り出した。ジャッキー側はウェスタン・プロパティーズ・アソシエイツ社に七十八万ドルを投資して利益の九九パーセントを得る、かたやシェルダンはマネジメント代として利益の一パーセントを取るというほとんどリスクを取らない概要だった。なお同社はカリフォルニア、ユタ、ワシントンの三州のショッピングモールに投資を行なっていた。

キャロラインとジョンがシェルダン・ストライサンドを告訴したのは、彼が二人になんの相談もなく妻にパートナーの権利の半分を譲渡したからだった。キャロラインとジョンは彼の行為を「あくどいペテン」「卑劣な裏切り」と非難したが、シェルダンは当然のことながら非は一切認めなかった。

偶然の一致とは考えにくいが、ジョンはジョージ誌でシェルダンの有名人の妹を狙い撃ちにした。同誌のコラム「編集長が斬る」で、来るべき国政選挙について民主党への支持を訴えるバーブラを「クリントンへの盲信」で「いきすぎ」と断じたのである。

バーブラから怒りの逆襲が返ってきた。「次に何か書いたら」と彼女はジョン宛の手紙で抗議した。「あなたの言説の妥当性を憲法に照らして確認させてもらいますから。いまこの時代に、ジャーナリストが表現の自由をないがしろにするなんて考えられない。集会での演説の自由もしかり。あえて言うけれど、これは出版の自由をないがしろにすることにつながるのよ」

折しもモニカ・ルインスキー事件が弾劾裁判にかけられる大騒動にまで発展し、バーブラ・ストライサンドの「大統領への盲信」もその是非が問われることになった。

ルインスキー・スキャンダルとその後の一連の出来事は、ジョージ誌にはまさに天から降ってきた贈り物となり、一九九九年一月号の広告掲載料は一千万ドルを記録した。

しかし、キャロラインは、親しいクリントン一家が受けた衝撃——とりわけ娘のチェルシーが受けた精神的苦痛を思って心を痛めた。キャロラインがチェルシーに強く感情移入したのは、共に若くてリベラルな民主党大統領の娘であるというだけでなく、不倫スキャンダルでせっかくの名声を錆びつかせてしまった若くてリベラルな民主党大統領の娘でもあったからだ。「二人ともニクソンの娘、トリシアとジュリーとはまったく違っていた」とある上院議員の娘でケネディ家の友人は言う。「ニクソンの娘たちは父親が母親を裏切ったとは思っていない。いっぽうキャロラインとチェルシーはつねに父親の不実を見せつけられていた。だからキャロラインは、いまチェルシーは人生でつらいときにあると知ってなんとか助けたいと考えたのね」

そのためにキャロラインは、夏休みにチェルシーをマーサズ・ヴィニヤード島の別荘に誘って何時間も語り明かし、その後の秋と冬には彼女に電話をかけたり手紙を書き送ったりした。クリントン家のスキャンダルで雑誌の売上げが伸びてほくそえむ弟に対しては、「ダディーの話題でどんな思いをさせられたか忘れたの」と言って、それに巻き込まれた人のつらさを思い起こさせた。

タブロイド紙は毎週のように、ケネディ—ベセットの結婚生活の危機について相も変らぬ憶測記事を流し続けていた。しかし一九九九年五月、ホワイトハウスの記者懇親ディナーの席で、彼女がジョンの膝に腰を乗せて頬擦り合っているところを見せつけ、〝復縁〟を確実視させた。さらに二人は戦没者追悼記念日《メモリアル・デイ》（五月の最終月曜日）の週末をマーサズ・ヴィニヤード島で過ごし、地元の人々にこれまで見せたこともない楽しげな雰囲気を印象づけた。

そんななかで少々気がかりなことが起きた。ジョンが悪天候をついて、動力付きパラシュートの超軽量機「バックアイ」――地元の人々には〝空飛ぶ芝刈り機〟と呼ばれていた――で飛び立ったが、バランスを失って落下。なんとか着地はしたものの左足を捻挫したのである。

キャロラインは、脚をギプスで固定し松葉杖でよろよろ歩く弟をついついからかいながら、危ないおもちゃで空を飛ぶのはやめるように忠告した。

しかし、それは飛行操縦そのものを否定したことにはならなかった。超小型機の事故はジョンに新しいチャンスを与えることになった。彼は単発のセスナをより高速のパイパー・サラトガ機に買い替えると言い出した。弟はそれをちゃんと操縦できるのか？　キャロラインは不安に駆られた。

例によってジョンは姉の心配などさっぱり気にかけなかった。キャロラインは思い出した。そういえば弟は空を飛ぶつもりはないと〝百回も〟言い訳しながら、全米で一番の飛行訓練学校にこっそり通っていたではないか。やがて二人の話は日常の案件へと移った。今度の休暇こそシュロスバーグ家をあげてアイダホで筏下《いかだ》りをする長年の夢を実現させたいとキャロラインは語ると、ハイアニスポートで執り行なわれる従妹ロリーの結婚式に話題を切り換えた。「わかった。キャロリンと僕も行くから」とジョンは姉に請け合った。「約束するよ」

9

最愛の弟の死を超えて、ケネディ王朝復活へ

永遠に忘れない、難産の末生まれた弟・ジョンのことを

彼はケネディ家の一員として一族みんなを愛していたが、わけても姉のキャロラインが好きでたまらなかった。

――テッド（エドワード）・ケネディ

母親は逝き、父親は殺され……彼女はいまやたった一人になってしまった。
――ジャック・ヴァレンティ（全米映画協会元会長）

ひたすら歩くしかない。前へ前へと。さもないと置いてきぼりをくってしまうから。
――キャロライン

一九九九年七月二十一日　午後四時三十分

キャロラインがわざわざ頼むまでなく、叔父のテッド（父JFKの末弟エドワード・ケネディ上院議員の愛称）は遺体を確認するつらく厳しい瞬間に立ち会うと約束してくれた。上院議員は血の気が失せた表情で、母ジャッキーの別荘があるマーサズ・ヴィニヤード島南西七・五マイル（十二キロ）沖合に投錨した米海軍浚渫艦グラスプ号の甲板に立っていた。捜索が始まって四日後、遠隔操作の海中カメラが、水深百十六フィート（三十五メートル）の海底に仰向けになっているジョンのパイパー・サラトガ機の残骸をとらえた。十フィート（三メートル）四方の断面の胴体キャビンは破損から免れ、ジョンは操縦席にストラップで体を固定して座ったままだった。妻キャロリンと彼女の姉ローレン・ベセットの遺体は、機体から数ヤード先の濁った岩だらけの海底で発見された。

両脇に二人の息子、テッド・ジュニアとロードアイランド州選出の下院議員パトリックを従えたテッドは、最初の遺体がグラスプ号の巨大な巻き上げアームによってきらめく海面から引き揚げられたところで、深い溜息を吐いた。テッドは、ジョンとベセット家の姉妹の遺体が金属の柩に納められるのをサングラス越しに表情を押し殺して見守った。納柩をはじめつらい作業に関わる艦員たちは必至で涙をこらえていた。

グラスプ号がウッズホールに入港すると、遺体はヴァンに積み込まれた。午後七時十分ごろ遺体はバーンステイブル郡病院の霊安室に安置された。キャロラインは承知していたが、マサチューセッツの州法によると、パイロットの死体は解剖に付されることになっていた。キャロラインとテッドは、

ＪＦＫの司法解剖写真が一九八〇年代の初めに外に流出して激しい怒りに駆られことがあった。今回も、誰かがコピーを手に入れてタブロイド紙に売り付けたり――あるいはインターネットで投稿する可能性はなしとはしなかった。

テッドとキャロラインは、そもそも写真を撮らせないのが最上の策だということで意見が一致した。しかし地元当局は州の法律を盾に譲らない。そこで話し合いの結果、四時間にわたる解剖の間、慣行どおり写真は撮るが、将来法的な必要性が生じない限り現像はしないという形で妥協をみた。なお、ベセット姉妹の遺体は解剖に付されなかった。

キャロラインとベセット姉妹の遺族にとってせめてもの慰めは、犠牲者が苦しまなかったことだった。飛行機は時速六十マイル（九十六キロ）で海面に落下したため三人とも即死だった。キャロラインはベセット姉妹の母親アン・マリー・ベセット・フリーマン（キャロリンが六歳のときに離婚していた）と電話で相談して、叔父のテッドに手配してもらって遺体は速やかに火葬に付すことにした。

すでにマスコミは、不注意や過失による不法死亡訴訟の対象になるのではないかと騒ぎ立てていた。つまり、ジョンは脚に大怪我をしていて、ブレーキや操縦桿を操作するのが困難かもしれないのに飛行した。しかも夜間で計器類の点検保証もされていない。さらにジョンの家系は向こう見ずで知られていたという反駁できない証拠があった。

キャロラインはかなり神経質になっていた。彼女は最愛の弟を失ったが、アン・フリーマンは弟が操縦する飛行機で二人の娘を失ったのだ。キャロラインはアンと叔父のテッドと相談して、ダックスバリーの近くの火葬場へ三人の遺体を送った。

遺体がマーサズ・ヴィニヤード島を離れる前に、キャロラインは葬儀の計画を立て始めた――悲しいことに長年の経験によって身についてしまった性《さが》だった。彼女とテッドはこうした催事についてしばしば細かい点で意見が合わなかった。五年前も母親の葬儀をセントパトリック大聖堂で大々的にやろうというテッドに激しく抵抗したものだった。

今度もテッドは、ジョンの捜索に国民があれほど固唾《かたず》を飲んで見守ったのだから、セントパトリック大聖堂でやるべきだと言い張った。叔母のユーニスをはじめケネディ家の親族の何人かもテッドの肩を持った。しかし、キャロラインは今回ばかりは鉄の意志をもって譲らなかった。弟の葬儀を悪食メディアのさらしものにしたくなかったのだ。友人によれば「キャロラインにはボビー（父JFKの弟ロバートの愛称）の葬儀の生々しい記憶があるからだ」という。「当時十歳の少女だった彼女にはものすごいトラウマとなって消すことができない。だから母親の葬儀はセントパトリック大聖堂でやりたくなかったし、ジョンの葬儀もセントパトリック大聖堂でしたくなかった」

キャロラインは控えめな内輪の葬儀を望んでいた。場所は家族三人には馴染みの教会――ジャッキーに毎日曜日にミサに連れて行かれ、いまはキャロラインが子供を連れて行っている、石造りのネオゴシック様式でほどよい構えのセントトマスモア教会だった。しかし、どこで葬儀をやろうとも、メディアの襲撃を避けることは不可能である――まして大統領とファーストレディのヒラリー・クリントンが著名人列席者リストのトップにあるとなればなおさらだった。

いっぽうワシントンで予期せぬ事件が起き、キャロラインは信じられない展開に思わず頭を振った。緊急記者会見が招集され、一個人の飛行機事故のために広大なエリアに捜索・救出活動を行なって納税者に百万ドルの負担をかけたことに対して、クリントン大統領が釈明を求められたのである。クリントンは、わが国に対してケネディ家が果たした役割と一族が長年の間に失ったものを挙げて、いっさい釈明などせず、「それは当然の行為である」と言い切った。

さらにクリントンは、ジョンをアーリントン墓地の両親と二人の兄弟の傍らに埋葬するために労を惜しまないとも表明した。しかし、妻のキャロリンが一緒に埋葬されることは認められないとわかったため、アン・フリーマンからだめが出された。次善の策として、祖母のローズと祖父のジョゼフをはじめケネディ一族が埋葬されているブルックリンの墓地に夫婦で入るのはどうかと持ち掛けたが、これもフリーマンに撥ねつけられた。彼女の娘たちはマサチューセッツには縁もゆかりもないというのが理由だった。キャロラインはかつて母親とエルヴィス・プレスリーの葬儀に出席したとき、後に記念館となる彼の私邸のグレースランドで過ごしたが、弟ジョンの埋葬地をそんなふうにはしたくはなかった。

いつだったか、キャロラインはジョンから死んだら海に葬ってほしいと聞かされたことがあった。本気だったか、たまたま思いついただけなのかは不明だが、いまやこれが両家が納得できる唯一の方法だった。

一九九九年七月二十二日木曜日の朝、キャロラインと故人の親族十六人は海軍駆逐艦ブリスコに乗船した。艦が沖へと進むなか、キャロラインはサングラスで目を隠し、木製の折りたたみ椅子に腰を落としていた。十年も癌を相手に後退戦を強いられているトニー・ラズウィルも車椅子に乗って艦上にいた。ジョンとはもっとも仲のよい従弟（母ジャッキーの妹リーの長男）で、ジョンが彼に母から譲り受けた別邸の管理をゆだねていたのは、彼の快癒を信じている証だったのだろう。そんな間柄のトニーに言わせると「ジョンとは兄弟だった。彼を愛していた。もう永遠に会えないと思うと悲しくてならなかった」

ブリスコ号がジョンの飛行機が墜落した辺りで停船すると、キャロラインたちは艦首へ移動した。ジョンとキャロリンの結婚の儀を執りしきった司祭のチャールズ・オバーンが、二人の従軍牧師と共に、十五分ほど弔いの儀式を行なった。キャロラインたちは階段を下って水面にほど近い甲板へと降りた。そこには三人の士官が銀の骨壷を抱えて待機していた。ニューポート海軍軍楽隊の金管クインテットが海軍葬送曲《ネイヴィーヒム》を奏でるなか、キャロラインは弟の遺灰を浪間に撒いた。

ブリスコ号が艦首を返して岸へと戻る間、キャロラインは叔父のテッドの肩を抱き、トニーの頬にキスをし、ベセット家の遺族たちと挨拶を交わした。涙ながらに慰めの言葉を掛け合うなか、急遽中止となったロリー・ケネディの結婚披露宴を飾る予定だった数千もの花びらがブリスコ号の船尾から撒かれ続けた。

この〝悲しみの時〟が実に多くのものと符合していたことを、キャロラインは後で知った。ちなみにジョンの遺灰を撒いた場所は母親の別荘から見えるところにあった。この日はちょうど祖母のローズ・ケネディの百九歳の誕生日だった、さらにここヴァージニアから数百マイル南の洋上を航行中の乗組員五千人が黙祷を捧げたが——その艦船とは一九六七年、キャロライン・ケネディが九歳のときに進水式に臨んでシャンパンを割った空母ジョン・F・ケネディだった。

キャロラインはささいなことも見逃さなかった。つねに新聞や雑誌にじっくり目を通していて、弟がなんと言われているか、それを言っているのは誰かを知り抜いていた。ニューヨークで開催される追悼会の案内状がキャロラインのチェックのもとにつくられ、招待客に送られることになった。キャロラインは、長年にわたってメディアとなあなあでやってきたジョンに比べると、彼らに対してははるかに厳しい態度で接した。弟の追悼会について彼女の許諾なく報道関係に話すことは許されなかった。もしそれを破ったら直ちに招待リストから外された。実際、ジョンの親友のなかには、うっかり追悼の思いを漏らしたために、招待は取り消されたむねの電話を受け取った者もいた。

キャロラインは、子供たちの生活のリズムが崩れないよう、できるだけ優しく明るく振る舞うよう心掛けた。キャロラインの長年来の友人でケネディ一族とも付き合いの深いベティナ・ラヴェルに言わせれば、「彼女は子供たちが泣き出すような場面は見たくなかった」。シュロスバーグ家の料理は家政婦のマルタ・スグビンの受け持ちだったが、子供たちの朝食だけはキャロラインが毎朝つくっていた――ラヴェルが言うように「おそらく彼女の心は悲しみで張り裂けんばかりだった」のに、弟の追悼会の当日もそれを欠かすことはなかった。

キャロラインはいつものように子供たちに朝食を用意してから一時間後、タチアナの髪を櫛で梳かし、ジャックのネクタイの曲りを直すと、アパートを出た。表通りには警察の青いバリケードが築かれ、その後ろでパパラッチとウェストポーチを腰に付けた観光客たちがキャロラインと子供たちの写真を撮ろうともみ合っていた。キャロラインはジャックの手を強く握ると、目を正面に向けたまま、待機させてあったリムジンに乗り込み、シュロスバーグ家からセントトマスモア教会へと向かった。

五分ほどで到着すると、三百十五人の招待者のほとんどが席に着いていた。チェルシー・クリントンと彼女の両親、ジョンが子供時代のヒーローだったモハメッド・アリ、ジョンの大学の同窓、ジョージ誌のスタッフ、そしてアーサー・シュレジンジャー・ジュニアやロバート・マクナマラら父親の同時代の著名人の顔もあった。やがて叔父のテッドが演台に登壇すると、事前に十分に推敲と準備を重ねたつらく厳しい任務に取りかかった。

「彼はまさに恩寵《アメージング・グレース》を負った男でした」とテッドは会葬者に語り出した。「あるがままの自分を受け入れながら、自分に何ができ何になるべきか、さらなる高みをめざしていました」と言った上で、テッドはジョンが自家用機を自ら操縦した理由についてこう述べた。「それは彼の望みでありました。彼は彼自身の王国の王様であったのです」

次いでテッドはジョンの成し遂げたこと――ジョージ誌の創刊、ロビンフッド基金による社会貢献活動――について語ってから、姉への特別な想いにふれようとして声を震わせた。「彼女の才気を誇らしく思っていました。生涯にわたって互いに尊敬し合ったことを生きる糧と喜びとしてきました……間違いなくジョンはジャッキーがつくり出した二つの奇跡の片割れでした」

テッドは弔辞をこう結んだ。「ジョンは悲嘆にくれる私たちの心の中に永遠に生き続けることでしょう。間違いなく……ジョン・ケネディは私たちの中に生きています。愛する妻のキャロリンに寄り添いグレーの髪の毛を梳かしながら。彼は、父親がそうであったように、あらゆる天賦の才を兼ね備えていましたが、時だけはままなりませんでした」

薄暗い教会の会葬者の間からすすり泣きが起きた。ほとんどの人が泣き声を上げるか、いまにも泣き出しそうになった。これまで公衆の前で取り乱したことがないキャロラインだったが、叔父が演台を離れるや席を立って抱きついた。

大統領一家《ファーストファミリー》の臨席、あるいはテッド・ケネディの感動的な弔辞もさることながら、やはりこの式典の焦点はキャロラインその人だった。会葬者全員の目は、ここ数日間ずっとそうであったが、彼女の挙措に注がれた。

キャロラインはテッドの後を受けて登壇すると、母親も顔負けの威厳を込めて、母親が愛した詩句を暗誦した。それは子供時代、ジョンと共に母親から教え込まれたもので、ジョンがブラウン大学時代に演じた「テンペスト」の一節だった。

「人生とは夢が紡ぎ出されるようなものだ。われわれのささやかな人生は眠りと共に次へとめぐるのだ」

キャロラインが暗誦し終えると、ローズとタチアナがキャンドルに火を点《とも》し、ワイクリフ・ジョンがジョンの愛唱歌だったレゲエを歌い上げた。

追悼式が終わると、キャロラインは会葬者たちに物静かに礼を述べ、近しい親族や友人たちと優しく抱き合った。ジョンと大学時代の同期のステファン・スタイルを認めると感慨深げにつぶやいた。

「世の中のあらゆるものはやがては移ろい、失われていくものなのね……」

教会を離れるところで、十一歳のローズは、通りの反対側にひしめいているカメラマンに向かって舌を出した。いっぽう母親のキャロラインは、車の窓を開けると、なんとか弱々しい笑みをつくり、通りを埋め尽くす数千の群集に手を振ってみせた。

キャロラインは、ジョンばかりが脚光を浴びて妻のキャロリンとその姉ローレンの影が薄くなっていることを危惧して（ジョンもそれを望んではいなかったはずだった）、キャロリンの親族を気遣って彼らのために時間を割いた。ジョンの追悼式の翌日の夕刻、キャロラインと叔父のテッドは、二十五人のケネディ一族を引き連れてコネチカット州グリニッジの聖公会教会で行なわれた二人の姉妹の葬儀に臨んだ。

それから三週間後、さらにキャロラインは深い心痛に襲われる。ジョンともっとも仲のよかった従弟のトニー・ラズウィルが癌との闘いに敗れ去ったのだ。葬儀に参列したキャロラインの顔は苦悩に歪んでいた。以前のようになんとか冷静に振る舞おうとしても無理だった。

「トニーの死は時間の問題だった」とラズウィル家と親しい人物は言う。「でも、キャロラインは彼の葬儀にジョンなしで出席するとは思ってもいなかった。ジョンとトニーは実の兄弟同然だった。キャロラインの子供たちはみなトニーにとてもなついていた。彼女は子供たちにこう言うほかなかった。あなたたちを可愛がってくれた二人の叔父さんはいま天国で仲よくしているのよ」

キャロラインは精神的な打撃を受けるいっぽうで、厳しい法的手続きに直面することになった。全米交通安全委員会（ＮＴＳＢ）が調査に入ったのを受けて、テレビ番組では航空専門家たちが事故の問題点を語ったが、調査団は航空機の機器装置に不具合はなかったと認定したため、必然的に疑念の目はパイロットに向けられた。全米交通安全委員会で操縦ミスを事故原因とする意見が大勢を占めると、母親のアン・フリーマンは自らをベセット姉妹の資産の管理責任者に指定、〝未知の利害関係者〟を相手に不法致死訴訟を提訴する構えを見せたのである。

キャロラインも予想していたことだが、一九九九年九月二十四日、ジョンの遺言が明らかにされると、ケネディ家とベセット―フリーマン家との軋轢はいっそう悪化した。十億ドルの動産に不動産を加えたジョンの宏大な資産は一九八三年に信託設定されており、その主たる信託受益者はキャロラインと彼女の二人の子供たちになっていた（評価額八百万ドルは下らないレッド・ゲート・ファームの別荘の半分はローズとタチアナとジョンに遺贈され、さらにジョンには父親の形見の貝殻細工が贈与された）。

妻のキャロリンが受け取れるのは、ジョンの身の回りの品と、二百万ドル程度の二人のノースモア二〇番地のアパートだけだった。ベセット―フリーマン家の人々は予想どおりの反応を見せた。アン・フリーマンの友人によれば、「彼らはショックを受けて大騒ぎになった。金がどうのよりも、これではあまりにも不公平ではないか、と」

この種の案件に手慣れていた叔父のテッドは、アン・フリーマンが訴訟を仕掛けてくる前に機先を制して手を打てとキャロラインに助言した。彼女に異論のあろうはずはなかった。法廷で、弟の死にまつわる恐ろしい事柄が事細かに再現され、彼の無謀と無能が暴かれるところなど見たくもなかったからだ。さらに言えば、キャロリンの両親の気持ちに心から同情もしていた。

裁判沙汰を回避するための着地点を求めて、キャロラインはアンと残された娘のリサと五か月にわたって話し合いを続けた。しかし事はそう簡単ではなかった。そもそも二つの家族は事故以前からしっくりいっておらず、家族を失ったという悲しみが同じだけで、ほとんど共通点はなかった。二〇〇一年七月、両者は決着をみた。アン・フリーマン側が不法致死訴訟を提訴できる期限の十日前だった。訴訟を起こさない代わりに、キャロラインは義理の妹の家族に一千万ドルを支払うことで合意した

――いっぽうジョンの飛行機事故にどれだけの保険金が下りたかは明らかにされなかったが、ニューヨークの航空法専門の弁護士ジム・クレインドラーの弁を借りると、「あのケネディ家が保険料をけちるとは思えなかった」

事故から数か月間、キャロラインは弟の人生の断片――字義どおりだけでなく比喩的な意味でも――を拾い集める作業に追われた。パイパー・サラトガ機の残骸が全米交通安全委員会からキャロラインのもとへ木箱に詰められて返還された。それらの一部が遺品収集マニアたちの手に落ちないように、数か月間物置小屋に納めておいてから断裁処分した。

また、混乱のなかでニュージャージー州エセックス郡飛行場の駐車場に十一日間も放置されたままだった弟の白のコンバーチブルカーを引き上げさせた。空家になったジョンのアパートを点検して、残された彼の身の回り品を売り払った（ケネディ家の知り合いによれば、キャロラインには「どれもこれもつらい仕事だった」）。さらに、ジョンが持っていたジョージ誌の五〇パーセントの権利をアシェット・フィリバッキ社に売却した（それからしばらくして同誌は廃刊になった）。

さらに気持ちが揺さぶられたのは、飛行機に同乗させなかったため生き残り、飼い主のジョンにはせめてもの救いとなった愛犬フライデーの扱いだった。当初はキャロリンの愛猫ルビーと一緒に、マーサズ・ヴィニヤード島の別荘で、ジャッキーの執事を長年務めたエフィジェニオ・ピンへーロのもとに預けられていたが、その後、パーク街《アヴェニュー》のシュロスバーグ家に引き取られた。

キャロラインは外では悲しみを見せることはなかったが、母親の面影を残す物静かな外見の奥では、いまにも折れてしまうかもしれない心の痛みの瀬戸際にあった。家政婦のマルタ・スグビンによれば、「キャロラインはジョンとても仲がよかったから、ジョンの死で心がずたずたになった。彼女はいつも泣いていた。葬式の後、テッドに抱かれ肩ごしに泣いているのを何度も見かけた」という。

それでもキャロラインは、八月を家族でマーサズ・ヴィニヤード島の別荘で過ごすという恒例のスケジュールを取りやめることはなく――スグビンが言うには「子供たちの生活を台無しにしたくなかったからだった」――そのための荷造りにかかった。そういえば、チェルシー・クリントンを誘って、彼女がルインスキー・スキャンダルと父親の弾劾裁判という暗くてつらい日々から抜け出すために手を差し伸べてあげたのもここヴィニヤード島でだった。これで二人は絆を深めることになったが、そのチェルシーが今年もやってきてシュロスバーグ一家とセーリングなどを楽しむことになっていた。

ヴィニヤード島の別荘レッド・ゲート・ファームへ足を踏み入れるのは、実は容易ではなかった。キャロラインがドアを開けたとたん、記憶が洪水のようにどっと押し寄せてきた。暖炉のマントルピース、テーブル、本棚へと目をやると、どこにも母親と弟の写真があった。たまらずにベッドルームへ逃げ込んでドアを閉めると泣いた。人心地ついたキャロラインは、ローズとタチアナに写真を剥がさせたが、何もない壁を見回すと、思い直して、子供たちに写真を元あった場所に戻させた。

キャロラインは思い出が詰まりすぎている母親の別荘を売るのではないかという観測記事が、さかんに流されていた。別荘からさほど離れていない浜辺には、ジョンの飛行機事故の残骸が最初に漂着したことから、地元の人たちによって葡萄の蔓が巻きついた木製の十字架が建立された。十字架にはキャロリンとジョンの名が、礎石には追悼の言葉が刻まれていた。キャロラインは浜辺を散策するとこの仮設の祭壇の前を通らなければならなかった。

それでもキャロラインはレッド・ゲート・ファームを売るつもりはなかった。逆に母屋を若い家族向きにリフォームしたいとエドが言うのでそれに乗ったところ、エドは即座に屋根と壁を剥がし始めた。倹約家で知られるキャロラインは出費を厳しく査定したため、レッド・ゲート・ファームは地元の建設業者から「まるでホーム・デポ（全米有数の住宅リフォーム会社）顔負けの安普請」と陰口をたたかれる始末だった。

いっぽう数少ない親族のなかには、もっと自分の感情を優先させて、子供たちに気を遣いすぎるのはやめたらどうかとキャロラインに助言する者もいた。ステファン・スタイルズによれば、「彼らは彼女にこう助言した。夫や子供たちと悲しみを分け合ったらどうか――この問題に限っては彼女が信奉してやまない母親と違って、夫や子供たちにもっと心を開いたらどうかと」

キャロラインは、最近起きた悲劇と折り合いをつけるために、もっとも親しいケネディ家の従弟妹《いとこ》――父親の妹の三女マリア・シュライヴァーにすがった。ジャーリストの彼女はちょうど、次々と襲ってくる悲劇にも動じないケネディ一族の苦悩と喪失の生き様を描いたベストセラー『What's Heaven?（天国とは？）』を上梓したところだった。シュライヴァーは、子供たちに心を開くべきだとキャロラインに言った。「私は周囲で大切なものが失われるのをさんざん味わって大きくなった。あなたもそうだったけれど、誰かが亡くなっても、誰もそれについて話してくれなかった。それで、自分もそうするものだと誰にも話さなかった。世間の人がそれを話題にしているとわかっていてもね……」

十月三日、キャロラインはケネディ記念図書館開館二十周年を祝う晩餐会の主賓を務めるため、ジョンの死後初めて公衆の前に姿を見せた。「私には盃を捧げたい人がいます」と父親のニューフロンティア時代からの面々を前にして切り出した。「一番目はわが弟のジョンです。彼の強い目的意識と理想主義、そのおかげで、私たちはこの公共に資する活動を続けることができているのです」。彼女は短い挨拶を終えると、舞台裏に駆け込んで、たまらずすすり泣きを始めた。

キャロラインにとっては、公衆の面前でかぶっている仮面にほんの少しのひび割れも見せてはならなかった。しかし、マリア・シュライヴァーのおかげで、何事もなかったように振る舞うことは、子供たちにはいいことではないと理解するようになった。「ときどき子供たちの前では泣くのよ」とキャロラインは友人に語った。「心の中にしまい込んでおくのはいいことではない。そのことを子供たちに理解させることはとても大事だと思うから」

一九九九年十一月末、キャロラインの精神状態に揺り戻しが起きた。四十二歳の誕生日――ということはジョンの三十九歳の誕生日が近づいたからだ。二人の合同誕生会の思い出が――その数日前の父親が殺された日と共に――どっと甦ってきた。キャロラインは、子供たちのために十一月二十六日――ジョンの誕生日の十一月二十五日とキャロラインの誕生日の二十七日の間をとって――にささやかな誕生パーティをした。ケーキにはろうそくを一本だけ立てて、それをみんなで吹き消した。

しかし、それから三日後、叔父の政治資金パーティであわや泣き崩れそうになった。本人も言っているが「テッド叔父なしではこの数か月をしのげなかった」。彼女の苦しみはとても消えそうになかった。スグビンも一年後に語っているが、「キャロラインは深い悲しみの中にあった。でも、少なくともテッドが一緒にいる限り、彼女は孤独ではなかった」

テッドは相変わらず子供たちの間にも入っていった。「親愛なるテッド叔父さんへ」とジャック・シュロスバーグは名付け親《ゴッドファーザー》の命を奪った事故の後に学習用の罫線紙に書いた。「僕の新しい名付け親《ゴッドファーザー》になってくれませんか。ジャックより、愛を込めて」

キャロラインは叔父をいて当たり前の存在だと思ったことはなかった。彼女に言わせると「彼と一族でいられて、こんなに幸せなことはなかった」

いまやキャロラインは、ジョンが面倒を見ていた活動だけでなく、母親が支援していた慈善事業のすべてを引き受けることになった。一九九九年十二月七日、ロビンフッド基金のジョン・F・ケネディ・ジュニア・ヒーロー賞を授与する式典に出席したキャロラインは、ジョンが面倒を見てきた活動家たちを前に挨拶をした。受賞者のマーク・ワシントンがジョンの死を語ろうとして言葉に詰まると、キャロラインは彼を抱き寄せて「気を落とさないでね」と声をかけた。

当のキャロライン自身は淡々たる日常生活に気をまぎらわすことができた。毎朝ジョンを通学バスに乗せ、叔父のテッドも通っていたウエストサイドのカレッジエイト校へ行かせると、自宅から十街区《ブロック》先にある母校のブレアリー校までしばしばローズとタチアナに付き添って歩いた。キャロラインはブレアリー校の理事会のメンバーで、二〇〇三年までに次期校長を選ぶことになっていた。いっぽう夫のエドは同校のコンピュータ学習室の企画を手伝っていた。

クリスマスの催事から学校のスポーツイベントにまで、エドもキャロラインも、なんとかやりくりしてひんぱんに出席した。ビデオ撮影はもっぱらエドの担当だった。ブレアリー校の同級生の母親に言わせると、「まさかと思うだろうが、卒業までの四年間のすべての瞬間を漏らさず撮ろうという親馬鹿そのものだった」

ところが、キャロラインにはそんな平々凡々たる暮らしもままならなくなり——ときには苦痛を伴うようになった。手は赤みを帯び、指の関節が膨れてきた。さらに不安なことに体重が落ち始め、ジョンが亡くなって二、三か月でなんと二十ポンド（九キロ）ほども痩せてしまった。かつてジョンが甲状腺の活性化が原因で体重が落ちたときと同じように、キャロラインもまた父親が長年苦しみ悩まされた自己免疫不全によるアジソン病を疑った。

ある朝、キャロラインの疑念に答えが出た。焼き付くような痛みで目が覚めると、手の指がほとんど動かなくなっていた。医者の見立てではリウマチ性関節炎、すなわち自己免疫が機能不全となり自分自身の関節を攻撃してしまうのである。ジョンの死によるストレスが以前から潜在していた症状を顕在化させ、体重減少につながったというのが医師たちの診断だった。

しかし、これは驚くことではなかった。母方のブーヴィエ家も父方のケネディ家も共にこの病気を持っていたからだ。キャロラインの両親共にこの病いに冒されていたが、世間に対してはなんとか隠し続けていたのだった。

やがて二、三か月もすると、病状も落ち着いてきたので、キャロラインは子供たちを連れてあちこち旅行に出かけた——それはジョン叔父さんを失った一家のつらい体験を癒すためだった。キャロラインがジャッキーに連れられて乗馬を楽しんだヴァージニアの乗馬クラブに始まって、南北戦争の戦跡地のアンティータムへ、そしてアイルランドに渡ってケンメアで一般庶民向けの朝食付き民宿《ベッド・アンド・ブレックファスト》に泊まり、アメリカに初めて渡ったフィッツジェラルド・ケネディの出身地を訪ねて一族のルーツを再確認した。

従弟のジョー・ガーガンに言わせると「何があろうともキャロラインは活力と笑いにあふれていた。これぞケネディ一族を突き動かしている流儀だった」。彼女は五月十三日、ニューヨークの社交界へ舞い戻ると、カロリーナ・ヘレーナのガウンをまとって、メトロポリタン・オペラハウスで行なわれたアメリカ・バレー・シアターのシーズン開幕に姿を見せた。彼女は母親の死後、同シアターの理事長を引き継いでいたが、くつろいでいつになく陽気に見えた。夕食が終わると、アイリーン・メールにこう訊ねた。「あなたと私、この部屋でいちばんいけてるドレスはどっちかしら?」

キャロラインは、ジョンが開けた穴をなんとか埋めなければならなかった。十年もの間、姉と弟のセットでケネディ記念図書館支援財団が主催する「勇気ある人々賞」の共同代表を務めてきたが、今回の二〇〇〇年五月は、彼女一人で二万五千ドルの賞金とエド・シュロスバーグがデザインした銀のランタンを授与することになった。授与式を前にキャロラインが明りを落とした会場で座って待っている間、昨年の授賞式に撮影されたジョンのインタビューが大スクリーンに流された。「ジョンはここにはいません」とケネディ記念図書館支援財団の理事長ポール・カーク・ジュニアが語り始めた。「しかし、いままで以上に彼の存在を感じてなりません」。キャロラインも同感だった。「ジョンの姿が本日ここにないのは、われわれ一同にとってまことに残念の極みではありますが、彼は……本日の授賞を微笑みながら喜んでいることでしょう」。かくしてこの日は、カークの言葉を借りれば「実に感動的な式典となった」

この困難な時期に、エド・シュロスバーグほど妻を支えるという大役を見事にこなした人物はいなかった。「エドとキャロラインの関係は、モーリス・テンプルズマンとジャッキーのそれと同じだった」とシュロスバーグ家とは長年来の付き合いのニューヨークの画廊主は言う。「彼は彼女にとって安全な避難港みたいなものだ。彼は脚光を浴びることにまったく関心がないし、脚光を浴びせられそうな対象でもない。だからメディアとうまく折り合いがつけられる。ここがキャロリン・ベセットとは違うところだ。キャロラインに対する彼の態度をどう評するか？　〝過保護夫〟かな」。逆にエドに対するキャロラインの態度はどうかと問われると、「彼女は芸術家としての彼を好きになった。彼女は彼と彼の業績を誇りに思い、逆に彼は彼女と彼女の業績を誇りに思っている。二人はときどき身の回りのささいなこと――そう、三人の子供たちをどう育てたらいいか――でもめる。でも、彼らは岩のような固い絆で結ばれたカップルだ」

　エドとキャロラインで意見が完全に一致していることがあった。それは、ローズとタチアナとジョンをできるだけ公的なイベントには連れ出さないことだった。そうすれば、キャロラインと共に子供たちを幼少時から十代になっても追いかけ回すパパラッチから身を守ることができる。例外は二〇〇一年四月、ニューヨーク・ナショナル・アートクラブで開催された、彼らの父親エドの作家活動三十周年記念展のオープニングだった。このときは、子供たちを控室に待機させておいて、一般参観者がまばらになったところを見計らってメイン展示室へ飛び込ませた。

　もう一か所、どうしても外せない場所はエリス島だった。ここのアメリカ移民歴史センターに、これまた彼らの父親の野心作が展示されていたからだ。エドはここ五年間ウエブサイトと四十一台のコンピュータによる双方向《インタラクティブ》メディア展示づくりに取り組んできた。たとえば、一八九二年から一九二四年の間にエリス島を通関した人は千七百万人を超えるが、そのデータベースを使うと、自分たちの先祖がここを通過して入国したかどうかがわかるという仕掛けだ。試してみると、シュロスバーグ家側は全員がエリス島経由の移民の子孫であるとわかった。

つらいことがあれこれあるなかで、とくにジョンの一周忌はキャロラインには耐えがたかった。その節目にかこつけて、新聞・雑誌やテレビはこぞって特集記事や特別番組を準備し、そのきわめつけはニューヨークタイムズによる本の出版だった。

キャロラインは、今回もこれまで一族の死をめぐるすべての記念日に対して取ってきたのと同じ態度でやり過ごした。すなわち無視である。シュロスバーグ家では〝当日〟は何も特別なことはしない、子供たちには新聞雑誌は読ませずテレビも見させない。七月の普通の日と同じように――ロングアイランドのサガポナックの夏の別荘でくつろがせた。

キャロラインにとっては、父親の遺業を思い、弟の無念の死を思う夏となった。叔父のテッドから、「おもしろいことをやってみないか」の誘い文句である依頼を受けた。八年前の一九九二年の民主党大会では大会議長を受けてもらえなかったが、今回は四十年前に父ＪＦＫが大統領候補に指名されたときと同じロスアンゼルスで開かれるので、ぜひスピーチをしてほしいというのだ。キャロラインが受けたおかげで、キャロラインと四人の親族――叔父のテッド、もう一人の亡き叔父ボビー（ロバート）の長女でメリーランド州副知事のキャスリーン・ケネディ・タウンゼント、同じく長男のパトリック・ケネディと次男のロバート・ケネディ・ジュニアー——による〝ケネディ・ナイト〟が今大会の売り文句になり、キャメロット城の輝ける時代へのまたとない賛辞となった。

「父の精神は今も生き続けていると思います」とキャロラインは大会参加者とゴールデンタイムのテレビ中継を見ている人々へ話し始めた。「父の〝ニューフロンティア〟が時宜にかなっていただけではなく、時を超えてなお必要とされているものであることを、今こそ証明しようではありませんか」。キャロラインは出席者にアル・ゴアへの大統領候補指名投票を訴えかけると、弟のことを持ち出した。

「すべてのアメリカ国民のみなさん、私とジョンと、そしてわがケネディ一族を、みなさんの家族の一員に加えていただいたことに感謝申し上げます。私たちに手を差し伸べて、私たちが素晴らしい時代と厳しい時代を二つながら潜り抜けて、父の夢を夢見る支えとなっていただいたことに、心より感謝申し上げます」。ついでキャロラインは、ゴアの両親がジャック・ケネディとジャクリーン・ブーヴィエを引き合わせた〝月下氷人〟であることを紹介して、こう締めくくった。「私がいまここにこうしていられるのは、ゴア家のおかげなのです」

こうしてキャロラインは、影の世界から、それまでジャッキーとジョンが浴びていた脚光の表舞台へと徐々に歩みだした。ジョンとは家族ぐるみの付き合いのジョン・シーゲンターラーが言うように、「それは間違いなくジョンの死が関係していた。そこからキャロラインは公の仕事をあえて受けるようになった」

二〇〇一年四月、キャロラインは、ニューヨーク・メトロポリタン美術館で開催された母親のキャメロット城時代のトレンドファッションをテーマにした「ホワイトハウス時代のジャクリーン・ケネディ」展のオープニングセレモニーの司会進行役を引き受けた。ローラ・ブッシュが母親の長年のファンだったことを知らなかったキャロラインは、この新しいファーストレディがやってきても、「今晩はようこそお越しくださいました」と儀礼的な挨拶しかしなかった。いっぽうローラ・ブッシュが退出してじきに、ニューヨーク州選挙区から上院議員に当選したばかりのヒラリー・クリントンが到着、キャロラインはわざわざ入口で出迎えてジャッキーの娘として丁寧に礼を述べると、ヒラリーは「われこそファーストレディ」と言わんばかりの態度で振る舞った。

それから二、三日後、キャロラインは全米バレエ・シアター協会の年次資金集め晩餐会に出席して、バレエファンたちを欣喜させた。あるレポーターから、この十年で公の場にいちばん姿を見せているのではないかと言われて、キャロラインは笑みを浮かべて答えた。「そうよ、だってとても楽しいんだもの、今が」。五月にはテレビのトークショウに出演、二〇〇一年度「勇気ある人々賞」の宣伝役も買って出た。

その夏は、それぞれ別荘のあるロングアイランドのサガポナックとマーサズ・ヴィニヤード島の二か所で過ごしたが、その間、ジョンの死から生じた法律上の厄介事の処理に追われた。元はジョンとキャロラインの教育係でその後は母親の身の回りの世話をしていたマルタ・スグビンは、ここ数年間、シュロスバーグ家から二、三街区《ブロック》先にあるパーク街《アヴェニュー》九二九番地のアパート（二部屋のベッドルーム付きの九階）に住み続けていた。所有者はジョンで、彼の遺言書では百万ドルを彼女に贈るとなっていたのは、それでアパートを買い取らせるつもりだったと思われる。しかし、夫のエドはあのアパートは自分たち家族のために残しておき、スグビンも住み続けることは喜んでいるのでなにも彼女に売る必要はないと思っているふしがあった。

　ところが七月、スグビンは、このアパートの共同所有者たちから追い立ての脅しをかけられたのである。代表のスーザン・トマセズの言い分はこうだった。「キャロラインは週末になると、あの女性に子供たちの面倒を見させる。それはこのアパートを使用人部屋代わりにしているも同然で、われわれとしてはそんな前例を認めるわけにはいかない。なにもあの女性を追い出したいわけではない。あの女性にいじわるをするつもりもない。あの女性に所有者になってほしいのだ。この問題に片をつけられるのはキャロラインで、あの女性に売らないのなら、只で譲ればいい」。キャロラインとしては、アパートの実際の所有者が誰であれ、スグビンにはそのまま住み続けてもらうつもりだった。

　キャロラインはオープニングイベントやらディナーやら授賞式やらへの出席は極力断わって——愛すべき元教育係が追い立てを食らわないよう画策をしながら、三冊目の本のために精力をつぎ込んだ。執筆の動機についてジャーナリストのエリザベス・カスターは当人からこう聞かされた。「私が受け継いだ遺産のなかには、私個人の思い出でありながら、私以外の人にとっても単に興味深いだけでなく役に立つものがある。だから、それを私の中に埋もれさせるのでなく、多くの人たちと共有するのは意味あることだと思う」

　そのために編まれたのが、キャロラインが選んだ詩句に母ジャッキー自身が書いた詩を加えたアンソロジー『ジャクリーン・ケネディ・オナシスの愛した詩歌集』だった。母親の愛した詩句として選ばれたのは、エミリー・ディキンソン、ロバート・ルイス・スティーヴンソン、エドワード・エスリン・カミングス、ロバート・フロスト、シェークスピア、W・B・イエーツにホーマーなどだった。

いっぽう編纂執筆作業のなかで、キャロラインとジョンが幼いころにジャッキーが始めたスクラップブックも参照したが、キャロラインとジョンが書いた詩、同じく画用紙になぐり描いた絵、ラドクリフ大学（キャロライン）とブラウン大学（ジョン）の授業カリキュラムと期末レポートの他に、思わぬものを見つけた。母親宛てのバレンタインの贈物で乳歯が貼り付けてあったが、それが自分のものかジョンのか記憶になかった。キャロラインは乳歯を手に取って確かめながら、「私も保管はちゃんとしておかなければ」とつぶやいた。

キャロラインはスクラップブックを子供たちに見せると言った。「これを見てごらんなさい。お祖母ちゃんはどんなに苦労したかわかるでしょう。何事もきちんとしないとだめ。いいこと、あなたたち、いまからならできるはずよね」。このときからシュロスバーグ家の子供たちは詩を書かされることとなった。

『ジャクリーン・ケネディ・オナシスの愛した詩歌集』に収められた詩のなかで、キャロラインとジョンの心にもっとも残っているのは、エリザベス・ビショップの「ワン・アート」だった。この詩のテーマは〝喪失〟で、ささやかな日常の出来事──時間の無駄遣いやドアの鍵をなくしたこと（そういえばジョンはしょっちゅう物をどこかへ置き忘れる天才だったことをキャロラインは思い出した）──から愛する人の〝喪失〟までをうたい上げたものだ。

キャロラインは本の序文をこう書き起こした。「ときに詩は（壜に手紙を入れて海などに流す）ボトル・メッセージにどこか似ている。人から人へと伝わるうちに、不思議なことに意味が深まっていく。父、母、そして弟から託されたそんな詩の数々がある」

この本についてケネディ一族を持ち上げた本ではないかと言われて、キャロラインはたまらず反論した。「これはあくまでも私自身の本だ。毎日を共にした私の家族の本だ。こんなにも絆が強く、互いを気遣う家族で幸せだった。だから、外で何が起きようと、世間の人々にどう思われようと、私たち家族の絆にとってはどうということはなかった」

キャロラインはふたたび最新の著作がらみでテレビに出演すると、両親が愛した詩について、それが自分と弟にどんな影響を与えたかを熱っぽく語ったが、それ以外のことにはいっさい触れなかった。彼女は全国各地のサイン会に出かけ、一回で千冊を売ることもあった。過去の著作を超えることはなかったが、五十万部は超えそうだった。出版社によれば、売れ行き好調の背景には、二〇〇一年の九月十一日のテロ事件を受けて、にわかに詩に関心が高まったことがあった。ある書店関係者によると、「アメリカ国民は内省的になった。そして、若いアメリカ女性が母親に捧げたこの薄い本に癒しを覚えたのではないか」という。

『ジャクリーン・ケネディ・オナシスの愛した詩歌集』が書店で売れ始めたころには、すでにキャロラインはもう一冊、アンソロジー本をつくり終えつつあった。父親を一躍有名にした自著『勇気ある人々』のいわば現代版で、書名は『現代における勇気ある人々』だった。「勇気ある人々賞」のこれまでの受賞者十四人によるエッセイ集で、「現代の政治ヒーロー」の章には、ジョージア州選出のジョン・ルイス下院議員、ウィンスコンシン州選出のラッセル・フェインゴールド上院議員、アリゾナ州選出のジョン・マケイン上院議員、ジェラルド・フォード元大統領が名を連ねていた。

『現代における勇気ある人々』の販売促進にあたってキャロラインはいつになく緊張を覚えたが、それには十分なわけがあった。この春に、テッド叔父の妻エセル・ケネディの甥にあたるマイケル・スケイケルが、一九七五年に当時十五歳だったマーサ・モクスレーを撲殺したとされる事案をめぐるセンセーショナルな裁判がいよいよ大詰めを迎えたからだ。アトランティック・マンスリー誌にスケイケルの無罪を主張する長文の記事まで寄せた従弟（故ボビーことロバート叔父の次男）のロバート・F・ケネディ・ジュニアとは違って、キャロラインは一族ぐるみの援護活動には与《くみ》しなかった。二か月にわたる裁判の結果、スケイケルには殺人罪による禁固二十年から終身刑の不定期刑が言い渡された。

キャロラインからすると、女性に暴力をふるう男どもには、どこか共感できないところがあったのかもしれない。二〇〇二年五月五日、シュロスバーグ家のアパートに男がやってきて門衛にキャロラインに面会の予約があると告げた。シドニー・ウエイトと名乗る見知らぬ男は、ただちに警察に通報された。三十九歳のカナダ人の精神病患者で、大昔に生き別れになったキャロラインの兄だという妄想に取りつかれ、この二年の間に四十通を超える手紙と小包を送り続けていた。そのなかには金を無心するものもあった。

ウエイトはつきまとい《ハラスメント》の罪を認め、国外退去を命じられた。マンハッタン犯罪裁判所のウィリアム・ハリントン判事は、少なくとも三年間はキャロラインとその家族の前に現れないこと、それを破ったら今度は一年刑務所に行くことになると警告した。

キャロラインが表でさんざんつらいめにあっているのに、ストーカーの脅威に気づいてくれる人はほとんどいなかった。それを心配する母親ジャッキーの友人によれば、キャロラインからこう打ち明けられたことがあるという。「外には頭のおかしな人がいっぱいいて、それを避けるなんてとてもできないわ」

二〇〇二年の夏、キャロラインはふたたび仇敵——リウマチ性関節炎に付きまとわれることになった。両手はひと目でわかるほど膨れ上がり、膝は痛みに襲われて歩くこともままならなくなった。ついに椅子から立ち上がるのも困難になり、このままでは両手と膝を人工関節に替える手術をしなければならない恐れが出てきた。

ジャッキーの従弟（ボビー叔父の三男）のジョン・デイヴィッドが言うように、「キャロラインにはつらいことだった。サイクリング、水泳、乗馬、なんでもこいのアウトドアウーマンが、痛みが激しくて、運動を控えなければならないのだから」

機敏な手さばきが必要となる細かい作業が大変だった。キャロラインは細い銀の棒を使ってATMの番号入力をしたり携帯電話をかけたりした。問題は大好きな執筆活動に支障をきたさないかだったが、ペンやキーボードと格闘しなくてもすむようにと、夫のエドが音声入力のソフトを開発してくれたおかげで、声でコンピュータに指示さえすればよくなった。薬の処方で病状の進行は抑えられていたが、相変わらず焼け付くような痛みは続いていた。

二〇〇二年十月、キャロラインは持病の痛みをものともせず、大きな挑戦に取りかかった。ニューヨークの公立小中学校のシステムづくりのための百二十億ドルの基金の大口献金者になったのである。仕掛け人は、ニューヨーク市教育委員長のジョエル・クラインの夫——キャロラインとはハーヴァード時代の知り合いで、結婚式では花婿付添人を引き受けてもらったニコール・セリグマンだった。

キャロラインは、その基金で設立されたNPO法人「公立小中学校のための新構想《ニュービジョン》」の理事として、ニューヨーク市刑事裁判所内に置かれた本部にデスクを一つもらい年俸一ドルで働くことになった。同NPO法人の理事長ベス・リーフによれば、「彼女がもたらした知名度と才気とピザ、いずれも申し分なかった」

ジャッキーの娘として一級の人脈を基金集めに役立てたが、案の定、一部から疑念や批判が出された。彼女は父親を彷彿させる如才なさでそれらをさばいてみせた。ちなみにドン・イムスがパーソナリティを務める穏健で中立的なラジオのトークショウでは、彼から、キャロラインが子供を私立学校に通わせていることについて、こうやんわりと訊かれた。「お子さんたちをどの公立に通わせるおつもりですか?」

彼女が「たぶんあなたと同じようにするでしょうね」と返すと、コネチカット州の海辺の高級住宅地の住人であるイムスは、すぐさま話題を切り換えた。

こうした疑念や批判はほどなく収まり、キャロラインは九か月でさらに四千五百万ドルを超える基金を集めた。

しかし当事者の子供たちには意義がちゃんとは伝わっていなかった。キャロラインがニューヨーク市のある学校を訪ねたところ、大人たちは大騒ぎになったが、生徒たちは〝特別な来訪者〟をまじまじと見つめるだけだった。

「この方がどなただかわかりますか?」と教師が訊ねた。

生徒たちは相変わらず見つめていたが、やがて一人の少女が手を挙げて答えた。「ブリトニー・スピアーズ？」

三人の子供を持つ四十五歳の母親は大喜びして言った。「とっても光栄だわ。最高よ」

二〇〇三年の春、キャロラインは多くの慈善活動の重責をこなした――ニューヨーク市公立小中学校のための基金集めから（母校の私学ブレアリーの理事会の役員も務めながら）、ジャッキーとジョンの後継を託されたケネディ記念図書館支援財団をはじめとする数多くのＮＰＯ団体の責任者として。その上で、信じられないことに新しい著作の準備にも取りかかった。

それは『愛国者の読本――わが愛する故国を称えた歌、詩、物語、スピーチ』で、二〇〇三年の戦没将兵追悼記念日《メモリアル・デイ》（五月の最終月曜日）に上梓、ウディ・ガスリーの「ディスランド・ユアランド」から一九八九年のロナルド・レーガンの大統領退任演説、そして父親の大統領就任演説までを網羅し、キャロラインによれば「わがアメリカの自分流のコラージュ」だった。イラクでの戦争が収束へ向かうなか、愛国心の津波に乗って書店で売り上げを伸ばし、ニューヨークタイムズ紙のベストセラー・リスト入りを果した。

しかし本の販促はスタートでつまずいてしまい、キャロラインは祝賀気分には浸れなかった。ボストン大学で歴史学を講じるロバート・ダレクが、最新著書『未完の人生《アンフィニッシュド・ライフ》』で、ミミという当時十九歳のホワイトハウスのインターン生とＪＦＫが関係を持ったことを暴露したのだ。マリオン（愛称ミミ）・ベアズリー・ファンストックは現在六十歳で、キャロラインの自宅があるニューヨーク・アッパーイーストサイドからさほど遠くないところに住んでいて、ケネディ大統領と関係を持ち、それは大統領が死んだ年の一九六二年の六月まで続いたと証言したのだ。

同じくホワイトハウスのインターン生モニカ・ルインスキーとビル・クリントンとのセックス・スキャンダルが明るみに出ていなければ、これも表沙汰になることはなかったかもしれない。ＪＦＫをめぐる性的交渉関連のネタはそれこそ山のようにある。しかし、クリントンとケネディを関連づけることで――そしてミミ・ファンストックが事実から四十年以上もたって衝撃の告白をすることで――マスコミの見出しを飾る価値があることを証明したのだった。

この事件が新聞紙面をにぎわした当日、キャロラインはニューヨーク市社会貢献協会のキャスリン・Ｓ・ワイルド会長と打ち合わせのため同協会に午前八時に姿を見せた。ワイルドによると、「誰もが見て見ぬふりをしているので、あえて私は口に出したの。『さぞや、おつらいでしょう』と。そうしたら、彼女は眼をむくとこう答えたわ。『どうしようもないでしょう』」。それからキャロラインは大声で笑ったという。

しかし、家族と友人たちは、父親の尊厳――彼女がもっとも尊崇し、その財産をただ一人で継承している人物の尊厳が攻撃されることでキャロラインがこうむる心の痛手を心配した。マルタ・スグビンに言わせると、「母親と弟の死でここ数年はつらかったと思う。そこに今度のような話がまた出てくるなんて、ひどすぎる」

叔父（母ジャッキーの異父弟）のジャミー・オーチンクロスはこう言う。「今のキャロラインには、父親の不倫事件に免疫ができていると祈りたいけれど、今度のような事件を耳にするのは、やっぱりつらいと思う」

『愛国者の読本』の書店でのサイン会では、キャロラインは泰然と構えて、最近のスキャンダルについて質問があっても、笑みを見せながら「それについては話すことはありません」と軽く受け流した。スグビンによると、「キャロラインを毎日見ていても表情からは内面は窺《うかが》えないけれど、かなりつらいと思う。とくにこの手の問題が起こったときに弟がいないのは」

ジョンの親友のジョン・ペリー・バーロウも同感だった。「キャロラインと同じ状況に置かれたら、冗談なんか飛ばすどころか気が変になってしまうだろう。こんなときは決まってキャロラインはジョンと顔を突き合わせて話をしたものだ。でも、今の彼女にはその相手がいない。父親がしたかもしれないことに自分が責任を取る必要はないとわかっていても、やっぱり心が痛む。どうしたらいいか？キャロラインと同じ状況に置かれたら、波から逃れることはできない。頭で波を精一杯受け止めて、前へ進むしかない」

弟と妻のキャロリン・ベセットとの荒れ果てた結婚生活をめぐるとどまることを知らないゴシップが、キャロラインの心痛に追い打ちをかけた。ヴァニティフェア誌の二〇〇三年八月号は、特集記事で、キャロリンは重篤なコカイン中毒に冒され、ジョンは妻の不倫に苦しみ、二人の結婚生活は彼らの死の前に完全に破綻していたと書き立てた。さらには、ジョンとの結婚式に花嫁のキャロリンが遅れてやってきたことをキャロラインがなじったときから、二人は不仲になったとも記した。

キャロラインはこの記事が準備中であることを知っていたが、弟の航空事故死の四周忌に合わせて掲載されたことに、驚きを覚えた。ジョンの親友に言わせると、特集の論旨たるや「グロテスクなほど牽強付会《けんきょうふかい》かつ我田引水だった。たしかにキャロリンは激情タイプで二人の関係もごたごたが絶えなかったが、別れることは考えられなかった。離婚もありえない。どちらも相手がいなければ生きていけない依存関係にあったからだ」

キャロリンの麻薬常習についても、同じジョンの親友はこう言う。「そもそも彼女は上流《サラブレッド》の出だ。神経質ではあったが、狂気の人ではない。結婚式以来続くメディアからの環視状態に気を病んではいたが、コカイン中毒を病んではいなかった」

キャロラインを二十歳のときから知っているバーロウも、ジョンの妻と姉とが不仲なわけなどないと言う。「キャロラインとキャロリンは生き方のスタイルは違っていたが、その違いを互いに認め合っていた。キャロラインはそれがジョンの人生のためにもなると思っていた」。バーロウは親族以外で結婚式に招かれた一人だが、キャロリンが遅れてきたのは記憶にある。「でも、誰も気にしなかった。あちこち歩き回りながら、おしゃべりをして楽しんでいたから。彼女が現われたときは全員息を呑んだ。式の当日は、キャロラインとキャロリンはご機嫌だった。ジョンの姉と妻との間がぴりぴりしているなんて言ったやつは誰も――ジョンもキャロリンもキャロラインも――いなかった。たしかにジョンの結婚生活がごたごたしていることで、キャロラインがやきもきしたことは何度かある。でも、キャロラインとキャロリンがいがみ合っていたなんて考えるのはナンセンスだ」

それとは別のテーマでもマスコミに追いかけられたが、バーロウに言わせると、「キャロラインはあしらい方をよく知っていた。いくら心を痛めていても世間には平静を装うことができた。いささか否定的な意味合いを含む〝控えめ《ストイック》〟と〝毅然《ディグニファイド》としている〟とは似て非なるものだ。ジャッキーもキャロラインもそうだったが、相手にいやな思いをさせない、つまり毅然としていた」

三人の子供たち――十四歳のローズ、十三歳のタチアナ、十歳のジョン――が尊敬する祖父や愛する叔父について語られる話を十分理解できる歳になったいま、もはや新聞や雑誌の醜悪な見出しを無視するわけにはいかなかった。さらに子供たちは、学校で級友たちからからかわれたり、自分のいないところで陰口を叩かれたりする目にあうだろう。かつてジャッキーとキャロラインとジョンが、その後はキャロラインとジョンが世間を相手に経験したように、ケネディ家の三人の子供たちも、キャロラインがよく口にする「幌馬車隊にぐるりと取り囲まれる」ことがどんな事態なのかを学ぶことになるだろう。

ある平日、サングラスをかけジーンズに白いシャツとサンダル姿のキャロラインが、母親譲りのブロンドのロングヘアを掻き上げる仕種で、パーク街《アヴェニュー》を脇目もふらずに歩くところを見かけるかもしれない。そんな彼女にとって完璧に近い平穏な時であっても、昔の出来事がふっと胸中をよぎることがあるという。「それまで思ってもいなかったのに、この通りを歩いていると、ときたまそれがふっと襲ってくるの……」

彼女は、父親がホワイトハウスに足を踏み入れてからずっとキャメロット城の王女様――大きな青い目に、顔はそばかすだらけ、愛馬マカロニ号にまたがり、わんぱくな弟を従えたおちゃめな女の子だった。

ジャックとジャッキー・ケネディのこの愛娘が、わずか五歳で父親を失い、それから遠からずして直系の家族のなかでたった一人になってしまうとは、まさか誰も思いもしなかったし――想像もしたくなかったろう。
おそらくキャロラインの人生ほど、この国の歴史と重なっているものはない。彼女の身に起きた悲劇はわが国の悲劇だった——父親ジャックと叔父ボビーの暗殺しかり、母親と弟の早すぎる死しかり。弟ジョンは父親の国葬のときに取った敬礼のポーズで歴史に名を残したが、その一部始終を間近で見て記憶にとどめ、家族とこの国の悲しみの受け皿となっているのはいまやキャロラインだった。

魅惑的な母親は二十世紀のアメリカでもっとも華麗なる女性、カリスマ的な弟は〝もっともセクシーな男〟の名をほしいままにしたが、キャロラインは従順で親孝行な子供という役割を演じきった。学生、作家、社会事業家、妻、母親——そのどの役も立派に果たし、スポットライトを浴びるのを避けてきた。しかし、ジョンの不慮の死によってひっそりと暮らしていたキャロラインは表舞台へ引っ張り出され、一家のおどろおどろしい遺産を背負わされることになった。

ジャック・ケネディが愛してやまない〝ボタン〟は、次から次へと襲いかかってくる攻撃に耐え、公衆の前で悲しみと向き合わなければならなかった。そして父、母、弟に負けず、不平も漏らさずに家族を育て上げた。世間は成人になったキャロラインをよく知るにつけ、母親に負けず劣らずアーサー・シュレジンジャーがいう「勇敢な女性」であることを証明してみせた。彼女は、父よりも母よりも弟よりも運命から逃れることはできなかった。キャロラインは生まれたときから〝全国民の娘《アメリカズ・ドーター》〟であり——これからもそうあり続けるだろう。

キャロライン・ケネディ略年譜

年月日	出来事
1957・11・27	ジョン・F・ケネディとジャクリーンの第一子キャロライン・ブーヴィエ・ケネディ誕生
1960・11・25	弟ジョン・フィッツジェラルド・ケネディ・ジュニア誕生
1961・1・20	父JFKが大統領に就任
1963・11・22	父JFKが銃撃を受け死去
1964・9	ニューヨーク五番街へ転居
1965・5	イギリスへ初の海外旅行、エリザベス女王臨席のJFKの追悼式に出席
1966・5・28	ニュージャージーの馬術大会に親子チームを組み、二位となる
1967・6中旬	ケネディ一族の故郷アイルランドを訪問
1968・6・7	叔父ロバート（ボビー）が銃撃を受け死去
1968・10・20	母ジャクリーンがアリストテレス・オナシスと再婚
1969秋	セイクレッドハート校から、進歩的な上流女子高のブレアリー校へ転校
1969・11・18	ケネディ一族の総帥である祖父ジョゼフが死亡
1971・2・3	ニクソン大統領一家の私的晩餐会に母、弟と共に出席
1972・6	母親抜きのスペイン単独旅行に出かける
1972・9	ブレアリー校を卒業し、コンコード・アカデミー校に入学
1974夏	テネシー州の炭鉱をテーマにしたドキュメンタリー番組の制作を手伝う

１９７５・３・15	母の再婚相手オナシス死去
１９７５・６・５	コンコード・アカデミー卒業
１９７５・10	大学入学前の研修期間にロンドンのサザビー・オークション会社で十か月の予定で実務研修を受け始める
１９７５・10・23	ロンドンでＩＲＡによると思われる爆破事件に遭遇、危うく難を逃れる
１９７６夏	夏休みにＮＢＣでスカンジナビアと中東のドキュメンタリー番組を手伝う
１９７６・９	ラドクリフ大学に入学
１９７９・10・20	ＪＦＫ記念図書館開館式典に出席
１９８０・６・５	ラドクリフ大学卒業。メトロポリタン美術館の美術映画製作助手として働き、未来の夫エド・シュロスバーグと出会う
１９８５秋	コロンビア大学ロースクール（法律系大学院）に合格
１９８６・７・19	マルチメディアアーティストのエド・シュロスバーグと結婚
１９８８・５・17	コロンビア大学ロースクール卒業
１９８８・６・25	第一子ローズを出産
１９８９・２	司法試験に合格
１９９０・５・５	第二子タチアナを出産
１９９１	『人権を守るために―権利章典の活用法』出版
１９９３・１・19	第三子ジョンを出産
１９９４・５・19	母ジャクリーヌ、リンパ腺癌で死去
１９９５・１・22	祖母ローズ・ケネディ百四歳で死去

1995	共著作『プライバシー権』を出版
1996・9・21	弟ジョンの結婚式に参列
1999・7・17	弟ジョンと妻のキャロリン、飛行機墜事故により死去
1999・10・3	ケネディ記念図書館開館二十周年を祝う晩餐会の主賓を務める
1999・12・7	ジョン・F・ケネディ・ジュニア・ヒーロー賞授与式に出席
1999末	リウマチ性関節炎を発症
2000	民主党大会でスピーチ。『ジャクリーン・ケネディ・オナシスの愛した詩歌集』編纂
2000・5	ケネディ記念図書館支援財団主催「勇気ある人々賞」授与式に出席
2001・4	「ホワイトハウス時代のジャクリーン・ケネディ」展の司会進行役を務める。全米バレエ・シアター協会の年次資金集めの晩餐会に出席
2001	アンソロジー『現代における勇気ある人々』を出版
2002夏	リウマチ性関節炎再発
2002・10	ニューヨークの公立小学校のシステムづくりのための大口献金者となる
2003春	『愛国者の読本』を戦没将兵追悼記念日に出版
2008・1・27	バラク・オバマを大統領に推挙する文章をニューヨークタイムズ紙に寄稿
2009	オバマ大統領就任
2012	オバマ大統領再選に向けて選対副本部長を務める
2013・11・19	駐日アメリカ大使に就任

訳者あとがき　～本書の活用法をお教えします～

本書を読まれて、おそらく多くの方は、主人公であるキャロライン・ケネディに抱いていたそれまでのイメージが反転、大きな修正を迫られたのではなかろうか。そして彼女のことがいっそう愛しく（スイートに）思えてきたのではなかろうか。

本書を読む前に、「訳者あとがき」を〝道しるべ〟とされる方もおられるだろうから、ネタ元をばらして読書の楽しみを奪わないように配慮しつつ、本書の魅力のさわりをご案内しよう。

大方の日本人が抱いている〝愛し《スイート》のキャロライン〟像を絞ると、「悲劇のヒロイン」「才色兼備」「良妻賢母」になるだろうか。

しかし本書で明かされるのは、偉大な父ＪＦＫをはじめ最愛の家族を次々に失う悲劇に「ひたすら耐える健気《けなげ》なヒロイン」ではない。弁護士として人権侵害を受けた人々を取材して本にまとめたり、ニューヨークの公共初等教育支援に大口寄付をしたり、あるいはオバマ再選に向けて選対副本部長を引き受けたりと、悲劇をものともせず外に打って出る「闘うヒロイン」である。

ついで「才色兼備」だが、弟のジョンとは違って難関の司法試験を一発で突破。頭の良さは両親譲りの折紙つきだが、本書で明かされる彼女の「才」たるや、高校時代、母とプレスリーの葬儀に出席したついでに遺族インタビューをとったり、メトロポリタン美術館の学芸員の卵として活躍したり、お堅い人権本を著す一方で詩のアンソロジーを出版したりと柔軟で幅が広い。そんなマルチな「才」

とセットにされる「色」だが、母親譲りの美形は申し分がない。だが本書で明かされる逸話で興味を惹かれるのは、「色」よりも「食」だ。高級フランス料理よりもリブステーキやチリソーセージ入りハンバーグが大の好物でダイエットに悩む、まことに現代的かつ庶民的な「才食兼備」ぶりである。最後の「良妻賢母」だが、両親の放縦な結婚生活とは真逆であることが彼女のウリにもなっている。しかし、これまた本書で明かされるのは優等生のそれではない。現代アートの巨匠アンディ・ウォーホルの自宅での怪しげなパーティに出入りし、恋愛遍歴を重ね、ディスコでのデートも存分に楽しみながら、毛色の変わった現代芸術家と結婚、三人の子供を育て母の介護をするというスーパーな「良妻賢母」なのである。

ネタ明かしはこれぐらいにするが、本書は、ステレオタイプ化されてきたＪＦＫの愛娘の想像を超えるユニークで多様な実像が明らかにされて、実に読みごたえがある。

もちろんあるがままに読み進めていただくだけで十分なのだが、訳しているうちに本書には実用的価値もあることに気づいたので、その一端をご披露しておこう。

元駐日大使で後に副大統領になるモンデールも言っているように、ケネディ新任駐日大使は、今後の日米関係の鍵を握っている。オバマの後継大統領としてヒラリー・クリントンが有力であるとすれば、彼女と家族ぐるみの付き合いのあるキャロラインの存在はますます重要である。その彼女をより〝親日〟にするにはどうしたらいいか。本書はそのネタには事欠かない。歌舞伎や茶会あるいは懐石料理のオモテナシ――そんなものでは新婚旅行先に京都と奈良を選んだ日本通の彼女を〝籠絡〟できるはずもない。

たとえば徳之島や佐渡や高知の闘牛に招待したらどうだろう。見せたあとに彼女にこう語り掛けるのだ。「中学のときスペインへ一人旅に出かけて、得意の乗馬で闘牛と対決できることになったのに母親に知られて強制的に帰国させられたのは、今も心残りでしょうね」

あるいはユネスコ世界文化遺産リストに登録された三池炭坑跡に案内するのもいいかもしれない。炭坑節の唄と踊りを見せたあとに彼女にこう語り掛けるのだ。「大学入学が決まった夏、テネシーの炭鉱のドキュメンタリー番組制作のアルバイトをしましたが、あれはいい社会体験でしたね」

そんな〝高尚な〟テーマには余り関心がない方にとっても、本書は実用価値がある。つい最近、戦後少女漫画雑誌の草分け「マーガレット」の回顧展があり、そこで六〇年代に連載された幼年期のキャロラインの物語の一節が展示され話題を呼んだ。本書でも、父ＪＦＫの大統領指名に向けた記者会見に、突然パジャマ姿のキャロラインが母親のハイヒールをはいてよちよち歩きで登場して「ねえ、ダディー」と声をかけ、また別の記者会見では三輪車で記者たちの股の下をくぐって、父親の人気をさらった幼いキャロラインの物語の数々が再現されている。そして、そんなおちゃめな女の子がそのまま大きくなり、おそらく今もニューヨークのカフェ「セレンディピティ」のバタースコッチ・サンデーが大好きな〝気の置けない隣のおばさん〟として描かれるにつけ、ますます愛《スイート》しのキャロラインが身近になり、いろいろあったけれど同時代を共に生きられてよかったと元気づけられる、そんな効用も本書にはある。

読者には、それぞれの流儀で本書を存分にお楽しみいただきたい。

二〇一四年十月

前田和男

【著者】
クリストファー・アンダーセン
1949年生まれ、カリフォルニア大学バークレー校卒。ノンフィクション作家。タイム誌とピープル誌の編集者を経て、敏腕ライターとしてライフ誌やニューヨークタイムズ紙などに寄稿。
著書：ケネディ一族をテーマにしたベストセラー『ジャックとジャッキー』『ジャック亡き後のジャッキー』、『ダイアナ妃が死んだ日』『ジョン（レノン）が死んだ日』など多数。20を超える国で翻訳されている。

【訳者】
前田和男（まえだ・かずお）
1947年生まれ。東京大学農学部卒。翻訳家、ノンフィクション作家。訳書：Ｉ・ベルイマン『ある結婚の風景』（ヘラルド出版）、O・ハラーリ『コリン・パウエル　リーダーシップの法則』（ＫＫベストセラーズ）ほか。
主な著作：『男はなぜ化粧をしたがるのか』（集英社新書）『足元の革命』（新潮新書）ほか。

写真提供／アマナイメージズ

愛し《スイート》のキャロライン　ケネディ王朝復活へのオデッセイ

2014年11月７日　第１刷発行

著　者　クリストファー・アンダーセン
訳　者　前田和男
発行者　唐津　隆
発行所　株式会社ビジネス社
〒162－0805　東京都新宿区矢来町114番地
神楽坂高橋ビル５F
電話　03－5227－1602　FAX 03－5227－1603
URL　http://www.business-sha.co.jp/

〈カバーデザイン〉登芳子
〈印刷・製本〉モリモト印刷株式会社
〈編集担当〉斎藤明（同文社）　〈営業担当〉山口健志

ISBN978-4-8284-1776-9